Indexes to All Editions of Brown-Driver-Briggs Hebrew Lexicon and Thayer's Greek Lexicon

Indexes to All Editions of Brown-Driver-Briggs Hebrew Lexicon and Thayer's Greek Lexicon

Maurice A. Robinson, Ph.D.

Sovereign Grace Publishers, Inc.
P.O. Box 4998
Lafayette, IN 47903

Indexes to All Editions of Brown-Driver-Briggs

ISBN 1-58960-073-8

Printed In the United States of America
By Lightning Source, Inc.

HOW TO USE THIS INDEX

You will find below instructions for *(a)* those who know Hebrew; *(b)* those who do not know Hebrew; and, *(c)* those who have another edition of the *Brown-Driver-Briggs Hebrew Lexicon* besides that for which this Index was primarily designed (i.e., for the A P & A—Baker Book House edition; all other editions are Oxford editions). A knowledge of Hebrew is assumed for all those possessing other editions of this excellent lexicon.

(a) For those knowing Hebrew, proceed as follows:
Look up desired Hebrew word in Index;
Note page and column of B-D-B on which such word is found;
The Strong's number for that word (as listed in Index) will also be found in the margin of the correct page and column of B-D-B as an added to rapid location.

(b) For those who do *not* know Hebrew:
First, find a word for which you desire further explanation of its meaning *(it must be a word appearing in the King James Version)*, then:
Look up that word in its specific reference in *Strong's Exhaustive Concordance*;
Note the number assigned by Mr. Strong to that word–it will be at the right of the citation for the particular chapter and verse bearing the word you have selected. This assigned number will quickly lead you to its discussion in B-D-B;
Turn to that page and column; run down the column until you locate the number you found in Strong's. Then read the text opposite that number for a discussion of the word you chose to study.

(c) For those who have only an Oxford edition of B-D-B, follow procedure *(a)* except for the last step (for there will not be any marginal numbers from *Strong's Concordance* in your edition).

It should also be noted that there are some words with references on more than one page of *The B-D-B Hebrew Lexicon.* Both references should be consulted to get the fullest coverage of that word by B-D-B. Complete checking of cross-references is also encouraged (whether or not the present edition has given page numbers to such references).

MAURICE A ROBINSON, *Compiler*

Index to All Editions of Brown-Driver-Briggs Lexicons

Strong's #	Hebrew word	B-D-B pg
1	אָב	3a
2	אַב	1078[a]
3	אֵב	1a
4	אֵב	1078[a]
5	אֲבַגְתָא	1a
6	אָבַד	1a
7	אֲבַד	1078[a]
8	אֹבֵד	2a
9	אֲבֵדָה	2a
10	אֲבַדֹּה	2a
11	אֲבַדּוֹן	2a
12	אַבְדָן	2a
13	אָבְדָן	2a
14	אָבָה	2b
15	אָבֶה	106a
16	אֵבֶה	3a
17	אֲבוֹי	5a
18	אֵבוּס	7a
19	אִבְחָה	5a
20	אֲבַטִּחַ	105b
21	אֲבִי	4a
22	אֲבִיאֵל	3b
23	אֲבִיאָסָף	4a
24	אָבִיב	2a
25	אֲבִי גִבְעוֹן	149b
26	אֲבִיגַיִל	4a
	אֲבִיגַל	
27	אֲבִידָן	4a
28	אֲבִידָע	4a
29	אֲבִיָּה	4a
30	אֲבִיהוּא	4a
31	אֲבִיהוּד	4a
32	אֲבִיהַיִל	4a
33	אֲבִי הָעֶזְרִי	4b
34	אֶבְיוֹן	2b
35	אֲבִיּוֹנָה	2b
36	אֲבִיטוּב	4a
37	אֲבִיטַל	4a
38	אֲבִיָּם	4a
39	אֲבִימָאֵל	4a
40	אֲבִימֶלֶךְ	4a
41	אֲבִינָדָב	4b
42	אֲבִינֹעַם	4b
43	אֶבְיָסָף	4a
44	אֲבִיעֶזֶר	4b
45	אֲבִי־עַלְבוֹן	3b
46	אָבִיר	7b
47	אַבִּיר	7b
48	אֲבִירָם	4b
49	אֲבִישַׁג	4b
50	אֲבִישׁוּעַ	4b
51	אֲבִישׁוּר	4b
52	אֲבִישַׁי	5a
53	אֲבִישָׁלוֹם	5a
54	אֶבְיָתָר	5a
55	אָבַךְ	5a
56	אָבַל	5b
57	אָבֵל	5b
58	אָבֵל	5b
59	אָבֵל	5b
60	אֵבֶל	5b
61	אֲבָל	6a
62	אָבֵל בֵּית־מַעֲכָה	5b
63	אָבֵל הַשִּׁטִּים	6a
64	אָבֵל כְּרָמִים	6a
65	אָבֵל מְחוֹלָה	6a
66	אַבֵל מַיִם	6a
67	אָבֵל מִצְרַיִם	6a
68	אֶבֶן	6a 918b
69	אֶבֶן	1078[a]
70	אֹבֶן	7a
71	אֲבָנָה	53b
72	אֶבֶן הָעֵזֶר	7a
73	אַבְנֵט	6a
74	אַבְנֵר	4b
75	אָבַס	7a
76	אֲבַעְבֻּעָה	101a
77	אֶבֶץ	7a
78	אִבְצָן	7a
79	אָבַק	7b
80	אָבָק	7a
81	אֲבָקָה	7b
82	אָבַר	7b
83	אֵבֶר	7b
84	אֶבְרָה	7b
85	אַבְרָהָם	4b
86	אַבְרֵךְ	7b
87	אַבְרָם	4b
88	אבת	15b
89	אָגֵא	8a
90	אֲגַג	8a
91	אֲגָגִי	8a
92	אֲגֻדָּה	8a
93	אֱגוֹז	8a
94	אָגוּר	8b
95	אֲגוֹרָה	8b
96	אֶגֶל	8a
97	אֶגְלַיִם	8a
98	אֲגַם	8a
99	אָגֵם	8b
100	אַגְמוֹן	8b
101	אַגָּן	8b
102	אַגָּף	8b
103	אָגַר	8b
104	אִגְּרָא	1078[a]
105	אֲגַרְטָל	173b
106	אֶגְרֹף	175b
107	אִגֶּרֶת	8b
108	אֵד	15b
109	אָדַב	9a
110	אַדְבְּאֵל	9a
111	אֲדַד	212b
112	אִדּוֹ	9a
113	אָדוֹן	10b
114	אַדּוֹן	11b
115	אֲדוֹרַיִם	12a
116	אֱדַיִן	1078[b]
117	אַדִּיר	12a
118	אֲדַלְיָא	9a
119	אָדַם	10a
120	אָדָם	9a
121	אָדָם	9b
122	אָדֹם	10a
123	אֱדֹם	10a
124	אֹדֶם	10a
125	אֲדַמְדָּם	10b
126	אַדְמָה	10a
127	אֲדָמָה	9b
128	אֲדָמָה	10a
129	אֲדָמִי	10a
130	אֱדֹמִי	10b
131	אֲדֻמִּים	751b
132	אַדְמֹנִי	10b
	אַדְמוֹנִי	
133	אַדְמָתָא	10b
134	אֶדֶן	10b
135	אַדָּן	11b
136	אֲדֹנָי	10b
137	אֲדֹנִי־בֶזֶק	11b
138	אֲדֹנִיָּה	11b
	אֲדֹנִיָּהוּ	
139	אֲדֹנִי־צֶדֶק	11b
140	אֲדֹנִיקָם	12a
141	אֲדֹנִירָם	12a
142	אָדַר	12a
143	אֲדָר	12b
144	אֲדָר	1078[b]
145	אֶדֶר	12a
146	אַדָּר	12a
147	אִדַּר	1078[b]
148	אֲדַרְגָּזֵר	1078[b]
149	אַדְרַזְדָּא	1079[a]
150	אֲדַרְכֹּן	204a
151	אֲדֹרָם	12a
152	אַדְרַמֶּלֶךְ	12b
153	אֶדְרָע	1089[a]
154	אֶדְרֶעִי	204a
155	אַדֶּרֶת	12a
156	אָדַשׁ	190b

Strong's #	Hebrew word	B-D-B pg
157	אָהַב	12b
158	אַהַב	13a
159	אֹהַב	13a
160	אַהֲבָה	13a
161	אֹהַד	13b
162	אֲהָהּ	13b
163	אַהֲוָא	13b
164	אֵהוּד	13b
165	אֱהִי	13b
166	אָהַל	14b
167	אָהַל	14a
168	אֹהֶל	13b
169	אֹהֶל	14a
170	אָהֳלָה	14a
171	אָהֳלִיאָב	14a
172	אָהֳלִיבָה	14b
173	אָהֳלִיבָמָה	14b
174	אֲהָלִים	14b
175	אַהֲרוֹן	14b
176	אוֹ 15a, 14b	16a, 1119b
177	אוּאֵל	15a
178	אוֹב	15a
179	אוֹבִיל	16a
180	אוּבָל	385b
181	אוּד	15b
182	אוֹדוֹת	15b
183	אָוָה	16a
184	אָוָה	16b
185	אַוָּה	16a
186	אוּזַי	17a
187	אוּזָל	23b
188	אוֹי	17a
189	אֱוִי	16b
190	אוֹיָה	17a
191	אֱוִיל	17a
192	אֱוִיל מְרֹדַךְ	17a
193	אוּל	17b
194	אוּלַי	19b
195	אוּלַי	19b
196	אֱוִלִי	17b
197	אוּלָם	17b
198	אוּלָם	17b
199	אוּלָם	19b
200	אִוֶּלֶת	17b
201	אוֹמָר	57a
202	אוֹן	20a
203	אוֹן	20a
204	אוֹן	58a
205	אָוֶן	19b
206	אָוֶן	20a
207	אוֹנוֹ	20b
208	אוֹנָם	20b

Strong's #	Hebrew word	B-D-B pg
209	אוֹנָן	20b
210	אוּפָז	20b
211	אוֹפִיר	20b
212	אוֹפָן	66b
213	אוּץ	21a
214	אוֹצָר	69b
215	אוֹר	21a
216	אוֹר	21b
217	אוּר	22a
218	אוּר	22a
219	אוֹרָה	21b
220	אֲוֵרָה	71b
221	אוּרִי	22a
222	אוּרִיאֵל	22a
223	אוּרִיָּה	22b
	אוּרִיָּהוּ	
224	אוּרִים	22a
225	אוֹת	22b
226	אוּת	16b
227	אָז	23a
228	אֱזַא	1079a
229	אֶזְבַּי	23b
230	אֲזָד	1079a
231	אֵזוֹב	23b
232	אֵזוֹר	25a
233	אֲזַי	23a
234	אַזְכָּרָה	272a
235	אָזַל	23b
236	אֲזַל	1079a
237	אֶזֶל	23b
238	אָזַן	24a
239	אָזַן	24b
240	אָזֵן	24b
241	אֹזֶן	23b
242	אֻזֵּן שֶׁאֱרָה	25a
243	אַזְנוֹת תָּבוֹר	24b
244	אָזְנִי	24b
245	אֲזַנְיָה	24b
246	אֲזִקִּים	279a
247	אָזַר	25a
248	אֶזְרוֹעַ	284b
249	אֶזְרָח	280b
250	אֶזְרָחִי	280b
251	אָח	26a
252	אַח	1079b
253	אָח	25a
254	אָח	28b
255	אֹחַ	28b
256	אַחְאָב	26b
257	אַחְבָּן	26b
258	אָחַד	292a
259	אֶחָד	25b
260	אָחוּ	28a

Strong's #	Hebrew word	B-D-B pg
261	אֵחוּד	26a
262	אַחֲוָה	296a
263	אַחֲוָה	1092a
264	אַחֲוָה	27b
265	אֲחוֹחַ	29a
266	אֲחוֹחִי	29a
267	אֲחוּמַי	26b
268	אָחוֹר	30b
269	אָחוֹת	27b
270	אָחַז	28a
271	אָחָז	28b
272	אֲחֻזָּה	28b
273	אַחְזַי	28b
274	אֲחַזְיָה	28b
	אֲחַזְיָהוּ	
275	אֲחֻזָּם	28b
276	אֲחֻזַּת	28b
277	אֲחִי	26b
278	אֵחִי	29a
279	אֲחִיאָם	26b
280	אֲחִידָה	1080a
281	אֲחִיָּה	
	אֲחִיָּהוּ	26b
282	אֲחִיהוּד	26b
283	אַחְיוֹ	26b
284	אֲחִיחֻד	26b
285	אֲחִיטוּב	26b
286	אֲחִילוּד	27a
287	אֲחִימוֹת	27a
288	אֲחִימֶלֶךְ	27a
289	אֲחִימַן	27a
	אֲחִימָן	
290	אֲחִימַעַץ	27a
291	אַחְיָן	27a
292	אֲחִינָדָב	27a
293	אֲחִינֹעַם	27a
294	אֲחִיסָמָךְ	27a
295	אֲחִיעֶזֶר	27a
296	אֲחִיקָם	27a
297	אֲחִירָם	27a
298	אֲחִירָמִי	27b
299	אֲחִירַע	27b
300	אֲחִישַׁחַר	27b
301	אֲחִישָׁר	27b
302	אֲחִיתֹפֶל	27b
303	אַחְלָב	317a
304	אַחְלַי	29a
305	אַחְלַי	25a
306	אַחְלָמָה	29a
307	אַחְמְתָא	1079b
308	אֲחַסְבַּי	29a
309	אָחַר	29a
310	אַחַר 29b	30b

Strong's #	Hebrew word	B-D-B pg
311	אַחַר	1079^{b}
312	אַחֵר	29b
313	אַחֵר	31a
314	אַחֲרוֹן	
	אַחֲרֹן	30b
315	אַחְרַח	31a
316	אֲחַרְחֵל	31b
317	אָחֳרִי	1079^{b}
318	אָחֳרֵין	1079^{b}
319	אַחֲרִית	31a
320	אַחֲרִית	1079^{b}
321	אָחֳרָן	1079^{b}
322	אֲחֹרַנִּית	30b
323	אֲחַשְׁדַּרְפַּן	31b
324	אֲחַשְׁדַּרְפַּן	1080^{a}
325	אֲחַשְׁוֵרוֹשׁ	31b
326	אֲחַשְׁתָּרִי	31b
327	אֲחַשְׁתְּרָן	31b
328	אַט	31b
329	אָטָד	31b
330	אֵטוּן	32a
331	אָטַם	31b
332	אָטַר	32a
333	אָטֵר	32a
334	אִטֵּר	32a
335	אַי	32a
336	אִי	33a
337	אִי	33a
338	אִי	17a
339	אִי	15b
340	אָיַב	33a
341	אֹיֵב	33b
342	אֵיבָה	33b
343	אֵיד	15b
344	אַיָּה	17a
345	אַיָּה	17a
346	אַיֵּה	32b
347	אִיּוֹב	33b
348	אִיזֶבֶל	33a
349	אֵיךְ	32b
350	אִי־כָבוֹד	33a
351	אֵיכֹה	32b
352	אַיִל	17b
		18a
353	אֱיָל	33b
354	אַיָּל	19a
355	אַיָּלָה	19a
356	אֵילוֹן	19b
357	אַיָּלוֹן	19b
358	אֵילוֹן בֵּית חָנָן	19a,111b
359	אֵילוֹת	19a
360	אֱיָלוּת	33b
361	אֵילָם	19a

Strong's #	Hebrew word	B-D-B pg
362	אֵילִם	18b
363	אִילָן	1079^{a}
364	אֵיל פָּארָן	18b
365	אַיֶּלֶת	19b
366	אָיֹם	33b
367	אֵימָה	33b
368	אֵימִים	34a
369	אַיִן	34a
370	אַיִן	32b
371	אִין	5a
372	אִיעֶזֶר	4b
373	אִיעֶזְרִי	4b
374	אֵיפָה	35a
375	אֵיפֹה	33a
376	אִישׁ	35b
377	אִישׁ	84a
378	אִישׁ־בֹּשֶׁת	36a
379	אִישְׁהוֹד	36a
380	אִישׁוֹן	36a
381	אִישׁ־חַיִל	35b
382	אִתשׁ־טוֹב	35a
383	אִיתַי	1080^{a}
384	אִיתִיאֵל	87a
385	אִיתָמָר	16a
386	אֵיתָן	450b
387	אֵיתָן	451a
388	אֵיתָנִים	450b
389	אַךְ	36b
390	אַכַּד	32a
391	אַכְזָב	469b
392	אַכְזִיב	469b
393	אַכְזָר	470a
394	אַכְזָרִי	470a
395	אַכְזְרִיּוּת	470a
396	אֲכִילָה	38a
397	אָכִישׁ	37a
398	אָכַל	37a
399	אֲכַל	1080^{a}
400	אֹכֶל	38a
401	אֻכָל	38a
402	אָכְלָה	38a
403	אָכֵן	38b
404	אָכַף	38b
405	אֶכֶף	38b
406	אִכָּר	38b
407	אַכְשָׁף	506b
408	אַל	39a
409	אַל	1080^{a}
410	אֵל	42a
411	אֵל	41a
412	אֵל	1080^{a}
413	אֵל	39a
414	אֵלָא	41b

Strong's #	Hebrew word	B-D-B pg
415	אֵל אֱלֹהֵי יִשְׂרָאֵל	42b
416	אֵל בֵּית־אֵל	42b
417	אֶלְגָּבִישׁ	38b
418	אַלְגּוּמִּים	38b
419	אֶלְדָּד	44b
420	אֶלְדָּעָה	44b
421	אָלָה	46b
422	אָלָה	6b
423	אָלָה	46b
424	אֵלָה	18b
425	אֵלָה	18b
426	אֱלָהּ	1080^{b}
427	אַלָּה	47b
428	אֵלֶּה	41b
429	אֵלֶּה	1080^{b}
430	אֱלֹהִים	43a
431	אֲלוּ	1080^{a}
432	אִלּוּ	47a
433	אֱלוֹהַּ	43a
434	אֱלוּל	47a
435	אֱלוּל	47a
436	אֵלוֹן	18b
437	אַלּוֹן	47b
438	אַלּוֹן	47b
439	אַלּוֹן בָּכוּת	47b,113b
440	אֵלוֹנִי	19a
441	אַלּוּף	48b
442	אָלוּשׁ	47a
443	אֶלְזָבָד	44a
444	אָלַח	47a
445	אֶלְחָנָן	44b
446	אֱלִיאָב	45a
447	אֱלִיאֵל	45a
448	אֱלִיאָתָה	45a
449	אֱלִידָד	44b
450	אֶלְיָדָע	45b
451	אַלְיָה	46b
452	אֵלִיָּה	
	אֵלִיָּהוּ	45a
453	אֱלִיהוּ	
	אֱלִיהוּא	45a
454	אֶלְיְהוֹעֵינַי	41a
455	אֶלְיַחְבָּא	45a
456	אֱלִיחֹרֶף	45a
457	אֱלִיל	47a
458	אֱלִימֶלֶךְ	45a
459	אִלֵּין	1080^{a}
460	אֶלְיָסָף	45a
461	אֱלִיעֶזֶר	45b
462	אֱלִיעֵינַי	45a
463	אֱלִיעָם	45b
464	אֱלִיפַז	45b
465	אֱלִיפָל	45b

Strong's #	Hebrew word	B-D-B pg	Strong's #	Hebrew word	B-D-B pg	Strong's #	Hebrew word	B-D-B pg
466	אֱלִיפְלֵהוּ	45b	517	אֵם	51b	566	אִמְרִי	57b
467	אֱלִיפֶלֶט	45b	518	אִם	49b,474b	567	אֱמֹרִי	57a
468	אֱלִיצוּר	45b	519	אָמָה	51a	568	אֲמַרְיָה	57b
469	אֱלִיצָפָן	45b	520	אַמָּה	529b	569	אַמְרָפֶל	57b
470	אֱלִיקָא	45b	521	אַמָּה	1081[a]	570	אֶמֶשׁ	57b
471	אֶלְיָקִים	45b	522	אַמָּה	529b	571	אֱמֶת	54a
472	אֱלִישֶׁבַע	45b	523	אֻמָּה	52b	572	אַמְתַּחַת	607a
473	אֱלִישָׁה	47a	524	אֻמָּה	1081[a]	573	אֲמִתַּי	54b
474	אֱלִישׁוּעַ	46a	525	אָמוֹן	54b	574	אֵמְתָנִי	1080[a]
475	אֶלְיָשִׁיב	46a	526	אָמוֹן	54b	575	אָן	33a
476	לֱישָׁמָע	46a	527	אָמוֹן	54b	576	אֲנָא	1081[a]
477	אֱלִישָׁע	46a	528	אָמוֹן	51a	577	אָנָּא	58a
478	אֱלִישָׁפָט	46a	529	אֵמוּן	53b	578	אָנָה	58a
479	אֱלָהּ	1080[a]	530	אֱמוּנָה		579	אָנָה	58b
480	אַלְלַי	47b		אֱמֻנָה	53b	580	אֲנוּ	59a
481	אָלַם	47b	531	אָמוֹץ	55a	581	אִנּוּן	108a[b]
482	אֵלֶם	48a	532	אָמִי				1081[b]
483	אִלֵּם	48a		אֲמִינוֹן	51a	582	אֱנוֹשׁ	60b
484	אַלְמֻגִּים	38b	533	אַמִּיץ		583	אֱנוֹשׁ	60b
485	אֲלֻמָּה			אַמִּץ	55a	584	אָנַח	58b
	אֲלֻם	48a	534	אָמִיר	57a	585	אֲנָחָה	58b
486	אַלְמוֹדָד	38b	535	אָמַל	51a	586	אֲנַחְנָא	
487	אַלַּמֶּלֶךְ	47b	536	אֻמְלַל	51b		אֲנַחְנָה	1081[b]
488	אַלְמָן	48a	537	אֲמֵלָל	51b	587	אֲנַחְנוּ	59b
489	אַלְמֹן	48a	538	אֲמָם	52b	588	אֲנָחֲרָת	58b
490	אַלְמָנָה	48a	539	אָמַן	52b	589	אֲנִי	58b
491	אַלְמָנוּת	48a	540	אֲמַן	1081[a]	590	אֳנִי	58a
492	אַלְמֹנִי	48b	541	אָמַן	412a	591	אֳנִיָּה	58a
493	אֶלְנַעַם	46a	542	אָמָּן	53a	592	אֲנִיָּה	58a
494	אֶלְנָתָן	46a	543	אָמֵן	53a	593	אֲנִיעָם	58a
495	אֶלָּסָר	48a	544	אֹמֶן	53a	594	אֲנָךְ	59b
496	אֶלְעָד	46a	545	אָמְנָה	53b	595	אָנֹכִי	59a
497	אֶלְעָדָה	46a	546	אָמְנָה	53b	596	אָנַן	59b
498	אֶלְעוּזַי	46a	547	אֹמְנָה	53b	597	אָנַס	60a
499	אֶלְעָזָר	46a	548	אֲמָנָה	53b	598	אֲנַס	1081[b]
500	אֶלְעָלֵא	46a	549	אֲמָנָה	53b	599	אָנַף	60a
501	אֶלְעָשָׂה	46b	550	אַמְנוֹן	54b	600	אֲנַף	1080[b]
502	אָלַף	48b	551	אָמְנָם	53b	601	אֲנָפָה	60a
503	אָלַף	49a	552	אֻמְנָם	53b	602	אָנַק	60a
504	אֶלֶף	48b	553	אָמֵץ	54b	603	אֲנָקָה	60b
505	אֶלֶף	48b	554	אָמֹץ	55a	604	אֲנָקָה	60b
506	אֲלַף	1081[a]	555	אֹמֶץ	55a	605	אָנַשׁ	60b
507	אֶלֶף	49a	556	אַמְצָה	55a	606	אֱנָשׁ	108a[b]
508	אֶלְפַּעַל	46b	557	אַמְצִי	55b	607	אַנְתָּה	1082[a]
509	אָלַץ	49a	558	אֲמַצְיָה	55b	608	אַנְתּוּן	1082[a]
510	אַלְקוּם	39a		אֲמַצְיָהוּ		609	אָסָא	61b
511	אֶלְקָנָה	46b	559	אָמַר	55b	610	אָסוּךְ	692a
512	אֶלְקֹשִׁי	49a	560	אֲמַר	1081[a]	611	אָסוֹן	62a
513	אֶלְתּוֹלַד	39a	561	אֵמֶר	56b	612	אֵסוּר	64a
514	אֶלְתְּקֵא		562	אֹמֶר	56b	613	אֱסוּר	1082[a]
	אֶלְתְּקֵה	49b	563	אִמַּר	1081[a]	614	אָסִיף	63a
515	אֶלְתְּקֹן	49b	564	אִמֵּר	57a	615	אָסִיר	64a
516	אַל תַּשְׁחֵת	1008[b]	565	אִמְרָה	57a	616	אַסִּיר	64a

Strong's #	Hebrew word	B-D-B pg
617	אַסִּיר	64a
618	אָסָם	62a
619	אַסְנָה	62a
620	אָסְנַפַּר	1082[a]
621	אָסְנַת	62a
622	אָסַף	62a
623	אָסָף	63a
624	אָסֻף	63a
625	אֹסֶף	63a
626	אֲסֵפָה	63a
627	אֲסֻפָּה	63a
628	אַסְפְּסֻף	63b
629	אָסְפַּרְנָא	1082[a]
630	אַסְפָּתָא	63b
631	אָסַר	63b
632	אֱסָר	64a
633	אֱסָר	1082[a]
634	אֵסַר־חַדּוֹן	64b
635	אֶסְתֵּר	64b
636	אָע	1082[a]
637	אַף	64b
638	אַף	1082[a]
639	אַף	60a
640	אָפַד	65b
641	אֵפֹד	65b
642	אֲפֻדָּה	65b
643	אַפֶּדֶן	66a
644	אָפָה	66a
645	אֵפוֹ	66a
646	אֵפוֹד	65a
647	אֲפִיחַ	66a
648	אָפִיל	66a
649	אַפַּיִם	60a
650	אָפִיק	67b
651	אֹפֶל	66b
652	אָפֵל	66b
653	אֲפֵלָה	66b
654	אֶפְלָל	66b
		813b
655	אֹפֶן	67a
656	אָפֵס	67a
657	אֶפֶס	67a
658	אֶפֶס דַּמִּים	67b
659	אֶפַע	67b
660	אֶפְעֶה	821a
661	אָפַף	67b
662	אָפַק	67b
663	אֲפֵק	67b
664	אֲפֵקָה	68a
665	אֵפֶר	68a
666	אֲפֵר	68a
667	אֶפְרֹחַ	827a
668	אַפִּרְיוֹן	68a
669	אֶפְרַיִם	68a
670	אֲפָרְסַי	1082[a]
671	אֲפַרְסְכַי	1082[a]
672	אֶפְרָת	68b
673	אֶפְרָתִי	68b
674	אַפְּתֹם	1082[b]
675	אֶצְבּוֹן	69a
676	אֶצְבַּע	840b
677	אֶצְבַּע	409b
678	אָצִיל	69b
679	אַצִּיל	69b
680	אָצַל	69a
681	אֵצֶל	69a
682	אָצֵל	69a
683	אֲצַלְיָהוּ	69b
684	אֹצֶם	69b
685	אֶצְעָדָה	858a
686	אָצַר	69b
687	אֵצֶר	69b
688	אֶקְדָּח	869a
689	אַקּוֹ	70a
690	אֲרָא	70a
691	אֶרְאֵל	72a
692	אַרְאֵלִי	72a
693	אָרַב	70a
694	אֲרָב	70b
695	אֶרֶב	70b
696	אֹרֶב	70b
697	אַרְבֶּה	916a
698	אָרֳבָה	70b
699	אֲרֻבָּה	70b
700	אֲרֻבּוֹת	70b
701	אַרְבִּי	70b
702	אַרְבַּע	916b
703	אַרְבַּע	1112[b]
704	אַרְבַּע	917a
705	אַרְבָּעִים	917a
706	אַרְבַּעְתַּיִם	917a
707	אָרַג	70b
708	אֶרֶג	71a
709	אַרְגֹּב	918b
710	אַרְגְּוָן	1082[b]
711	אַרְגְּוָן	1082[b]
712	אַרְגָּז	919b
713	אַרְגָּמָן	71a
714	אַרְדְּ	71a
715	אַרְדּוֹן	71a
716	אַרְדִּי	71a
717	אָרָה	71a
718	אֲרוּ	1082[b]
719	אַרְוַד	71b
720	אֲרוֹד	71a
721	אַרְוָדִי	71b
722	אֲרוֹדִי	71a
723	אֻרְוָה	71b
724	אֲרוּכָה	74a
725	אֲרוּמָה	72a
726	אֲרוֹמִי	10b
727	אָרוֹן	75a
728	אֲרַוְנָה	72a
729	אָרַז	72b
730	אֶרֶז	72b
731	אַרְזָה	72b
732	אָרַח	72b
733	אָרַח	73a
734	אֹרַח	73a
735	אֹרַח	1082[b]
736	אֹרְחָה	73b
737	אֲרֻחָה	73b
738	אֲרִי	71b,468b
739	אֲרִיאֵל	72a
	אֲרִאֵל	
740	אֲרִיאֵל	72a
741	אֲרִאֵיל	72a
742	אֲרִידַי	71b
743	אֲרִידָתָא	71b
744	אַרְיֵה	1082[b]
745	אַרְיֵה	72a
746	אַרְיוֹךְ 73b	1082[b]
747	אֲרִיסַי	73b
748	אָרַךְ	73b
749	אֲרַךְ	1082[b]
750	אָרֵךְ	74a
751	אֶרֶךְ	74a
752	אָרֹךְ	74a
753	אֹרֶךְ	73b
754	אַרְכָּא	
	אַרְכָּה	1082[b]
755	אַרְכֻבָה	1085[b]
756	אַרְכְּוַי	1083[a]
757	אַרְכִּי	74a
758	אֲרָם	74a
759	אַרְמוֹן	74b
760	אֲרַם צוֹבָה	74a
761	אֲרַמִּי	74b
762	אֲרָמִית	74b
763	אֲרַם נַהֲרַיִם	74a
764	אַרְמֹנִי	74b
765	אֲרָן	75a
766	אֹרֶן	75a
767	אֹרֶן	75a
768	אַרְנֶבֶת	58a
769	אַרְנוֹן	75a
770	אַרְנָן	75a
771	אָרְנָן	75a
772	אֲרַע	1083[a]

Strong's #	Hebrew word	B-D-B pg
773	אַרְעִית	1083[a]
774	אַרְפָּד	75b
775	אַרְפַּכְשַׁד	75b
776	אֶרֶץ	75b
777	אַרְצָא	76b
778	אֲרַק	1083[a]
779	אָרַר	76b
780	אֲרָרַט	76b
781	אָרַשׂ	76b
782	אֲרֶשֶׁת	77a
783	אַרְתַּחְשַׁשְׁתָּא	77a 1083[a]
784	אֵשׁ	77a
785	אֵשׁ	1083[a]
786	אִשׁ	78a
787	אשׁ	1083[a]
788	אַשְׁבֵּל	78a
789	אַשְׁבֵּלִי	78a
790	אֶשְׁבָּן	78a
791	אַשְׁבֵּעַ	78a
792	אֶשְׁבַּעַל	36a
793	אֶשֶׁד	78a
794	אֲשֵׁדָה	78a
795	אַשְׁדּוֹד	78a
796	אַשְׁדּוֹדִי	78b
797	אַשְׁדּוֹדִית	78b
798	אַשְׁדּוֹת הַפִּסְגָּה	78a,820a
799	אֶשְׁדָּת	77b
800	אֶשָּׁה	77b
801	אִשֶּׁה	77b
802	אִשָּׁה	61a
803	אֲשׁוּיָה	78b
804	אַשּׁוּר	78b
805	אֲשׁוּרִי	78b,79a
806	אַשְׁחוּר	1007[a]
807	אֲשִׁימָא	79a
808	אָשִׁישׁ	84a
809	אֲשִׁישָׁה	84a
810	אֶשֶׁךְ	79a
811	אֶשְׁכּוֹל	79a
812	אֶשְׁכֹּל	79a
813	אַשְׁכְּנַז	79a
814	אֶשְׁכָּר	1016[b]
815	אֶשֶׁל	79a
816	אָשַׁם	79b
817	אָשָׁם	79b
818	אָשֵׁם	79b
819	אַשְׁמָה	80a
820	אַשְׁמָן	1032[b]
821	אַשְׁמֻרָה אַשְׁמוּרָה, אַשְׁמֹרֶת	1038[a]
822	אֶשְׁנָב	1039[b]
823	אַשְׁנָה	80a
824	אֶשְׁעָן	1043[b]
825	אַשָּׁף	80a
826	אָשַׁף	1083[a]
827	אַשְׁפָּה	80b
828	אַשְׁפְּנַז	80b
829	אֶשְׁפָּר	80b
830	אַשְׁפֹּת, שְׁפֹת	1046[a]
831	אַשְׁקְלוֹן	80b
832	אֶשְׁקְלוֹנִי	80b
833	אָשַׁר	80b
834	אֲשֶׁר	81b
835	אֶשֶׁר	80b
836	אָשֵׁר	81a
837	אֹשֶׁר	81a
838	אשֻׁר	81sa
839	אֲשֻׁר	81a
840	אֲשַׂרְאֵל	77a
841	אֲשַׂרְאֵלָה	77a
842	אֲשֵׁרָה	81a
843	אָשֵׁרִי	81a
844	אַשְׂרִיאֵל	77a
845	אַשְׂרִאֵלִי	77a
846	אֻשַּׁרְנָא	1083[a]
847	אֶשְׁתָּאֹל אֶשְׁתָּאוֹל	84a
848	אֶשְׁתָּאֻלִי	84a
849	אֶשְׁתַּדּוּר	1114[b]
850	אֶשְׁתּוֹן	84b
851	אֶשְׁתְּמֹעַ	84b
852	אָת	1079[a]
853	אֵת	84b
854	אֵת	85b
855	אֵת	88b
856	אֶתְבַּעַל	87a
857	אָתָה	87a
858	אָתָה	1083[b]
859	אַתָּ, אַתָּה, אַתִּי, אַתְּ, אַתֶּם	61b
860	אָתוֹן	87b
861	אַתּוּן	1083[b]
862	אַתּוּק	87b
863	אִתַּי	87a
864	אֵתָם	87b
865	אֶתְמוֹל	1069[b]
866	אֶתְנָה	1071[b]
867	אֶתְנִי	87b
868	אֶתְנַן	1072[b]
869	אֶתְנַן	1072[b]
870	אֲתַר	1083[b]
871	אֲתָרִים	87b
	ב	
872	בְּאָה	99b
873	בְּאוּשׁ	1084[a]
874	בָּאַר	91a
875	בְּאֵר	91b
876	בְּאֵר	91b
877	בֹּאר	92a
878	בְּאֵרָא	92a
879	בְּאֵר אֵלִים	91b
880	בְּאֵרָה	92a
881	בְּאֵרוֹת	92a
882	בְּאֵרִי	92a
883	בְּאֵר לַחַי רֹאִי	91b
884	בְּאֵר שֶׁבַע	92b
885	בְּאֵרֹת בְּנֵי־יַעֲקָן	92a
886	בְּאֵרֹתִי	92a
887	בָּאַשׁ	92b
888	בְּאֵשׁ	1084[a]
889	בְּאשׁ	93a
890	בָּאְשָׁה	93a
891	בְּאֻשִׁים	93a
892	בָּבָה	93a
893	בֵּבַי	93b
894	בָּבֶל	93b
895	בָּבֶל	1084[a]
896	בַּבְלַי	1084[a]
897	בַּג	103a
898	בָּגַד	93b
899	בֶּגֶד	93b
900	בֹּגְדוֹת	93b
901	בָּגוֹד	93b
902	בִּגְוַי	94a
903	בִּגְתָא	94a
904	בִּגְתָן	94a
905	בַּד	94b
906	בַּד	94a
907	בַּד	95a
908	בָּדָא	94a
909	בָּדַד	94a
910	בָּדָד	94b
911	בְּדַד	95a
912	בֵּדְיָה	95a
913	בְּדִיל	95b
914	בָּדַל	95a
915	בָּדָל	95b
916	בְּדֹלַח	95b
917	בְּדָן	96a
918	בָּדַק	96a
919	בֶּדֶק	96a
920	בִּדְקַר	96a
921	בְּדַר	1084[a]
922	בֹּהוּ	96a
923	בַּהַט	96a

Strong's #	Hebrew word	B-D-B pg
924	בְּהִילוּ	1084[a]
925	בָּהִיר	97b
926	בָּהַל	96a
927	בְּהַל	1084[a]
928	בֶּהָלָה	96b
929	בְּהֵמָה	96b
930	בְּהֵמוֹת	97a
931	בֹּהֶן	97a
932	בֹּהַן	97a
933	בֹּהַק	97a
934	בַּהֶרֶת	97a
935	בּוֹא	97b
936	בּוּז	100a
937	בּוּז	100b
938	בּוּז	100b
939	בּוּזָה	100b
940	בּוּזִי	100b
941	בּוּזִי	100b
942	בַּוַּי	100b
943	בּוּךְ	100b
944	בּוּל	385a
945	בּוּל	100b
946	בּוּנָה	107a
947	בּוּס	100b
948	בּוּץ	101a
949	בּוֹצֵץ	130b
950	בּוּקָה	101b
951	בּוֹקֵר	133b
952	בּוֹר	101b
953	בּוֹר 92a,	92b
954	בּוֹשׁ	101b
955	בּוּשָׁה	102a
956	בּוּת	1084[b]
957	בַּז	103a
958	בָּזָא	102a
959	בָּזָה	102a
960	בָּזָה	102b
961	בִּזָּה	103a
962	בָּזַז	103b
963	בִּזָּיוֹן	102b
964	בִּזְיוֹתְיָה	103a
965	בָּזָק	103a
966	בֶּזֶק	103a
967	בָּזַר	103a
968	בִּזְתָא	103a
969	בָּחוֹן	103b
970	בָּחוּר	104b
971	בַּחִין	103b
972	בָּחִיר	104b
973	בָּחַל	103b
974	בָּחַן	103b
975	בַּחַן	103b
976	בֹּחַן	103b
977	בָּחַר	103b
978	בַּחֲרוּמִי	104b
979	בְּחֻרוֹת	
	בְּחוּרוֹת	
	בְּחֻרִים	104b
980	בַּחֻרִים	
	בַּחוּרִים	104b
981	בָּטָא	104b
982	בָּטַח	105a
983	בֶּטַח	105a
984	בִּטָּה	105b
985	בִּטְחָה	105b
986	בִּטָּחוֹן	105b
987	בַּטֻּחוֹת	105b
988	בָּטֵל	105b
989	בְּטֵל	1084[a]
990	בֶּטֶן	105b
991	בֶּטֶן	106a
992	בֹּטֶן	106a
993	בָּטְנִים	106a
994	בִּי	106b
995	בִּין	106b
996	בֵּין	107a
997	בֵּין	1084[a]
998	בִּינָה	108a
999	בִּינָה	1084[a]
1000	בֵּיצָה	101a
1001	בִּירָא	1084[b]
1002	בִּירָה	108a
1003	בִּירָנִית	108b
1004	בַּיִת 108a.b	111a
1005	בַּיִת	1084[b]
1006	בַּיִת	110b
1007	בֵּית אָוֶן	110b
1008	בֵּית־אֵל	110b
1009	בֵּית אַרְבֵאל	111a
1010	בֵּית בַּעַל מְעוֹן	111a
1011	בֵּית בִּרְאִי	111b
1012	בֵּית בָּרָה	111a
1013	בֵּית־גָּדֵר	111a
1014	בֵּית גָּמוּל	111a
1015	בֵּית דִּבְלָתַיִם	111a
		179b
1016	בֵּית־דָּגוֹן	111a
1017	בֵּית הָאֱלִי	111a
1018	בֵּית הָאֵצֶל	69a,111a
1019	בֵּית הַגִּלְגָּל	166a
1020	בֵּית הַיְשִׁימוֹת	111b
1021	בֵּית הַכֶּרֶם	111b
1022	בֵּית הַלַּחְמִי	112a
1023	בֵּית הַמֶּרְחָק	112a
1024	בֵּית הַמַּרְכָּבוֹת	112a
1025	בֵּית הָעֵמֶק	112a
1026	בֵּית הָעֲרָבָה	112b
1027	בֵּית הָרָם	111a
1028	בֵּית הָרָן	111b
1029	בֵּית הַשִּׁטָּה	112b
1030	בֵּית הַשִּׁמְשִׁי	113a
1031	בֵּית חָגְלָה	111b
1032	בֵּית חוֹרוֹן	111b
1033	בֵּית כַּר	111b
1034	בֵּית לְבָאוֹת	111b
1035	בֵּית לֶחֶם	111b
1036	בֵּית לְעַפְרָה	112a
1037	בֵּית מִלּוֹא	571b
1038	בֵּית מַעֲכָה	112a
1039	בֵּית נִמְרָה	112a
1040	בֵּית עֵדֶן	112a
1041	בֵּית עַזְמָוֶת	112a
1042	בֵּית עֲנוֹת	112a
1043	בֵּית עֲנָת	112b
1044	בֵּית עֵקֶד	112b
1045	בֵּית עַשְׁתָּרוֹת	800a
1046	בֵּית פֶּלֶט	112b
1047	בֵּית פְּעוֹר	112b
1048	בֵּית פַּצֵּץ	112b
1049	בֵּית צוּר	112b
1050	בֵּית רְחוֹב	112b
1051	בֵּית רָפָא	112b
1052	בֵּית שְׁאָן	
	בֵּית שָׁן	112b
1053	בֵּית שֶׁמֶשׁ	112b
1054	בֵּית תַּפּוּחַ	113a
1055	בִּיתָן	113a
1056	בָּכָא	113a
1057	בָּכָא	113a
1058	בָּכָה	113a
1059	בֶּכֶה	113b
1060	בְּכוֹר	114a
1061	בִּכּוּר	114b
1062	בְּכוֹרָה	114b
1063	בִּכּוּרָה	114b
1064	בְּכוֹרַת	114b
1065	בְּכִי	113b
1066	בֹּכִים	114a
1067	בְּכִירָה	114b
1068	בְּכִית	114a
1069	בָּכַר	114a
1070	בֶּכֶר	114b
1071	בֶּכֶר	114a
1072	בִּכְרָה	114b
1073	בַּכְּרָה	114b
1074	בֹּכְרוּ	114b
1075	בִּכְרִי	114a
1076	בַּכְרִי	114a
1077	בַּל	115a

Strong's #	Hebrew word	B-D-B pg
1078	בֵּל	128b
1079	בָּל	1084[a]
1080	בְּלָא	1084[b]
1081	בַּלְאֲדָן	114b
1082	בָּלַג　597b	114b
1083	בִּלְגָּה	114b
1084	בִּלְגַּי	114b
1085	בִּלְדַּד	115a
1086	בָּלָה	115a
1087	בָּלֶה	115a
1088	בָּלָה	115a
1089	בָּלַהּ	117a
1090	בִּלְהָה	117a
1091	בַּלָּהָה	117a
1092	בִּלְהָן	117a
1093	בְּלוֹ	1084[b]
1094	בְּלוֹי, בְּלוֹא	115a
1095	בֵּלְטְשַׁאצַּר	117a
1096	בֵּלְטְשַׁאצַּר	1084[b]
1097	בְּלִי	115b
1098	בְּלִיל	117b
1099	בְּלִימָה	116a
1100	בְּלִיַּעַל	116a
1101	בָּלַל	117a,b
1102	בָּלַם	117b
1103	בָּלַס	118a
1104	בָּלַע	118a
1105	בֶּלַע	118b
1106	בֶּלַע	118b
1107	בִּלְעֲדֵי	
	בַּלְעֲדֵי	116a
1108	בַּלְעִי	118b
1109	בִּלְעָם	118b
1110	בָּלַק	118b
1111	בָּלָק	118b
1112	בֵּלְשַׁאצַּר	
	בֵּלְאשַׁצַּר	128b
1113	בֵּלְשַׁאצַּר	1084[b]
1114	בִּלְשָׁן	119a
1115	בִּלְתִּי	116b
1116	בָּמָה	119a
1117	בָּמָה	119b
1118	בִּמְהָל	119b
1119	בְּמוֹ　91a,	555b
1120	בָּמוֹת	119b
1121	בֵּן	119b,
		122a
1122	בֵּן	122a
1123	בֵּן	1085[a]
1124	אֶנָה, בְּנָא	1084[b]
1125	בֶּן־אֲבִינָדָב	122a
1126	בֶּן־אוֹנִי	122a
1127	בֶּן־גֶּבֶר	122a
1128	בֶּן־דֶּקֶר	122a
1129	בָּנָה	124a
1130	בֶּן־הֲדַד	122a
1131	בִּנּוּי	125a
1132	בֶּן־זוֹחֵת	122a
1133	בֶּן־חוּר	122a
1134	בֶּן־חַיִל	122b
1135	בֶּן־חָנָן	122b
1136	בֶּן־חֶסֶד	122b
1137	בָּנִי	125a
1138	בּוּנִי, בֻּנִּי	125a
1139	בְּנֵי־בְרַק	122b
1140	בִּנְיָה	125a
1141	בְּנָיָהוּ, בְּנָיָה	125b
1142	בְּנֵי יַעֲקָן	122b
1143	בֵּנַיִם	108a
1144	בִּנְיָמִין	122b
1145	בֶּן־יְמִינִי	122b
	בֶּן־אִישׁ יְמִינִי	412a
1146	בִּנְיָן	125b
1147	בִּנְיָן	1084[b]
1148	בְּנִינוּ	123a
1149	בְּנַס	1084[b]
1150	בִּנְעָה, בִּנְעָא	126a
1151	בֶּן־עַמִּי	122b
1152	בְּסוֹדְיָה	126a
1153	בְּסַי	126a
1154	בֶּסֶר	126a
1155	בֹּסֶר	126a
1156	בְּעָא	1085[a]
1157	בְּעַד	126a
1158	בָּעָה	126b
1159	בָּעוּ	1085[a]
1160	בְּעוֹר	129b
1161	בִּעוּתִים	130a
1162	בֹּעַז	126b
1163	בָּעַט	127a
1164	בְּעִי	730b
1165	בְּעִיר	129b
1166	בָּעַל	127a
1167	בַּעַל	127a
1168	בַּעַל	127b
1169	בְּעֵל	1085[a]
1170	בַּעַל בְּרִית	127b
1171	בַּעַל גָּד	128a
1172	בַּעֲלָה	128a
1173	בַּעֲלָה	128a
1174	בַּעַל הָמוֹן	128a
1175	בְּעָלוֹת	128b
1176	בַּעַל זְבוּב	127b
1177	בַּעַל חָנָן	128a
1178	בַּעַל חָצוֹר	128a
1179	בַּעַל חֶרְמוֹן	128a
1180	בַּעֲלִי	127a
1181	אַעֲלֵי בָּמוֹת	127a
1182	בְּעֶלְיָדָע	128b
1183	בְּעַלְיָה	128b
1184	בַּעֲלֵי יְהוּדָה	128a
1185	בַּעֲלִים	128b
1186	בַּעַל מְעוֹן	128a
1187	בַּעַל פְּעוֹר	128a
1188	בַּעַל פְּרָצִים	128a
1189	בַּעַל צְפוֹן	128a
		861[a]
1190	בַּעַל שָׁלִשָׁה	128a
1191	בַּעֲלָת	128b
1192	בַּעֲלַת בְּאֵר	128b
1193	בַּעַל תָּמָר	128a
1194	בְּעֹן	111a
1195	בַּעֲנָא	128b
1196	בַּעֲנָה	128b
1197	בָּעַר　129b,	128b
1198	בַּעַר	129b
1199	בָּעֲרָא	129b
1200	בְּעֵרָה	129b
1201	בַּעְשָׁא	129b
1202	בַּעֲשֵׂיָה	129b
1203	בְּעֶשְׁתְּרָה	110b
		129b
1204	בָּעַת	129b
1205	בְּעָתָה	130a
1206	בֹּץ	130b
1207	בִּצָּה　131a,	130b
1208	בָּצוֹר	131a
1209	בֵּצַי	130a
1210	בָּצִיר	131a
1211	בְּצֵל	130a
1212	בְּצַלְאֵל	130a
1213	בַּצְלוּת	
	בַּצְלִית	130a
1214	בָּצַע	130a
1215	בֶּצַע	130b
1216	בָּצֵק	130b
1217	בָּצֵק	130b
1218	בָּצְקַת	130b
1219	בָּצַר	130b
1220	בֶּצֶר	131a
1221	בֶּצֶר	131a
1222	בְּצַר	131a
1223	בָּצְרָה	131a
1224	בָּצְרָה	131a
1225	בִּצָּרוֹן	131a
1226	בַּצֹּרֶת	131a
1227	בַּקְבּוּק	132b
1228	בַּקְבֻּק	132b
1229	בַּקְבֻּקְיָה	132b

Strong's #	Hebrew word	B-D-B pg
1230	בַּקְבַּקַּר	131b
1231	בֻּקִּי	131b
1232	בֻּקִּיָּה	131b
1233	בְּקִיעַ	132b
1234	בָּקַע	131b
1235	בֶּקַע	132a
1236	בִּקְעָא	1085[a]
1237	בִּקְעָה	132b
1238	בָּקַק	132b
1239	בָּקַר	133a
1240	בְּקַר	1085[a]
1241	בָּקָר	33a
1242	בֹּקֶר	133b
1243	בַּקָּרָה	134b
1244	בִּקֹּרֶת	134b
1245	בָּקַשׁ	134b
1246	בַּקָּשָׁה	135a
1247	בַּר	1085[a]
1248	בַּר	135a
1249	בַּר	141a
1250	בֹּר	
	בַּר	141a
1251	בַּר	1085[b]
1252	בֹּר	141a
1253	בֹּר	141a
1254	בָּרָא	135a
1255	בְּרֹאדַךְ בַּלְאֲדָן	597b
1256	בְּרָאיָה	135b
1257	בַּרְבֻּר	141a
1258	בָּרַד	136a
1259	בָּרָד	135b
1260	בֶּרֶד	136a
1261	בָּרֹד	136a
1262	בָּרָה	136a
1263	בָּרוּךְ	140a
1264	בְּרוֹם	140a
1265	בְּרוֹשׁ	141a
1266	בְּרוֹת	141b
1267	בָּרוּת	136a
1268	בֵּרוֹתָה	92b
1269	בִּרְזוֹת	137a
1270	בַּרְזֶל	137a
1271	בַּרְזִלַּי	137b
1272	בָּרַח	137b
1273	בַּרְחֻמִי	138b
1274	בְּרִי	135b
1275	בֵּרִי	92b
1276	בֵּרִי	138b
1277	בָּרִיא	135b
1278	בְּרִיאָה	135b
1279	בִּרְיָה	136a
1280	בְּרִיחַ	138a
1281	בָּרִחַ, בָּרִיחַ	138a
1282	בָּרִיחַ	138a
1283	בְּרִיעָה	140a
1284	בְּרִיעִי	140a
1285	בְּרִית	136a
1286	בְּרִית	127b,
		136b
1287	בֹּרִית	141a
1288	בָּרַךְ	138b
1289	בְּרַךְ	1085[a]
1290	בֶּרֶךְ	139b
1291	בֶּרֶךְ	1085[b]
1292	בָּרַכְאֵל	140a
1293	בְּרָכָה	139b
1294	בְּרָכָה	139b
1295	בְּרֵכָה	140a
1296	בֶּרֶכְיָה,	
	בֶּרֶכְיָהוּ	140a
1297	בְּרַם	1085[b]
1298	בֶּרַע	140a
1299	בָּרַק	140a
1300	בָּרָק	140b
1301	בָּרָק	140b
1302	בַּרְקוֹס	140b
1303	בַּרְקָן	140b
1304	בָּרְקַת, בָּרֶקֶת	149b
1305	בָּרַר	140b
1306	בִּרְשַׁע	141b
1307	בֵּרֹתִי	92a
1308	בְּשׂוֹר	143a
1309	בְּשׂוֹרָה	142b
1310	בָּשַׁל	143a
1311	בָּשֵׁל	143a
1312	בִּשְׁלָם	143a
1313	בָּשָׂם	142a
1314	בֶּשֶׂם, בֹּשֶׂם	141b
1315	בָּשְׂמַת	142a
1316	בָּשָׁן	143a
1317	בָּשְׁנָה	102a
1318	בָּשַׁס	143b
1319	בָּשַׂר	142a
1320	בָּשָׂר	142a
1321	בְּשַׂר	1085[b]
1322	בֹּשֶׁת	102a
1323	בַּת	123a
1324	בַּת	144b
1325	בַּת	1085[b]
1326	בָּתָה	144b
1327	בַּתָּה	144b
1328	בְּתוּאֵל	143b
1329	בְּתוּל	143b
1330	בְּתוּלָה	143b
1331	בְּתוּלִים	144a
1332	בִּתְיָה	124a
1333	בָּתַק	144a
1334	בָּתַר	144a
1335	בֶּתֶר	144a
1336	בֶּתֶר	144a
1337	בַּת רַבִּים	123b
1338	בִּתְרוֹן	144b
1339	בַּת־שֶׁבַע	124a
1340	בַּת־שׁוּעַ	124a
	ג	
1341	גֵּא	144a
1342	גָּאָה	144a
1343	גֵּאָה	144a
1344	גֵּאֶה	144b
1345	גְּאוּאֵל	145a
1346	גַּאֲוָה	144b
1347	גָּאוֹן	144b
1348	גֵּאוּת	145a
1349	גַּאֲיוֹן	145a
1350	גָּאַל	145a,b
1351	גָּאַל	146a
1352	גֹּאַל	146a
1353	גְּאֻלָּה	145b
1354	גַּב	146a
1355	גַּב	1085[b]
1356	גֵּב	155b
1357	גֵּב	146b
1358	גֹּב	1085[b]
1359	גֹּב, גּוֹב	146b
1360	גֵּבֶא	146a
1361	גָּבַהּ	146b
1362	גָּבֹהַּ	147a
1363	גֹּבַהּ	147a
1364	גָּבֹהַּ, גָּבוֹהַּ	147a
1365	גַּבְהוּת	147a
1366	גְּבוּל, גְּבֻל	147b
1367	גְּבוּלָה, גְּבֻלָה	148a
1368	גִּבּוֹר, גִּבֹּר	150a
1369	גְּבוּרָה	150a
1370	גְּבוּרָה	1086[a]
1371	גִּבֵּחַ	147b
1372	גַּבַּחַת	147b
1373	גַּבַּי	146b
1374	גֵּבִים	155b
1375	גָּבִיעַ	149a
1376	גְּבִיר	150b
1377	גְּבִירָה	150b
1378	גָּבִישׁ	150b
1379	גָּבַל	148a
1380	גְּבַל	148a
1381	גְּבָל	148b
1382	גִּבְלִי	148b
1383	גַּבְלֻת	148a
1384	גִּבֵּן	148b

Strong's #	Hebrew word	B-D-B pg
1385	גִּבְנָה	148b
1386	גַּבְנֹן	148b
1387	גֶּבַע	148b
1388	גִּבְעָא	148b
1389	גִּבְעָה	148b
1390	גִּבְעָה	149a
1391	גִּבְעוֹן	149b
1392	גִּבְעֹל	149b
1393	גִּבְעֹנִי	149b
1394	גִּבְעַת	149a
1395	גִּבְעָתִי	149a
1396	גָּבַר	149b
1397	גֶּבֶר	149b
1398	גֶּבֶר	150a
1399	גְּבַר	149b
1400	גְּבַר	1086[a]
1401	גִּבָּר	1086[a]
1402	גִּבָּר	150a
1403	גַּבְרִיאֵל	150b
1404	גְּבֶרֶת	150b
1405	גִּבְּתוֹן	146b
1406	גַּג	150b
1407	גַּד	151a
1408	גַּד	151b
1409	גָּד	151b
1410	גָּד	151b
1411	גְּדָבָר	1086[a]
1412	גֻּדְגֹּדָה	151b
1413	גָּדַד	151a
1414	גְּדַד	1086[a]
1415	גָּדָה	152a
1416	גְּדוּד	151a
1417	גְּדֻדָה, גְּדוּד	151a
1418	גְּדוּדָה	151a
1419	גָּדֹל, גָּדוֹל	147b,152 153b,175
1420	גְּדֻלָּה, גְּדוּלָּה גְּדוּלָה	153b
1421	גִּדֻּף, גִּדּוּף, גִּדֻּפָה	
	גִּדֻּפָה	154b
1422	גִּדּוּפָה	154b
1423	גְּדִי	152a
1424	גְּדִי	151b
1425	גְּדִי	151b
1426	גַּדִּי	151b
1427	גַּדִּיאֵל	151b
1428	גַּדְיָה, גִּדְיָה	152a
1429	גִּדְיָה	152a
1430	גָּדִישׁ	155b
1431	גָּדַל	154a 152a
1432	גָּדֵל	152b

Strong's #	Hebrew word	B-D-B pg
1433	גֹּדֶל	152b
1434	גְּדִל	152b
1435	גִּדֵּל	152b
1436	גְּדַלְיָה, גְּדַלְיָהוּ	153b
1437	גִּדַּלְתִּי	153b
1438	גָּדַע	154b
1439	גִּדְעוֹן	154b
1440	גִּדְעֹם	154b
1441	גִּדְעֹנִי	154b
1442	גָּדַף	154b
1443	גָּדַר	154b
1444	גֶּדֶר	154b
1445	גֶּדֶר	155a
1446	גְּדוֹר, גְּדֹר	155a
1447	גָּדֵר	154b
1448	גְּדֵרָה	155a
1449	גְּדֵרָה	155a
1450	גְּדֵרוֹת	155a
1451	גְּדֵרִי	155a
1452	גְּדֵרָתִי	155a
1453	גְּדֵרֹתַיִם	155a
1454	גֵּה	155b
1455	גָּהָה	155b
1456	גֵּהָה	155b
1457	גָּהַר	156a
1458	גַּו	1086[a]
1459	גַּו	1086[a]
1460	גֵּו	156a
1461	גּוֹב	155b
1462	גּוֹב	146b
1463	גּוֹג	155b
1464	גּוּד	156a
1465	גֵּוָה	156a
1466	גֵּוָה	145a
1467	גֵּוָה	1085[b]
1468	גּוּז	156b
1469	גֹּזָל, גּוֹזָל	160a
1470	גּוֹזָן	159a
1471	גֹּי, גּוֹי 157a	156b
1472	גְּוִיָּה	156a
1473	גֹּלָה, גּוֹלָה	163b
1474	גּוֹלָן	157a
1475	גּוּמָּץ	170a
1476	גּוּנִי	157a
1477	גּוּנִי	157a
1478	גָּוַע	157a
1479	גּוּף	157b
1480	גּוּפָה	157b
1481	גּוּר 158b	157b
1482	גֻּר, גּוּר	158b
1483	גּוּר	158b
1484	גֹּרָה, גּוּר	158b

Strong's #	Hebrew word	B-D-B pg
1485	גּוּר־בַּעַל	158a
1486	גֹּרָל, גּוֹרָל	174a
1487	גִּישׁ, גּוּשׁ	159a
1488	גֵּז	159a
1489	גִּזְבָּר	159a
1490	גִּזְבָּר	1086[a]
1491	גָּזָה	159a
1492	גִּזָּה	159b
1493	גִּזוֹנִי	159a
1494	גָּזַז	159b
1495	גָּזֵז	159b
1496	גָּזִית	159a
1497	גָּזַל	159b
1498	גָּזֵל	160a
1499	גֶּזֶל	160a
1500	גְּזֵלָה	160a
1501	גָּזָם	160a
1502	גַּזָּם	160a
1503	גֶּזַע	160a
1504	גָּזַר	160a
1505	גְּזַר	1086[a]
1506	גֶּזֶר	160b
1507	גֶּזֶר	160b
1508	גִּזְרָה	160b
1509	גִּזְרָה	160b
1510	גְּזֵרָה	1086[a]
1511	גִּזְרִי 173b,	160b
1512	גָּחוֹן	161a
1513	גַּחֶלֶת, גֶּחָל	160b
1514	גַּחַם	161a
1515	גַּחַר	161a
1516	גַּי, גַּיְא	161a
1517	גִּיד	161b
1518	גֹּחַ, גִּיחַ	161b
1519	גּוֹחַ, גִּיחַ	161a
1520	גִּיחַ	161b
1521	גִּחוֹן, גִּיחוֹן	161b
1522	גֵּחֲזִי, גֵּיחֲזִי	161b
1523	גּוּל, גִּיל	162a
1524	גִּיל	162a
1525	גִּילַת, גִּילָה	162a
1526	גִּילֹנִי	162a
1527	גִּינַת	171a
1528	גִּיר	1086[a]
1529	גֵּישָׁן	152b
1530	גַּל	164b
1531	גֹּל	165a
1532	גַּלָּב	162b
1533	גִּלְבֹּעַ	162b
1534	גַּלְגַּל	165b
1535	גַּלְגַּל	1086[b]
1536	גַּלְגַּל	166a
1537	גִּלְגָּל	166a

Strong's #	Hebrew word	B-D-B pg
1538	גֻּלְגֹּלֶת	166a
1539	גֶּלֶד	162b
1540	גָּלָה	162b
1541	גְּלָא, גְּלָה	1086b
1542	גִּילֹה, גִּלֹה	162a
1543	גֻּלָּה	165a
1544	גִּלֻּל, גִּלּוּל	165b
1545	גְּלוֹם	166a
1546	גָּלוּת	163b
1547	גָּלוּת	1086b
1548	גָּלַח	164a
1549	גִּלָּיוֹן, גִּלְיוֹן	163b
1550	גָּלִיל	165a
1551	גְּלִילָה, גָּלִיל	1651
1552	גְּלִילָה	1651
1553	גְּלִילוֹת	165b
1554	גַּלִּים	164b
1555	גָּלְיַת	163b
1556	גָּלַל	164a
1557	גָּלָל	165a
1558	גְּלָל	164a
1559	גְּלָל	165a
1560	גְּלָל	1086b
1561	גֵּלֶל	165a
1562	גִּלֲלַי	165a
1563	גָּלַם	166a
1564	גֹּלֶם	166a
1565	גַּלְמוּד	166b
1566	גָּלַע	166b
1567	גַּלְעֵד	165a
1568	גִּלְעָד	166b
1569	גִּלְעָדִי	167b
1570	גָּלַשׁ	167b
1571	גַּם	168b
1572	גָּמָא	167b
1573	גֹּמֶא	167b
1574	גֹּמֶד	167b
1575	גַּמָּד	167b
1576	גְּמוּל	168a
1577	גָּמוּל	168b
1578	גְּמוּלָה	168b
1579	גִּמְזוֹ	168a
1580	גָּמַל	168a
1581	גָּמָל	168b
1582	גְּמַלִּי	168b
1583	גַּמְלִיאֵל	168b
1584	גָּמַר	170a
1585	גְּמַר	1086b
1586	גֹּמֶר	170a
1587	גְּמַרְיָה, גְּמַרְיָהוּ	170a
1588	גַּן 171a,	111a
1589	גָּנַב	170a
1590	גַּנָּב	170b
1591	גְּנֵבָה	170b
1592	גְּנֻבַת	170b
1593	גַּנָּה	171a
1594	גִּנָּה	171a
1595	גֶּנֶז	170b
1596	גְּנַז	1086b
1597	גִּנְזַךְ	170b
1598	גָּנַן	170b
1599	גִּנְּתוֹי, גִּנְּתוֹן	171a
1600	גָּעָה	171b
1601	גֹּעָה	171b
1602	גָּעַל	171b
1603	גֹּעַל	172a
1604	גֹּעַל	172a
1605	גָּעַר	172a
1606	גְּעָרָה	172a
1607	גָּעַשׁ	172a
1608	גַּעַשׁ	172a
1609	גַּעְתָּם	172a
1610	גַּף	172b
1611	גַּף	1086b
1612	גֶּפֶן	172a
1613	גֹּפֶר	172b
1614	גָּפְרִית	172b
1615	גִּר	162b
1616	גֵּיר, גֵּר	158a
1617	גֵּרָא	173a
1618	גָּרָב	173a
1619	גָּרֵב	173a
1620	גַּרְגַּר	176a
1621	גַּרְגְּרוֹת	176a
1622	גִּרְגָּשִׁי	173a
1623	גָּרַד	173a
1624	גָּרָה	173a
1625	גֵּרָה	176a
1626	גֵּרָה	176a
1627	גָּרוֹן	173b
1628	גֵּרוּת	158b
1629	גָּרַז	173b
1630	גְּרִזִּים	173b
1631	גַּרְזֶן	173b
1632	גֹּרָל	1751
1633	גָּרַם	175a
1634	גֶּרֶם	175a
1635	גְּרֶם	1086b
1636	גַּרְמִי	175a
1637	גֹּרֶן	175a
1638	גָּרַס	176a
1639	גָּרַע	175b
1640	גָּרַף	175b
1641	גָּרַר	176a
1642	גְּרָר	176a
1643	גֶּרֶשׁ	176b
1644	גָּרַשׁ	176b
1645	גֶּרֶשׁ	177a
1646	גְּרֻשָׁה	177a
1647	גֵּרְשֹׁם	177a
1648	גֵּרְשׁוֹם, גֵּרְשׁוֹן	177a
1649	גֵּרְשֻׁנִּי	177a
1650	גְּשׁוּר	178a
1651	גְּשׁוּרִי	178b
1652	גָּשַׁם	177b
1653	גֶּשֶׁם	177b
1654	גַּשְׁמוּ, גֶּשֶׁם	177b
1655	גְּשֵׁם	1086b
1656	גֹּשֶׁם	177b
1657	גֹּשֶׁן	177b
1658	גִּשְׁפָּא	177b
1659	גָּשַׁשׁ	178b
1660	גַּת	387b
1661	גַּת	387b
1662	גַּת־הַחֵפֶר, גִּתָּה־חֵפֶר	387b
1663	גִּתִּי	388a
1664	גִּתַּיִם	388a
1665	גִּתִּית	388a
1666	גֶּתֶר	178b
1667	גַּת־רִמּוֹן	387b
	ד	
1668	דָּא	1086b
1669	דָּאַב	178a
1670	דְּאָבָה	178a
1671	דְּאָבוֹן	178a
1672	דָּאַג	178a
1673	דּוֹאֵג, דֹּאֵג	178b
1674	דְּאָגָה	178b
1675	דָּאָה	178b
1676	דַּאָה	178b
1677	דּוֹב, דֹּב	179a
1678	דֹּב	1087a
1679	דֹּבֶא	179a
1680	דָּבַב	179a
1681	דִּבָּה	179a
1682	דְּבוֹרָה, דְּבֹרָה	184a
1683	דְּבוֹרָה, דְּבֹרָה	184a
1684	דְּבַח	1087a
1685	דְּבַח	1087a
1686	דִּבְיוֹן חֲרְיוֹן	179a, 351a
1687	דְּבִיר, דְּבִר	184a
1688	דְּבִיר, דְּבִר	184b
1689	דִּבְלָה	179b
1690	דְּבֵלָה	179b

Strong's #	Hebrew word	B-D-B pg
1691	דִּבְלַיִם	179b
1692	דָּבַק	179b
1693	דְּבַק	1087[a]
1694	דֶּבֶק	180a
1695	דָּבֵק	180a
1696	דָּבַר	180b
1697	דָּבָר	182a
1698	דֶּבֶר	184a
1699	דֹּבֶר	184a
1699[a]	דִּבֵּר	184b
1700	דִּבְרָה	184a
1701	דִּבְרָה, דִּבְרָה	1087[a]
1702	דֹּבְרָה	184a
1703	דַּבָּרָה	184b
1704	דִּבְרִי	184b
1705	דָּבְרַת	184a
1706	דְּבַשׁ	185a
1707	דַּבֶּשֶׁת	185b
1708	דַּבֶּשֶׁת	185b
1709	דָּאג, דָּג	185b
1710	דָּגָה	185b
1711	דָּגָה	185b
1712	דָּגוֹן	186a
1713	דָּגַל	186a
1714	דֶּגֶל	186a
1715	דָּגָן	186b
1716	דָּגַר	186b
1717	דַּד	186b
1718	דָּדָה	186b
1719	דְּדָנֶה, דְּדָן	186b
1720	דְּדָנִים	187a
1721	רֹדָנִים, דֹּדָנִים	187a
1722	דְּהַב	1087[a]
1723	דַּהֲוָא	1087[a]
1724	דָּהַם	187a
1725	דָּהַר	187a
1726	דַּהֲהַר	187a
1727	דּוּב	187a
1728	דַּוָּג	186a
1729	דּוּגָה	186a
1730	דֹּד, דּוֹד	189b
1731	דּוּד	188a
1732	דָּוִיד, דָּוִד	187b
1733	דּוֹדָה	187b
1734	דּוֹדוֹ	187b
1735	דּוֹדָוָהוּ	187b
1736	דּוּדַי	188a
1737	דּוֹדַי	187a
1738	דָּוָה	188b
1739	דָּוֶה	188b
1740	דּוּחַ	188b
1741	דְּוַי	188b
1742	דַּוָּי	188b
1743	דּוּךְ	188b
1744	דּוּכִיפַת	189a
1745	דּוּמָה	189a
1746	דּוּמָה	189a
1747	דּוּמִיָּה	189a
1748	דּוּמָם	189a
1749	דּוֹנַג	200a
1750	דּוּץ	189a
1751	דּוּק	1089[a]
1752	דּוּר	189b
1753	דּוּר	1087[a]
1754	דּוּר 462a	189b
1755	דֹּר, דּוֹר	189b
1756	דֹּאר, דּוֹר	1090[a]
1757	דּוּרָא	1087[a]
1758	דּוּשׁ, דּוֹשׁ, דִּישׁ	190a
1759	דּוּשׁ	1087[b]
1760	דָּחַה, דָּחָה	190b
1761	דַּחֲוָה	1087[b]
1762	דְּחִי	191a
1763	דְּחַל	1087[b]
1764	דֹּחַן	191a
1765	דָּחַף	191a
1766	דָּחַק	191a
1767	דַּי	191a
1768	דִּי	1087[b]
1769	דִּיבֹן, דִּיבוֹן	192a
1770	דִּיג	185b
1771	דַּיָּג	186a
1772	דַּיָּה	178a
1773	דְּיוֹ	188b
1774	דִּי זָהָב	191b
1775	דִּימוֹן	192a
1776	דִּימוֹנָה	192a
1777	דּוּן, דִּין	192a
1778	דִּין	1088[a]
1779	דּוּן, דִּין	192b
1780	דִּין	1088[a]
1781	דַּיָּן	193a
1782	דַּיָּן	1088[b]
1783	דִּינָה	190b
1784	דִּינַי	1088[b]
1785	דָּיֵק	189a
1786	דַּיִשׁ	190b
1787	דִּישֹׁן, דִּישׁוֹן, דִּשֹׁן, דִּשׁוֹן	190b
1788	דִּישֹׁן	190b
1789	דִּישָׁן	190b
1790	דַּךְ	194b
1791	דֵּךְ, דָּךְ	1088[b]
1792	דָּכָא	193b
1793	דַּכָּא	194a
1794	דָּכָה	194a
1795	דַּכָּה	194b
1796	דֳּכִי	194a
1797	דִּכֵּן	1088[b]
1798	דְּכַר	1088[b]
1799	דִּכְרֹן, דִּכְרוֹן	1088[b]
1800	דַּל	195b
1801	דָּלַג	194b
1802	דָּלָה	194b
1803	דַּלָּה	195b
1804	דָּלַח	195b
1805	דְּלִי	194b
1806	דְּלָיָהוּ, דְּלָיָה	195a
1807	דְּלִילָה	196b
1808	דָּלִיָּה	194b
1809	דָּלַל	195b
1810	דִּלְעָן	196a
1811	דָּלַף	196a
1812	דֶּלֶף	196a
1813	דַּלְפוֹן	196a
1814	דָּלַק	196a
1815	דְּלַק	1088[b]
1816	דַּלֶּקֶת	196a
1817	דֶּלֶת	194b
1818	דָּם	196a
1819	דָּמָה	197a
1820	דָּמָה	198b
1821	דְּמָה	1088[b]
1822	דֻּמָּה	199a
1823	דְּמוּת	198a
1824	דֳּמִי, דְּמִי	198a
1825	דִּמְיוֹן	198a
1826	דָּמַם	198b
1827	דְּמָמָה	199a
1828	דֹּמֶן	199a
1829	דִּמְנָה	199a
1830	דָּמַע	199b
1831	דֶּמַע	199b
1832	דִּמְעָה	199b
1833	דְּמֶשֶׁק	200a
1834	דַּמֶּשֶׂק, דּוּמֶשֶׂק	199b
1835	דָּן	192b
1836	דֵּן	1088[b]
1837	דַּנָּה	200a
1838	דִּנְהָבָה	200a
1839	דָּנִי	193a
1840	דָּנֵאל, דָּנִיֵּאל	193a
1841	דָּנִיֵּאל	1088[a]
1842	דָּן יַעַן	193a
1843	דֵּעַ	395a
1844	דֵּעָה	395b
1845	דְּעוּאֵל	396a

Strong's #	Hebrew word	B-D-B pg
1846	דָעַךְ	200a
1847	דַעַת	395b
1848	דׇפִי	200b
1849	דָפַק	200b
1850	דׇפְקָה	200b
1851	דַק	201a
1852	דֹק	201a
1853	דִקְלָה	200b
1854	דָקַק	200b
1855	דְקַק	1089[a]
1856	דָקַר	201a
1857	דֶקֶר	201a
1858	דַר	204b
1859	דָר	1087[a]
1860	דֵרָאוֹן, דְרָאוֹן	201a
1861	דׇרְבוֹן	201b
1862	דַרְדַע	201b
1863	דַרְדַר	205a
1864	דָרוֹם	204b
1865	דְרוֹר	204b
1866	דְרוֹר	204b
1867	דָרְיָוֶשׁ	201b
1868	דָרְיָוֶשׁ	1089[a]
1869	דָרַךְ	201b
1870	דֶרֶךְ	202b
1871	דַרְכְּמוֹן	204a
1872	דְרָע	1089[a]
1873	דָרַע	201b
1874	דַרְקוֹן	204b
1875	דָרַשׁ	205a
1876	דָשָׁא	205b
1877	דֶשֶׁא	206a
1878	דָשֵׁן	206a
1879	דָשֵׁן	206b
1880	דֶשֶׁן	206a
1881	דָת	206b
1882	דָת	1089[a]
1883	דֶתֶא	1089[a]
1884	דְתָבָר	1089[a]
1885	דָתָן	206b
1886	דֹתָן	206b
	ה	
1887	הֵא	210b
1888	הָא, הֵא	1089[b]
1889	הֶאָח	210b
1890	הַבְהָב	396b
1891	הָבַל	211a
1892	הֲבֵל, הֶבֶל	210b
1893	הֶבֶל	211a
1894	הֹבֶן	211a
1895	הָבַר	211a
1896	הֵגַי, הֵגֵא	211a
1897	הָגָה	211b
1898	הָגָה	212a
1899	הֶגֶה	211b
1900	הָגוּת	212a
1901	הָגִיג	211b
1902	הִגָּיוֹן	212a
1903	הָגִין	212a
1904	הָגָר	212a
1905	הַגְרִיא, הַגְרִי	212a
1906	הֵד	212b
1907	הַדָּבָר	1089[b]
1908	הֲדַד	212b
1909	הֲדַדְעֶזֶר	212b
1910	הֲדַדְרִמּוֹן	213a
1911	הָדָה	213a
1912	הֹדוּ	213a
1913	הֲדוֹרָם,	213a
	הֲדֹרָם	214b
1914	הִדַּי	213a
1915	הָדַךְ	213a
1916	הֲדֹם	213a
1917	הַדָּם	1089[b]
1918	הֲדַס	213b
1919	הֲדַסָּה	213b
1920	הָדַף	213b
1921	הָדַר	213b
1922	הֲדַר	1089[b]
1923	הֲדַר	1089[b]
1924	הֲדַר	214b
1925	הֶדֶר	214a
1926	הָדָר	214a
1927	הֲדָרָה	214b
1928	הֲדַרְעֶזֶר	214b
1929	הָהּ	214b
1930	הוֹ	214b
1931	הִיא, הוּא	214b
1932	הִיא, הוּא	1090[a]
1933	הָוָא,	216b
	הָוָה	217b
1934	הֲוָה, הֲוָא	1089[b]
1935	הוֹד	217a
1936	הוֹד	217a
1937	הוֹדְוָה	217a
1938	הוֹדַוְיָה	217b
1939	הוֹדַיְוָהוּ	217b
1940	הוֹדִיָּה	217b
1941	הוֹדִיָּה	217b
1942	הַוָּה	217b
1943	הֹוָה	217b
1944	הוֹתָם	222b
1945	הוֹי	222b
1946	הוּךְ	1090[a]
1947	הוֹלֵלָה	239b
1948	הוֹלֵלוּת	239b
1949	הוּם	*223a*
1950	הוֹמָם	243a
1951	הוּן	223a
1952	הוֹן	223b
1953	הוֹשָׁמָע	221b
1954	הוֹשֵׁעַ	448a
1955	הוֹשַׁעְיָה	448a
1956	הוֹתִיר	452b
1957	הָזָה	223b
1958	הִי	223b
1959	הֵידָד	212b
1960	הֻיְּדָה	392b
1961	הָיָה	224a
1962	הַיָּה	217b
1963	הֵיךְ	228a
1964	הֵיכָל	228a
1965	הֵיכַל	1090[a]
1966	הֵילֵל	237b
1967	הֵימָם	243a
1968	הֵימָן	54b
1969	הִין	228b
1970	הָכַר	229a
1971	הַכָּרָה	648a
1972	הָלָא	229b
1973	הָלְאָה	229a
1974	הִלּוּל	239a
1975	הַלָּז	229b
1976	הַלָּזֶה	229b
1977	הַלֵּזוּ	229b
1978	הָלִיךְ	237a
1979	הֲלִיכָה	237a
1980	הָלַךְ	229b
1981	הֲלַךְ	1090[a]
1982	הֵלֶךְ	237a
1983	הֲלָךְ	1090[a]
1984	הָלַל	237b
1985	הִלֵּל	239a
1986	הָלַם	240a
1987	הֶלֶם	240b
1988	הֲלֹם	240b
1989	הַלְמוּת	240b
1990	הָם	241a
1991	הֵם	241a
1992	הֵמָּה, הֵם	241a
1993	הָמָה	242a
1994	הִמּוֹן, הִמּוֹ	1090[a]
1995	הָמֹן, הָמוֹן	242a
		243a
1996	הֲמוֹן גּוֹג	242b
1997	הֲמוֹנָה	242b
1998	הֶמְיָה	242b
1999	הֲמוּלָּה, הֲמֻלָּה	242b
2000	הָמַם	243a

Strong's #	Hebrew word	B-D-B pg
2001	הָמָן	243a
2002	הַמְנִיךְ, הֲמוּנֵךְ	1090[b]
2003	הָמָס	243a
2004	הֵן	243a
2005	הֵן	243a
2006	הֵן	1090[b]
2007	הֵנָּה	241a
2008	הֵנָּה	244b
2009	הִנֵּה	243b
2010	הֲנָחָה	629b
2011	הִנֹּם	244b
2012	הֵנַע	245a
2013	הָסָה	245a
2014	הֲפֻגָה	806a
2015	הָפַךְ	245a
2016	הֶפֶךְ, הֵפֶךְ	246a
2017	הֹפֶךְ	246a
2018	הֲפֵכָה	246a
2019	הֲפַכְפַּךְ	246a
2020	הַצָּלָה	665a
2021	הֹצֶן	246a
2022	הַר	223b
2023	הֹר	246b
2024	הָרָא	246b
2025	הַרְאֵל	72a
2026	הָרַג	246b
2027	הֶרֶג	247b
2028	הֲרֵגָה	247b
2029	הָרָה	247b
2030	הָרֶה, הָרִי	248a
2031	הַרְהֹר	1090[b]
2032	הֵרָיוֹן, הֵרוֹן	248a
2033	הֲרוֹרִי	248a
2034	הֲרִיסָה	249a
2035	הֲרִיסוּת	249a
2036	הֹרָם	248a
2037	הָרֻם	248a
2038	הַרְמוֹן	248a
2039	הָרָן	248b
2040	הָרַס	248b
2041	הֶרֶס	249a
2042	הָרָר	249a
2043	הֲרָרִי, הָאֲרָרִי, הָרָרִי	251a
2044	הָשֵׁם	251b
2045	הַשְׁמָעוּת	1036[a]
2046	הִתּוּךְ	678a
2047	הֲתָךְ	251a
2048	הָתַל 1068b	251b
2049	הָתֻל	251b
2050	הָתַת	223b

Strong's #	Hebrew word	B-D-B pg
	ו	
2051	וְדָן	255a
2052	וָהֵב	255a
2053	וָו	255a
2054	וָזָר	255b
2055	וַיְזָתָא	255b
2056	וָלָד	409a
2057	וַנְיָה	255b
2058	וָפְסִי	255b
2059	וַשְׁנִי	255b
2060	וַשְׁתִּי	255b
	ז	
2061	זְאֵב	255a
2062	זְאֵב	255b
2063	זֹאת	260a
2064	זָבַד	256a
2065	זֶבֶד	256a
2066	זָבָד	256a
2067	זַבְדִּי	256b
2068	זַבְדִּיאֵל	256b
2069	זְבַדְיָה, זְבַדְיָהוּ	256b
2070	זְבוּב	256a
2071	זָבוּד	256a
2072	זַבּוּד	256a
2073	זְבֻל, זְבוּל	259b
2074	זְבֻלוּן, זְבוּלוּן, זְבוּלֻן	259b
2075	זְבוּלֹנִי	259b
2076	זָבַח	256b
2077	זֶבַח	257a
2078	זֶבַח	258a
2079	זַבַּי	256a
2080	זְבִידָה	256a
2081	זְבִינָא	259a
2082	זָבַל	259b
2083	זְבֻל	259b
2084	זְבַן	1091[a]
2085	זָג	260a
2086	זֵד	267b
2087	זָדוֹן	268a
2088	זֶה	260a
2089	זֶה	262a
2090	זֹה	262a
2091	זָהָב	262b
2092	זָהַם	262b
2093	זַהַם	263a
2094	זָהַר	263b
2095	זְהַר	1091[a]
2096	זֹהַר	264a
2097	זוֹ	262a
2098	זוּ	262a
2099	זִו	264b

Strong's #	Hebrew word	B-D-B pg
2100	זוּב	264b
2101	זוֹב	264b
2102	זוּד, זִיד	267b
2103	זוּד	1091[a]
2104	זוּזִים	265b
2105	זוֹחֵת	265b
2106	זָוִית	265a
2107	זוּל	266a
2108	זוּלָה	265b
2109	זוּן 402b,	266a
2110	זוּן	1091[a]
2111	זוּעַ	266a
2112	זוּעַ	1091[a]
2113	זְוָעָה	266a
2114	זוּר	266a,b
2115	זוּר	266b
2116	זוּרֶה	266b
2117	זָזָא	265a
2118	זָחַח	267a
2119	זָחַל	267a,b
2120	זֹחֶלֶת	267a
2121	זֵידוֹן	268a
2122	זִיו	1091[a]
2123	זִיז	265a,b
2124	זִיזָא	265a
2125	זִיזָה	265a
2126	זִינָא	265a
2127	זִיעַ	266a
2128	זִיף	268a
2129	זִיפָה	268a
2130	זִיפִי	268a
2131	זִיקָה, זִק, זֵק	278a
		279a
2132	זַיִת	268a
2133	זֵיתָן	268b
2134	זַךְ	269a
2135	זָכָה	269a
2136	זָכוּ	1091[a]
2137	זְכוֹכִית	269a
2138	זָכוּר	271b
2139	זַכּוּר	271b
2140	זַכַּי	269a
2141	זָכַךְ	269b
2142	זָכַר	269a
2143	זֵכֶר, זֶכֶר	271a
2144	זֶכֶר	271a
2145	זָכָר	271a
2146	זִכְרוֹן	272a
2147	זִכְרִי	271b
2148	זְכַרְיָה 1091[b], זְכַרְיָהוּ	272a
2149	זֻלּוּת	273a
2150	זַלְזַל	272b

Strong's #	Hebrew word	B-D-B pg
2151	זָלַל	272b
2152	זַלְעָפָה, זִלְעָפָה	273a
2153	זִלְפָּה	273a
2154	זִמָּה, זַמָּה	273a
2155	זִמָּה	273b
2156	זְמֹרָה, זְמוֹרָה, זְמֹר	274b
2157	זַמְזֻם	273b
2158	זָמִר, זָמִיר, זְמִרָה	274a
2159	זָמִיר	274b
2160	זְמִירָה	275a
2161	זָמַם	273a
2162	זְמָם	273a
2163	זָמַן	273b
2164	זְמַן	1091[b]
2165	זְמָן	273b
2166	זְמָן	1091[b]
2167	זָמַר	274a
2168	זְמַר	274b
2169	זֶמֶר	275a
2170	זְמָר	1091[b]
2171	זַמָּר	1091[b]
2172	זִמְרָה	274a
2173	זִמְרָה	275a
2174	זִמְרִי	275a
2175	זִמְרָן	275a
2176	זִמְרָת	274a
2177	זַן	275a
2178	זַן	1091[b]
2179	זָנַב	275b
2180	זָנָב	275a
2181	זָנָה	275b
2182	זָנוֹחַ	276b
2183	זְנוּן	276a
2184	זְנוּת	276a
2185	זֹנוֹת	275b
2186	זָנַח	276a,b
2187	זָנַק	276b
2188	זֵעָה	402b
2189	זַעֲוָה	266a
2190	זַעֲוָן 276b,	266a
2191	זְעֵיר	277b
2192	זְעֵיר	1091[b]
2193	זָעַךְ	276b
2194	זָעַם	276b
2195	זַעַם	276b
2196	זָעַף	277a
2197	זַעַף	277a
2198	זָעֵף	277a
2199	זָעַק	277a
2200	זְעִק	1091[b]
2201	זְעָקָה, זַעַק	277b
2202	זִפְרֹן	277b
2203	זֶפֶת	278a
2204	זָקֵן	278a
2205	זָקֵן	278b
2206	זָקָן	279a
2207	זֹקֶן	279a
2208	זָקֻן	279a
2209	זִקְנָה	279a
2210	זָקַף	279a
2211	זְקַף	1091[b]
2212	זָקַק	279a
2213	זֵר	267a
2214	זָרָא	266b
2215	זָרַב	279b
2216	זְרֻבָּבֶל	279b
2217	זְרֻבָּבֶל	1091[b]
2218	זֶרֶד	279b
2219	זָרָה	279b
2220	זְרֹעַ, זְרוֹעַ, זְרֹעָה, זְרוֹעָה	283b
2221	זֵרוּעַ	283a
2222	זַרְזִיף	284a
2223	זַרְזִיר	267a
2224	זָרַח	280a
2225	זֶרַח	280a
2226	זֶרַח	280a
2227	זַרְחִי	280b
2228	זְרַחְיָה	280b
2229	זָרַם	281a
2230	זֶרֶם	281a
2231	זִרְמָה	281a
2232	זָרַע	281a
2233	זֶרַע	282a
2234	זְרַע	1091[b]
2235	זֵרֹעַ, זֵרְעֹן	283a
2236	זָרַק	284b
2237	זָרַר	284b
2238	זֶרֶשׁ	284b
2239	זֶרֶת	284b
2240	זַתּוּא	284b
2241	זֵתָם 285b,	268b
2242	זֵתַר	285b
	ח	
2243	חֹב	285b
2244	חָבָא	285a
2245	חָבַב	285b
2246	חֹבָב	285b
2247	חָבָה	285b
2248	חֲבוּלָה	1092[a]
2249	חָבוֹר	289b
2250	חַבּוּרָה, חֲבֻרָה, חַבֻּרָה	286b
2251	חָבַט	285b
2252	חֳבָיה, חֲבַיָּה	285b
2253	חֶבְיוֹן	285b
2254	חָבַל 287a,	286a
2255	חֲבַל	1091[b]
2256	חֶבֶל, חֵבֶל	286b
2257	חֲבַל	1092[a]
2258	חֲבֹל, חֲבֹלָה	287a
2259	חֹבֵל	287a
2260	חִבֵּל	287a
2261	חֲבַצֶּלֶת	287b
2262	חֲבַצִּנְיָה	287b
2263	חָבַק	287b
2264	חִבֻּק	287b
2265	חֲבַקּוּק	287b
2266	חָבַר	287b
2267	חֶבֶר	288b
2268	חֶבֶר	288b
2269	חֲבַר	1092[a]
2270	חָבֵר	288b
2271	חַבָּר	289a
2272	חֲבַרְבֻּרָה	289a
2273	חַבְרָה	1092[a]
2274	חֶבְרָה	288b
2275	חֶבְרוֹן	289a
2276	חֶבְרֹנִי, חֶבְרוֹנִי	289b
2277	חֶבְרִי	288b
2278	חֲבֶרֶת	289b
2279	חֹבֶרֶת	289a
2280	חָבַשׁ	289b
2281	חָבֵת	290a
2282	חָג, חַג	290b
2283	חָגָא	291a
2284	חָגָב	290a
2285	חָגָב	290b
2286	חֲגָבָא, חֲגָבָה	290b
2287	חָגַג	290b
2288	חֲגָו	291b
2289	חָגוֹר	292a
2290	חֲגֹר, חֲגוֹר, חֲגֹרָה, חֲגוֹרָה	292a
2291	חַגִּי	291a
2292	חַגַּי 1092[a]	291a
2293	חַגִּיָּה	291a
2294	חַגִּית	291a
2295	חָגְלָה	291b
2296	חָגַר	291b
2297	חַד	26a
2298	חַד	1079[b]
2299	חַד	292a
2300	חָדַד	292a,b
2301	חֲדַד	292b
2302	חָדָה	292b

Strong's #	Hebrew word	B-D-B pg
2303	חַדּוּר	292b
2304	חֶדְוָה	292b
2305	חֶדְוָה	1092^a
2306	חֲדִי	1092^a
2307	חָדִיד	292b
2308	חָדֵל	292b
2309	חֶדֶל	293a
2310	חָדֵל	293a
2311	חַדְלַי	293a
2312	חֵדֶק	293a
2313	חִדֶּקֶל	293b
2314	חָדַר	293b
2315	חֶדֶר	293b
2316	חֲדַר	214a
2317	חַדְרָךְ	293b
2318	חָדַשׁ	293b
2319	חָדָשׁ	294a
2320	חֹדֶשׁ	294a
2321	חֹדֶשׁ	295a
2322	חֲדָשָׁה	295a
2323	חֲדַת	1092^a
2324	חֲוָא	1092^a
2325	חָיַב, חוּב	295a
2326	חוֹב	295a
2327	חוֹבָה	295a
2328	חוּג	295a
2329	חוּג	295a
2330	חוּד	295b
2331	חָוָה	296a
2332	חַוָּה	295b
2333	חַוָּה	295b
2334	חַוּוֹת יָעִיר	295b
2335	חוֹזַי	302b
2336	חוֹחַ	296a
2337	חָוָח	296a
2338	חוּט	1092^a
2339	חוּט	296b
2340	חִוִּי	295b
2341	חֲוִילָה	296b
2342	חִיל, חוּל	296b, 298b
2343	חוֹל	299a
2344	חוֹל	297b
2345	חוּם	299a
2346	חוֹמָה	327a
2347	חוּס	299a
2348	חוֹף	342a
2349	חוּפָם	299b
2350	חוּפָמִי	299b
2351	חָץ, חוּץ	299b
2352	חֹר, חוֹר	359b
2353	חוּר	301a
2354	חוּר	301a
2355	חוּר	301a
2356	חֹר, חוֹר	359b
2357	חָוַר	301a
2358	חִוָּר	1092^b
2359	חוּרִי	301a
2360	חוּרַי	301a
2361	חוּרָם	27b
2362	חַוְרָן	301b
2363	חוּשׁ	301b
2364	חוּשָׁה	302a
2365	חוּשַׁי	302a
2366	חֻשִׁים, חוּשִׁים, חֻשִׁם	302a
2367	חֻשָׁם, חוּשָׁם	302a
2368	חֹתָם, חוֹתָם	368a
2369	חוֹתָם	368a
2370	חֲזָה, חֲזָא	1092^b
2371	חֲזָאֵל, חֲזָהאֵל	303b
2372	חָזָה	302a
2373	חָזֶה	303b
2374	חֹזֶה	302b
2375	חֲזוֹ	303b
2376	חֵזוּ	1092^b
2377	חָזוֹן	302b
2378	חָזוֹת	303a
2379	חֲזוֹת	1092^b
2380	חָזוּת	303a
2381	חֲזִיאֵל	303b
2382	חֲזָיָה	303b
2383	חֶזְיוֹן	303b
2384	חִזָּיוֹן	303a
2385	חֲזִיז	304a
2386	חֲזִיר	306a
2387	חֵזִיר	306b
2388	חֲזַק	304a
2389	חָזָק	305a
2390	חָזֵק	304a
2391	חֵזֶק	305b
2392	חֹזֶק	305b
2393	חֶזְקָה	305b
2394	חָזְקָה	306a
2395	חִזְקִי	306a
2396	חִזְקִיָּה, חִזְקִיָּהוּ, יְחִזְקִיָּה, יְחִזְקִיָּהוּ	306a
2397	חָחִי, חָח	296a
2398	חָטָא	306a
2399	חֵטְא	307b
2400	חַטָּא	308a
2401	חֲטָאָה	308a
2402	חַטָּאָה	308a
2403	חַטָּאת, חַטָּאָה	308a
2404	חָטַב	310a
2405	חֲטֻבָה	310a
2406	חִטָּה	334b
2407	חַטּוּשׁ	310b
2408	חֲטִי	1092^b
2409	חַטָּיָא	1092^b
2410	חֲטִיטָא	310a
2411	חַטִּיל	310a
2412	חֲטִיפָא	310b
2413	חָטַם	310b
2414	חָטַף	310b
2415	חֹטֶר	310b
2416	חַי	313a, 311b, 312b
2417	חַי	1092^b
2418	חֲיָא	1092^b
2419	חִיאֵל	27b, 313b
2420	חִידָה	295a
2421	חָיָה	310b
2422	חָיֶה	313a
2423	חֵיוָא	1092^b
2424	חַיּוּת	313b
2425	חָיַי	310b
2426	חֵל, חֵיל	298a
2427	חִילָה, חִיל	297b
2428	חַיִל	298b
2429	חַיִל	1093^a
2430	חֵילָה	298a
2431	חֵלָאם, חֵילָם	298a
2432	חִילֵן	298a
2433	חִין	336b
2434	חַיִץ	300b
2435	חִיצוֹן	300a
2436	חוֹק, חֵק, חֵיק	300b
2437	חִירָה	301a
2438	חִירָם, חִירֹם	27b
2439	חִישׁ	301b
2440	חִישׁ	301b
2441	חֵךְ	335a
2442	חָכָה	314a
2443	חַכָּה	335b
2444	חֲכִילָה	314a
2445	חַכִּים	1093^a
2446	חֲכַלְיָה	314a
2447	חַכְלִיל	314a
2448	חַכְלִלוּת	314a
2449	חָכַם	314a
2450	חָכָם	314b
2451	חָכְמָה	315a
2452	חָכְמָה	1093^a
2453	חַכְמוֹנִי	315b

Strong's #	Hebrew word	B-D-B pg
2454	חָכְמוֹת, חַכְמוֹת	315a
2455	חֹל	320b
2456	חָלָא	316a
2457	חֶלְאָה	316a
2458	חֶלְאָה	316a
2459	חֵלֶב, חֶלֶב	316b
2460	חֵלֶב	317a
2461	חָלָב	316a
2462	חֶלְבָּה	317a
2463	חֶלְבּוֹן	317a
2464	חֶלְבְּנָה	317a
2465	חֶלֶד	317a
2466	חֵלֶד	317b
2467	חֹלֶד	317b
2468	חֻלְדָּה	317b
2469	חֶלְדַּי	317b
2470	חָלָה	317b
2471	חַלָּה	319b
2472	חֲלֹם, חֲלוֹם	321b
2473	חַלּוֹן	319b
2474	חַלּוֹן	319b
2475	חֲלוֹף	322a
2476	חֲלוּשָׁה	325b
2477	חֲלַח	318b
2478	חַלְחוּל	319a
2479	חַלְחָלָה	298a
2480	חָלַט	319a
2481	חֲלִי	318b
2482	חֲלִי	318b
2483	חֳלִי	318a
2484	חֶלְיָה	318b
2485	חָלִיל	319b
2486	חָלִלָה, חָלִילָה	321a
2487	חֲלִיפָה	322a
2488	חֲלִיצָה	322b
2489	חֵלְכָה, חֵלְכָא	319a, 456b
2490	חָלַל 320a,	319a
2491	חָלָל 321a,	319b
2492	חָלַם	321b
2493	חֵלֶם	1093[a]
2494	חֵלֶם	321a
2495	חַלָּמוּת	321b
2496	חַלָּמִישׁ	321b
2497	חֵלֹן	298a
2498	חָלַף	322a
2499	חֲלַף	1093[a]
2500	חֵלֶף	322a
2501	חֵלֶף	322a
2502	חָלַץ	322b
2503	חֵלֶץ, חֶלֶץ	323a
2504	חָלָץ	323a
2505	חָלַק 325a	323b
2506	חֵלֶק 325a,	324a
2507	חֵלֶק	324b
2508	חֲלָק	1093[a]
2509	חָלָק	325a
2510	חָלָק	325a
2511	חַלָּק	325a
2512	חַלֻּק	325b
2513	חֶלְקָה 325b	324b
2514	חֲלַקָּה	325b
2515	חֲלֻקָּה	324b
2516	חֶלְקִי	324b
2517	חֶלְקַי	324b
2518	חִלְקִיָּה, חִלְקִיָּהוּ	324b
2519	חֲלַקְלַקָּה	325b
2520	חֶלְקַת	324b
2521	חֶלְקַת הַצֻּרִים	324b
2522	חָלַשׁ	325b
2523	חַלָּשׁ	325b
2524	חָם	327a
2525	חָם	325b
2526	חָם	325b
2527	חֹם	328b
2528	חֱמָה, חֱמָא	1095[b]
2529	חֵמָה, חֶמְאָה	326a
2530	חָמַד	326a
2531	חֶמֶד	326b
2532	חֶמְדָּה	326b
2533	חֶמְדָּן	326b
2534	חֵמָא, חֵמָה	404a
2535	חַמָּה	328b
2536	חַמּוּאֵל	329a
2537	חֲמִיטַל, חֲמִיטַל	327b
2538	חָמוּל	328a
2539	חָמוּלִי	328a
2540	חַמּוֹן	329a
2541	חָמוֹץ	330a
2542	חַמּוּק	330a
2543	חֲמֹר, חֲמוֹר	331a
2544	חֲמוֹר	331b
2545	חֲמֹת, חֲמוֹת	327a
2546	חֹמֶט	328a
2547	חֻמְטָה	328a
2548	חָמִיץ	330a
2549	חֲמִישִׁי	332b
2550	חָמַל	328a
2551	חֶמְלָה	328a
2552	חָמַם	328b
2553	חַמָּן	329a
2554	חָמַס	329a
2555	חָמָס	329b
2556	חָמֵץ	329b
2557	חָמֵץ 330a,	329b
2558	חֹמֶץ	330a
2559	חָמַק	330a
2560	חָמַר 331a,	330a
2561	חֶמֶר	330b
2562	חֲמַר	1093[a]
2563	חֹמֶר	330b
2564	חֵמָר	330b
2565	חֲמֹרָה	331a
2566	חַמְרָן	331b
2567	חָמַשׁ	332a
2568	חֲמִשָּׁה, חָמֵשׁ	331b
2569	חֹמֶשׁ	332a
2570	חֹמֶשׁ	332b
2571	חָמֻשׁ	332b
2572	חֲמִשִּׁים	332a
2573	חֵמֶת	332b
2574	חֲמָת 333a,	329a
2575	חַמַּת	329a
2576	חַמֹּת דֹּאר	329a
2577	חֲמָתִי	333a
2578	חֲמַת צוֹבָה	333a
2579	חֲמַת רַבָּה	333a
2580	חֵן	336a
2581	חֵן	336b
2582	חֵנָדָד	337a
2583	חָנָה	333a
2584	חַנָּה	336b
2585	חֲנוֹךְ	335b
2586	חָנוּן	337a
2587	חַנּוּן	337a
2588	חָנוּת	333b
2589	חַנּוֹת	337b
2590	חָנַט	334b
2591	חִנְטָא	1093[a]
2592	חַנִּיאֵל	337a
2593	חָנִיךְ	335b
2594	חֲנִינָה	337a
2595	חֲנִית	333b
2596	חָנַךְ	335a
2597	חֲנֻכָּא	1093[a]
2598	חֲנֻכָּה	335b
2599	חֲנֹכִי	335b
2600	חִנָּם	336b
2601	חֲנַמְאֵל	335b
2602	חֲנָמָל	335b
2603	חָנַן	335b, 337b
2604	חֲנַן	1093[a]
2605	חָנָן	336b
2606	חֲנַנְאֵל	337a
2607	חֲנָנִי	337a

Strong's #	Hebrew word	B-D-B pg
2608	חֲנַנְיָה,	337a
	חֲנַנְיָהוּ	1093[a]
2609	חָנֵם	337b
2610	חָנֵף	337b
2611	חָנֵף	338a
2612	חֹנֶף	338a
2613	חֲנֻפָּה	338a
2614	חָנַק	338a
2615	חַנָּתֹן	337a
2616	חָסַד 340a,	338b
2617	חֵסֵד 340a,	338b
2618	חֶסֶד	122b
2619	חֲסַדְיָה	339b
2620	חָסָה	340a
2621	חֹסָה	340a
2622	חָסוּת	340a
2623	חָסִיד	339b
2624	חֲסִידָה	339b
2625	חָסִיל	340b
2626	חֲסִין	340b
2627	חַסִּיר	1093[b]
2628	חָסַל	340b
2629	חָסַם	340b
2630	חָסַן	340b
2631	חֲסַן	1093[b]
2632	חֱסֵן	1093[b]
2633	חֹסֶן	340b
2634	חָסֹן	340b
2635	חֲסַף	1093[b]
2636	חַסְפַּס	341a
2637	חָסֵר	341a
2638	חָסֵר	341b
2639	חֶסֶר	341b
2640	חֹסֶר	341b
2641	חַסְרָה	341b
2642	חֶסְרוֹן	341b
2643	חַף	342b
2644	חָפָא	341b
2645	חָפָה	341b
2646	חֻפָּה	342b
2647	חֻפָּה	342b
2648	חָפַז	342a
2649	חִפָּזוֹן	342a
2650	חֻפִּים	342b
2651	חֹפֶן	342a
2652	חָפְנִי	342a
2653	חָפַף	342a
2654	חָפֵץ 343b,	342b
2655	חָפֵץ	343a
2656	חֵפֶץ	343a
2657	חֶפְצִי בָהּ	343a
2658	חָפַר	343b
2659	חָפֵר	344a
2660	חֵפֶר	343b
2661	חֲפֹר	344a
	חֲפַרְפֵּרָה	344a
2662	חֶפְרִי	343b
2663	חֲפָרַיִם	343b
2664	חָפַשׂ	344a
2665	חֵפֶשׂ	344b
2666	חָפַשׁ	344b
2667	חֹפֶשׁ	344b
2668	חֻפְשָׁה	344b
2669	חָפְשׁוּת,	
	חָפְשִׁית	345a
2670	חָפְשִׁי	344b
2671	חֵץ	346a
2672	חָצֵב, חָצַב	345a
2673	חָצָה	345a
2674	חָצוֹר	347b
2675	חָצוֹר חֲדַתָּה	347b
2676	חָצוֹת	345b
2677	חֲצִי	345b
2678	חֵצִי, חִצִּי	345b
2679	חֲצִי הַמְּנֻחוֹת	630a
2680	חֲצִי הַמְּנַחְתִּי	630a
2681	חָצִיר	347b
2682	חָצִיר	348a
2683	חֵצֶן	346a
2684	חֹצֶן	346a
2685	חֲצַף	1093[b]
2686	חָצַץ	346a
2687	חָצָץ	346a
2688	חַצְצוֹן, תָּמָר	346b
	חַצֲצֹן, תָּמָר	
2689	חֲצֹצְרָה	348b
2690	חָצַר,	348b
	חֲצֹרֵר, חֲצֹצֵר	348b
2691	חָצֵר	346b
2692	חֲצַר אַדָּר	347a
2693	חֲצַר גַּדָּה	347b
2694	חֲצַר הַתִּיכוֹן	347b
2695	חֶצְרוֹ	347b
2696	חֶצְרוֹן	348a
2697	חֶצְרוֹנִי	348a
2698	חֲצֵרוֹת	348a
2699	חֲצֵרִים	347a
2700	חֲצַרְמָוֶת	348a
2701	חֲצַר סוּסָה	347b
2702	חֲצַר סוּסִים	347b
2703	חֲצַר עֵינוֹן	347b
2704	חֲצַר עֵינָן	347b
2705	חֲצַר שׁוּעָל	347b
2706	חֹק	349a
2707	חָקָה	348b
2708	חֻקָּה	349b
2709	חֲקוּפָא	349a
2710	חָקַק	349a
2711	חֵקֶק	349a
2712	חֻקֹּק,	301a
	חֻיקֹק	350a
2713	חָקַר	350b
2714	חֵקֶר	350b
2715	חֹר,	
	חוֹר	359b
2716	חֶרֶא	351a
2717	חָרַב,	351a
	חָרֵב	352a
2718	חֲרַב	1093[b]
2719	חֶרֶב	352a
2720	חָרֵב	351a
2721	חֹרֶב	351a
2722	חֹרֵב	352a
2723	חָרְבָּה	352a
2724	חָרָבָה	351a
2725	חֲרָבוֹן	351a
2726	חַרְבוֹנָא,	353a
	חַרְבוֹנָה	
2727	חָרַג	353a
2728	חָרְגֹּל	353a
2729	חָרַד	353a
2730	חָרֵד	353b
2731	חֲרָדָה	353b
2732	חֲרָדָה	354a
2733	חֲרֹדִי	353b
2734	חָרָה	354a
2735	חֹר הַגִּדְגָּד	151b, 301a
2736	חַרְהֲיָה	354b
2737	חָרוּז	354b
2738	חָרֻל, חָרוּל	355a
2739	חֲרוּמַף	354b
2740	חָרֹן, חָרוֹן	354b
2741	חֲרוּפִי	358a
2742	חָרֻץ, חָרוּץ	358b
2743	חָרוּץ	358b
2744	חַרְחוּר	359b
2745	חַרְחַס	354b
2746	חַרְחֻר	359b
2747	חֶרֶט	354b
2748	חַרְטֹם	1093[b]
2749	חַרְטֹם	1093[b]
2750	חֳרִי	354b
2751	חֹרִי	301a
2752	חֹרִי	360a
2753	חוֹרִי, חֹרִי	360a
2754	חָרִט, חָרִיט	355a
2755	חֲרֵי־יוֹנִים	351a
2756	חָרִיף	358a

Strong's #	Hebrew word	B-D-B pg
2757	חָרִיץ,	
	חָרִץ	358b
2758	חָרִישׁ	361a
2759	חֲרִישִׁי	362a
2760	חָרַךְ	355a
2761	חֲרַךְ	1093[b]
2762	חֲרֶךְ	355a
2763	חָרַם 356b,	355b
2764	חֵרֶם, חֶרֶם	356a,
		357a
2765	חֳרֵם	356b
2766	חָרִם	356b
2767	חָרְמָה	356b
2768	חֶרְמוֹן	356b
2769	חֶרְמוֹנִים	356b
2770	חֶרְמֵשׁ	357a
2771	חָרָן	357a
2772	חֹרֹנִי	111b
2773	חֹרֹנַיִם	357a
2774	חַרְנֶפֶר	357a
2775	חֶרֶס Œ	357a
	חַרְסָה	360a
2776	חֶרֶס	357b
2777	חַרְסוּת	360a
2778	חָרַף 358a,	357b
2779	חֹרֶף	358a
2780	חָרֵף	358a
2781	חֶרְפָּה	357b
2782	חָרַץ	358b
2783	חֲרַץ	1093[b]
2784	חַרְצֻבָּה	359a
2785	חַרְצַן	359a
2786	חָרַק	359a
2787	חָרַר	359a
2788	חָרֵר	359b
2789	חֶרֶשׂ	360a
2790	חָרַשׁ 361a	360a
2791	חֶרֶשׁ	36b
2792	חֶרֶשׁ	361b
2793	חֹרֶשׁ	361b
2794	חֹרֵשׁ	360b
2795	חֵרֵשׁ	361a
2796	חָרָשׁ	360b
2797	חַרְשָׁא	361b
2798	חֲרָשִׁים	161a
2799	חֲרֹשֶׁת	360b
2800	חֲרֹשֶׁת	361b
2801	חָרַת	362a
2802	חֶרֶת	362a
2803	חָשַׁב	362b
2804	חֲשַׁב	1093[b]
2805	חֵשֶׁב	363b
2806	חַשְׁבַּדָּנָה	364b
2807	חֶשְׁבָה	363b
2808	חֶשְׁבּוֹן	363b
2809	חֶשְׁבּוֹן	363b
2810	חִשָּׁבוֹן	364a
2811	חֲשַׁבְיָה,	
	חֲשַׁבְיָהוּ	364a
2812	חֲשַׁבְנָה	364a
2813	חֲשַׁבְנְיָה	364a
2814	חָשָׁה	364b
2815	חַשּׁוּב	363b
2816	חֲשׁוֹךְ	1094[a]
2817	חֲשׂוּפָא	
	חֲשֻׂפָא	362b
2818	חֲשַׁח	1093[b]
2819	חַשְׁחוּת	1093[b]
2820	חָשַׂךְ	351a
2821	חָשַׁךְ	364b
2822	חֹשֶׁךְ	365a
2823	חָשֵׁךְ	365a
2824	חֶשְׁכָה	365a
2825	חֲשֵׁכָה,	365a
	חֲשֵׁיכָה	
2826	חָשַׁל	365a
2827	חֲשַׁל	1094[a]
2828	חָשֻׁם	365b
2829	חֶשְׁמוֹן	365b
2830	חַשְׁמַל	365b
2831	חַשְׁמַן	365b
2832	חַשְׁמֹנָה	265b
2833	חֹשֶׁן	365b
2834	חָשַׂף	362b
2835	חָשִׂף	362b
2836	חָשַׁק	365b
2837	חֵשֶׁק	366a
2838	חָשֻׁק, חִשּׁוּק	366a
2839	חִשֻּׁקִים	366a
2840	חִשֻּׁר	366a
2841	חַשְׁרָה	366a
2842	חֲשַׁשׁ	366a
2843	חֻשָׁתִי	302a
2844	חַת	369b
2845	חֵת	366a
2846	חָתָה	367a
2847	חִתָּה	369b
2848	חִתּוּל	367b
2849	חַתְחַת	369b
2850	חִתִּי	366b
2851	חִתִּית	369b
2852	חָתַךְ	367a
2853	חָתַל	367b
2854	חֲתֻלָּה	367b
2855	חֶתְלֹן	367b
2856	חָתַם	367b
2857	חֲתַם	1094[a]
2858	חֹתֶמֶת	368a
2859	חָתַן	368b
2860	חָתָן	368b
2861	חֲתֻנָּה	368b
2862	חָתַף	368b
2863	חֶתֶף	369a
2864	חָתַר	369a
2865	חָתַת	369a
2866	חֲתַת	369b
2867	חֲתַת	369b
	ט	
2868	טְאֵב	1094[a]
2869	טָב	1094[a]
2870	טָבְאֵל	370a
2871	טְבוּל	371a
2872	טַבּוּר	371b
2873	טָבַח	370a
2874	טֶבַח	370b
2875	טֶבַח	370b
2876	טַבָּח	371a
2877	טַבָּח	1094[a]
2878	טִבְחָה	370b
2879	טַבָּחָה	371a
2880	טִבְחַת	371a
2881	טָבַל	371a
2882	טְבַלְיָהוּ	371a
2883	טָבַע	371b
2884	טַבָּעוֹת	371b
2885	טַבַּעַת	371b
2886	טַבְרִמּוֹן	372a
2887	טֵבֵת	372a
2888	טַבַּת	372a
2889	טָהוֹר	373a
2890	טְהוֹר	373a
2891	טָהֵר	372a
2892	טֹהַר	372b
2893	טָהֳרָה	372b
2894	טוֹא	370a
2895	טוֹב	373a
2896	טוֹב 377b,	373b
2897	טוֹב	376a
2898	טוֹב	375a
2899	טוֹב אֲדֹנִיָּהוּ	375a
2900	טוֹבִיָּה,	375b
	טוֹבִיָּהוּ	
2901	טָוָה	376a
2902	טוּחַ 377b,	376a
2903	טוֹטָפָה	377b
2904	טוּל	376b
2905	טוּר	377a
2906	טוּר	1094[a]

Strong's #	Hebrew word	B-D-B pg
2907	טוּשׂ	377a
2908	טְוָת	1094[a]
2909	טָחָה	377a
2910	טֻחָה	376a
2911	טְחוֹן	377b
2912	טָחַן	377b
2913	טַחֲנָה	377b
2914	טְחֹר	377b
2915	טִיחַ	376a
2916	טִיט	376b
2917	טִין	1094[a]
2918	טִירָה	37a
2919	טַל	378a
2920	טַל	1094[a]
2921	טָלָא	378a
2922	טְלָא	378a
2923	טְלָאִים	378a
2924	טָלֶה	378a
2925	טַלְטֵלָה	376b
2926	טָלַל	378b
2927	טְלַל	1094[a]
2928	טֶלֶם	378b
2929	טַלְמוֹן	379a
2930	טָמֵא 380a,	379a
2931	טָמֵא	379b
2932	טֻמְאָה	380a
2933	טָמָה	380a
2934	טָמַן	380a
2935	טֶנֶא	380b
2936	טָנַף	380b
2937	טָעָה	380b
2938	טָעַם	380b
2939	טְעֵם	1094[a]
2940	טַעַם	381a
2941	טַעַם	1094[b]
2942	טְעֵם	1094[b]
2943	טָעַן	381a
2944	טָעַן	381a
2945	טַף	381b
2946	טָפַח	381a
2947	טֶפַח	381b
2948	טֹפַח	318b
2949	טִפֻּחַ	381b
2950	טָפַל	381b
2951	טִפְסַר	381b
2952	טָפַף	381b
2953	טְפַר	1094[b]
2954	טָפַשׁ	382a
2955	טָפַת	382a
2956	טָרַד	382a
2957	טְרַד	1094[b]
2958	טְרוֹם	382a
2959	טָרַח	382a
2960	טֹרַח	382a
2961	טָרִי	382a
2962	טֶרֶם	382b
2963	טָרַף	382b
2964	טֶרֶף	383a
2965	טָרָף	383a
2966	טְרֵפָה	383b
2967	טַרְפְּלַי	1094[b]
	י	
2968	יָאַב	383a
2969	יָאָה	383a
2970	יַאֲזַנְיָה, יַאֲזַנְיָהוּ	24b
2971	יָאִיר	22b
2972	יָאִרִי	22b
2973	יָאַל	383a
2974	יָאַל	383b
2975	יְאֹר	384a
2976	יָאַשׁ	384b
2977	יֹאשִׁיָּה, יֹאשִׁיָּהוּ	78b
2978	יְאִתוֹן	87b
2979	יְאָתְרַי	384b
2980	יָבַב	384b
2981	יְבוּל	385a
2982	יְבוּס	101a
2983	יְבוּסִי	101a
2984	יִבְחָר	104b
2985	יָבִין	108a
2986	יָבַל	384b
2987	יְבַל	1094[b]
2988	יָבָל	385a
2989	יָבָל	385a
2990	יַבֶּל	385b
2991	יִבְלְעָם	385b
2992	יָבַם	386a
2993	יָבָם	386a
2994	יְבֵמֶת	386a
2995	יַבְנְאֵל	125b
2996	יַבְנֶה	125b
2997	יִבְנְיָה	125b
2998	יִבְנִיָּה	125b
2999	יַבֹּק	132b
3000	יְבֶרֶכְיָהוּ	140a
3001	יָבֵשׁ	386a
3002	יָבֵשׁ	386a
3003	יָבֵשׁ, יָבֵישׁ	386a
3004	יַבָּשָׁה	387a
3005	יִבְשָׂם	142a
3006	יַבֶּשֶׁת	387a
3007	יַבֶּשֶׁת	1094[b]
3008	יִגְאָל	145b
3009	יָגַב	387a
3010	יָגֵב	387a
3011	יָגְבְּהָה	147a
3012	יִגְדַּלְיָהוּ	153b
3013	יָגָה	387a
3014	יָגָה	387b
3015	יָגוֹן	387a
3016	יָגוֹר	388b
3017	יָגוּר	158b
3018	יְגִיעַ	388b
3019	יְגִיעַ	388b
3020	יָגְלִי	163b
3021	יָגַע	388a
3022	יָגָע	388a
3023	יָגֵעַ	388a
3024	יְגִעָה	388a
3025	יָגֹר	388b
3026	יְגַר שָׂהֲדוּתָא	1094[b] 1113[b]
3027	יָד	388b
3028	יַד	1094[b]
3029	יְדָא	1095[a]
3030	יִדְאֲלָה	391b
3031	יִדְבָּשׁ	185b
3032	יָדַד	391b
3033	יְדִדוּת	392a
3034	יָדָה	392a
3035	יִדּוֹ	392a
3036	יָדוֹן	193b
3037	יַדּוּעַ	396a
3038	יְדֻתוּן, יְדוּתוּן, יְדִיתוּן	393a
3039	יְדִיד	391b
3040	יְדִידָה	392a
3041	יְדִידְיָה	392a
3042	יְדָיָה	393a
3043	יְדִיעֲאֵל	396a
3044	יִדְלָף	393a
3045	יָדַע	393a
3046	יְדַע	1095[a]
3047	יָדָע	395a
3048	יְדַעְיָה	396a
3049	יִדְּעֹנִי	396a
3050	יָהּ	219b
3051	יָהַב	396b
3052	יְהַב	1095[a]
3053	יְהָב	396b
3054	יָהַד	397b
3055	יְהֻד	397a
3056	יֶהְדַּי	213a
3057	יְהֻדִיָּה	397b
3058	יֵהוּא	219b
3059	יְהוֹאָחָז	219b

Strong's #	Hebrew word	B-D-B pg
3060	יְהוֹאָשׁ	219b
3061	יְהִיד	1095[b]
3062	יְהוּדָאִי	1095[b]
3063	יְהוּדָה	397a
3064	יְהוּדִי	397b
3065	יְהוּדִי	397b
3066	יְהוּדִית	397b
3067	יְהוּדִית	397b
3068	יְהוָה	217b
3069	יְהוִה	217b
3070	יְהוָה יִרְאֶה	907b
3071	יְהוָה נִסִּי	651b
3072	יְהוָה צִדְקֵנוּ	842a
3073	יְהוָה שָׁלוֹם	1023[a]
3074	יְהוָה שָׁמָּה	1027[b]
3075	יְהוֹזָבָד	220a
3076	יְהוֹחָנָן	220a
3077	יְהוֹיָדָע	220a
3078	יְהוֹיָכִין	220b
3079	יְהוֹיָקִים	220b
3080	יְהוֹיָרִיב	220b
3081	יְהוּכַל	220b
3082	יְהוֹנָדָב	220b
3083	יְהוֹנָתָן	220b
3084	יְהוֹסֵף	415b
3085	יְהוֹעַדָּה	221a
3086	יְהוֹעַדִּין, יְהוֹעַדָּן	221a
3087	יְהוֹצָדָק	221a
3088	יְהוֹרָם	221a
3089	יְהוֹשֶׁבַע	221a
3090	יְהוֹשַׁבְעַת	221a
3091	יְהוֹשׁוּעַ, יְהוֹשֻׁעַ	221a
3092	יְהוֹשָׁפָט	221a
3093	יָהִיר	221a
3094	יְהַלֶּלְאֵל	239b
3095	יַהֲלֹם	240b
3096	יַהַץ, יַהְצָה, יַהְצָה	397b
3097	יוֹאָב	222a
3098	יוֹאָח	222a
3099	יוֹאָחָז	219b
3100	יוֹאֵל	222a
3101	יוֹאָשׁ, יֹאָשׁ	219b
3102	יוֹב	398a
3103	יוֹבָב	384a
3104	יוֹבֵל, יֹבֵל	385b
3105	יוּבַל	385a
3106	יוּבָל	385a
3107	יוֹזָבָד	220a
3108	יוֹזָכָר	222a
3109	יוֹחָא	398a

Strong's #	Hebrew word	B-D-B pg
3110	יוֹחָנָן	220a
3111	יוֹיָדָע	220a
3112	יוֹיָכִין	220b
3113	יוֹיָקִים	220b
3114	יוֹיָרִים	220b
3115	יוֹכֶבֶד	220b
3116	יוּבַל	220b
3117	יוֹם	398a
3118	יוֹם	1095[b]
3119	יוֹמָם	401a
3120	יָוָן	75a,402a
3121	יָוֵן	401b
3122	יוֹנָדָב	220b
3123	יוֹנָה	401b
3124	יוֹנָה	402a
3125	יְוָנִי	402a
3126	יוֹנֵק	413b
3127	יוֹנֶקֶת	413b
3128	יוֹנַת אֵלֶם רְחֹקִים	401b
3129	יוֹנָתָן	220b
3130	יוֹסֵף	415b
3131	יוֹסִפְיָה	415b
3132	יוֹעֵאלָה	418b
3133	יוֹעֵד	222b
3134	יוֹעֶזֶר	222b
3135	יוֹעָשׁ	222b
3136	יוֹצָדָק	221a, 1095[a]
3137	יוֹקִים	220b
3138	יוֹרֶה	435b
3139	יוֹרָה	435b
3140	יוֹרַי	436b
3141	יוֹרָם	221a
3142	יוּשַׁב חֶסֶד	1000[a]
3143	יוֹשִׁבְיָה	444a
3144	יוֹשָׁה	444a
3145	יוֹשַׁוְיָה	444b
3146	יוֹשָׁפָט	221b
3147	יוֹתָם	222b
3148	יוֹתֵר	452b
3149	יְזַוְאֵל	402a
3150	יִזִּיָּה	633b
3151	יָזִיז	265b
3152	יִזְלִיאָה	272b
3153	יְזַנְיָה, יְזַנְיָהוּ	24b
3154	יֶזַע	402b
3155	יִזְרָח	280b
3156	יִזְרַחְיָה	280b
3157	יִזְרְעֶאל	283a
3158	יִזְרְעֵאלִי	283b
3159	יִזְרְעֵאלִית	283b
3160	יְחֻבָּה	285b

Strong's #	Hebrew word	B-D-B pg
3161	יָחַד	402b
3162	יַחַד	403a
3163	יַחְדּוֹ	403b
3164	יַחְדִּיאֵל	292b
3165	יֶחְדִּיָּהוּ	292b
3166	יַחֲזִיאֵל	303b
3167	יַחְזְיָה	303b
3168	יְחֶזְקֵאל	306a
3169	יְחִזְקִיָּה, יְחִזְקִיָּהוּ	306a
3170	יַחְזֵרָה 28b,	403b
3171	יְחִיאֵל, יְחַוְאֵל	313b
3172	יְחִיאֵלִי	313b
3173	יָחִיד	402b
3174	יְחִיָּה	313b
3175	יָחִיל	404a
3176	יָחַל	403b
3177	יַחְלְאֵל	404a
3178	יַחְלְאֵלִי	404a
3179	יָחַם	404a
3180	יַחְמוּר	33ab
3181	יַחְמַי	327b
3182	יָחֵף	405a
3183	יַחְצְאֵל	345b
3184	יַחְצְאֵלִי	345b
3185	יַחְצִיאֵל	345b
3186	יָחַר	29b
3187	יָחַשׂ	405a
3188	יַחַשׂ	405a
3189	יַחַת	367a
3190	יָטַב	405b
3191	יְטַב	1095[b]
3192	יָטְבָה	406a
3193	יָטְבָתָה	406a
3194	יֻטָּה, יוּטָה	641a
3195	יְטוּר	377a
3196	יַיִן	406a
3197	יַךְ	406b
3198	יָכַח	406b
3199	יָכִין	467b
3200	יָכִינִי	467b
3201	יָכֹל, יָכוֹל	407a
3202	יְכֵל, יְכִיל	1095[b]
3203	יְכָלְיָה, יְכָלְיָהוּ, יְכִילְיָה	408a
3204	יְכָנְיָה, יְכָנְיָהוּ, יְכוֹנְיָה	467b
3205	יָלַד	408a
3206	יֶלֶד	409a
3207	יַלְדָּה	408b
3208	יַלְדוּת	409b
3209	יִלּוֹד	409b
3210	יָלוֹן	410a

Strong's #	Hebrew word	B-D-B pg
3211	יָלִיד	409b
3212	יָלַךְ	229b
3213	יָלַל	410a
3214	יְלֵל	410a
3215	יְלָלָה	410a
3216	יָלַע	534a
3217	יַלֶּפֶת	410b
3218	יֶלֶק	410b
3219	יַלְקוּט	545a
3220	יָם	410b
3221	יָם	1095[b]
3222	יֵם	411a
3223	יְמוּאֵל	410b
3224	יְמִימָה	410b
3225	יָמִין	491b
3226	יָמִין	412b
3227	יְמִינִי	412a
3228	יְמִינִי	412b
3229	יִמְלָא ,יִמְלָה	571b
3230	יַמְלֵךְ	576a
3231	יָמַן	412a
3232	יִמְנָה	412b
3233	יְמָנִי	412a
3234	יִמְנָע	586a
3235	יָמַר	413a
3236	יִמְרָה	598b
3237	יָמַשׁ	413a
3238	יָנָה	413a
3239	יָנוֹחַ ,יָנוֹחָה	629b
3240	יָנַח	628a
3241	יָנִים	631a
3242	יְנִיקָה	413a
3243	יָנַק	413a
3244	יַנְשׁוֹף ,יַנְשׁוּף	676a
3245	יָסַד	413b
3246	יְסֻד	414a
3247	יְסוֹד	414a
3248	יְסוּדָה	414a
3249	יָסוּר	694b
3250	יִסּוֹר	416a
3251	יָסַךְ	414b,
3252	יִסְכָּה	414b
3253	יִסְמַכְיָהוּ	702a
3254	יָסַף	414b
3255	יְסַף	1095[b]
3256	יָסַר	415b
3257	יָע	418a
3258	יַעְבֵּץ	716b
3259	יָעַד	416b
3260	יֶעְדִּי	418a
		723a
3261	יָעָה	418a
3262	יְעוּאֵל	418a
3263	יְעוּץ	734a
3264	יָעוֹר	420b
3265	יָעוּר	735b
3266	יְעוּשׁ	736a
3267	יָעַז	418a
3268	יַעֲזִיאֵל	739b
3269	יַעֲזִיָּהוּ	739b
3270	יַעְזֵיר ,יַעְזֵר	741a
3271	יָעַט	418b
3272	יְעַט	1095[b]
3273	יְעִיאֵל	418a
3274	יְעִישׁ	736a
3275	יַעְכָּן	747b
3276	יָעַל	418b
3277	יָעֵל	418b
3278	יָעֵל	418b
3279	יַעֲלָא ,יַעֲלָה	419a
3280	יַעֲלָה	418b
3281	יַעְלָם	761b
3282	יַעַן	774b
3283	יָעֵן	419a
3284	יַעֲנָה	419a
3285	יַעְנַי	419a
3286	יָעַף	419a
3287	יָעֵף	419a
3288	יְעָף	419a
3289	יָעַץ	419a
3290	יַעֲקֹב	784b
3291	יַעֲקֹבָה	785a
3292	יַעֲקָן	785b
3293	יַעַר	420b
3294	יַעְרָה	421a
3295	יַעֲרָה	421a
3296	יַעְרֵי אֹרְגִים	421a
3297	יְעָרִים	421a
3298	יַעֲרֶשְׁיָה	793a
3299	יַעֲשׂוּ	795b
3300	יַעֲשִׂיאֵל	795b
3301	יִפְדְּיָה	421a
3302	יָפָה	421a
3303	יָפֶה	421a
3304	יְפֵה־פִיָּה	421b
3305	יָפוֹ ,יָפוֹא	421b
3306	יָפַח	422a
3307	יָפֵחַ	422a
3308	יֳפִי	421b
3309	יָפִיעַ	422a
3310	יַפְלֵט	812b
3311	יַפְלֵטִי	812b
3312	יְפֻנֶּה	422a
3313	יָפַע	422a
3314	יִפְעָה	422a
3315	יֶפֶת	834b
3316	יִפְתָּח	836a
3317	יִפְתַּח־אֵל	836a
3318	יָצָא	422a
3319	יְצָא	1115[a]
3320	יָצַב	426a
3321	יְצַב	1096[a]
3322	יָצַג	426b
3323	יִצְהָר	844a
3324	יִצְהָר	844a
3325	יִצְהָרִי	844a
3326	יָצוּעַ	426b
3327	יִצְחָק	850b
3328	יִצְחַר	850b
3329	יָצִיא	425b
3330	יַצִּיב	1096[a]
3331	יָצַע	426b
3332	יָצַק	427a
3333	יְצֻקָה	427b
3334	יָצַר	864b
3335	יָצַר	427b
3336	יֵצֶר	428a
3337	יֵצֶר	428a
3338	יָצֻר	428a
3339	יִצְרִי	428a
3340	יִצְרִי	428a
3341	יָצַת	428a
3342	יֶקֶב	428b
3343	יְקַבְצְאֵל	868a
3344	יָקַד	428b
3345	יְקַד	1096[a]
3346	יְקֵדָא	1096[a]
3347	יָקְדְעָם	429a
3348	יָקֶה	429a
3349	יִקָּהָה	429a
3350	יְקוֹד	428b
3351	יְקוּם	879b
3352	יָקוֹשׁ	430b
3353	יָקוּשׁ	430b
3354	יְקוּתִיאֵל	429a
3355	יָקְטָן	429a
3356	יָקִים	879b
3357	יַקִּיר	430a
3358	יַקִּיר	1096[a]
3359	יְקַמְיָה	880b
3360	יְקַמְעָם	880b
3361	יָקְמְעָם	880b
3362	יָקְנְעָם	429a
3363	יָקַע	429a
3364	יָקַץ	429b
3365	יָקַר	429b
3366	יְקָר	430a
3367	יְקָר	1096[a]
3368	יָקָר	429b

Strong's #	Hebrew word	B-D-B pg
3369	יָקֹשׁ	430a
3370	יָקְשָׁן	430b
3371	יָקְתְאֵל	430b
3372	יָרֵא	431a
3373	יָרֵא	431a
3374	יִרְאָה	432a
3375	יִרְאוֹן	432a
3376	יִרְאִיָּיה	909b
3377	יָרֵב	937a
3378	יְרֻבַּעַל	937b
3379	יָרָבְעָם	914b
3380	יְרֻבֶּשֶׁת	937b
3381	יָרַד	432b
3382	יֶרֶד	434a
3383	יַרְדֵּן	434b
3384	יָרֵא, יָרָה	432a, 434b
3385	יְרוּאֵל	436b
3386	יָרוֹחַ	437a
3387	יָרוֹק	438b
3388	יְרוּשָׁא, יְרוּשָׁה	440a
3389	יְרוּשָׁלַםִ, יְרוּשָׁלַיִם	436b
3390	יְרוּשְׁלֵם	1096[a]
3391	יֶרַח	437a
3392	יֶרַח	437a
3393	יְרַח	1096[a]
3394	יָרֵחַ, יְרֵחוֹ	437a
3395	יְרֹחָם	934a
3396	יְרַחְמְאֵל	934a
3397	יְרַחְמְאֵלִי	934a
3398	יַרְחָע	437b
3399	יָרַט 936a,	437b
3400	יְרִיאֵל	436b
3401	יָרִיב	937a
3402	יָרִיב	937a
3403	יְרִיבַי	937a
3404	יְרִיָּה, יְרִיָּהוּ	436b
3405	יְרִיחוֹ, יְרֵחוֹ, יְרִיחֹה	437b
3406	יְרִימוֹת, יְרִימוֹת, יְרֵמוֹת	438a
3407	יְרִיעָה	438b
3408	יְרִיעוֹת	438b
3409	יָרֵךְ	437b
3410	יַרְכָא	1096[a]
3411	יְרֵכָה	438a
3412	יַרְמוּת	438a
3413	יְרֵמַי	438a
3414	יִרְמְיָה, יִרְמְיָהוּ	941b
3415	יָרַע	438b
3416	יִרְפְּאֵל	951a
3417	יָרַק	439a
3418	יֶרֶק	438b
3419	יָרָק	438b
3420	יֵרָקוֹן	439a
3421	יָרְקְעָם	439a
3422	יְרַקְרַק	439a
3423	יָרַשׁ, יָרֵשׁ	439a
3424	יְרֵשָׁה	440a
3425	יְרֻשָּׁה	440a
3426	יֵשׁ	441a
3427	יָשַׁב	442a
3428	יֶשֶׁבְאָב	444a
3429	יֹשֵׁב בַּשֶּׁבֶת	444a
3430	יִשְׁבּוֹ בְּנֹב	444a
3431	יִשְׁבַּח	986b
3432	יָשֻׁבִי	1000[a]
3433	יָשֻׁבִי לֶחֶם	1000[a]
3434	יָשָׁבְעָם	1000[a]
3435	יִשְׁבָּק	990a
3436	יָשְׁבְּקָשָׁה	444a
3437	יָשִׁיב, יָשׁוּב	1000[a]
3438	יִשְׁוָה	1000[a]
3439	יְשׁוֹחָיָה	1006[a]
3440	יִשְׁוִי	1001[a]
3441	יִשְׁוִי	1001[a]
3442	יֵשׁוּעַ	1096[a]
3443	יֵשׁוּעַ	1096[a]
3444	יְשׁוּעָה	447a
3445	יֶשַׁח	445a
3446	יִשְׂחָק	850b
3447	יָשַׁט	445a
3448	יִשַׁי	445a
3449	יִשִּׁיָּה, יִשִּׁיָּהוּ	674b
3450	יְשִׂימָאֵל	964b
3451	יְשִׁימָה	445a
3452	יְשִׁימוֹן	445a
3453	יָשִׁישׁ	450a
3454	יְשִׁישַׁי	450a
3455	יָשַׂם	441a
3456	יָשַׁם	445a
3457	יִשְׁמָא	445a
3458	יִשְׁמָעֵאל	1035[b]
3459	יִשְׁמְעֵאלִי	1035[b]
3460	יִשְׁמַעְיָה, יִשְׁמַעְיָהוּ	1036[a]
3461	יִשְׁמְרַי	1038[a]
3462	יָשֵׁן	445b
3463	יָשֵׁן	445b
3464	יָשֵׁן	445b
3465	יָשָׁן	445b
3466	יְשָׁנָה	446a
3467	יָשַׁע	446a
3468	יֶשַׁע, יֵשַׁע	447a
3469	יִשְׁעִי	447b
3470	יְשַׁעְיָה, יְשַׁעְיָהוּ	447b
3471	יָשְׁפֵה	448b
3472	יִשְׁפָּה	1046[a]
3473	יִשְׁפָּן	1051[a]
3474	יָשַׁר	448b
3475	יֵשֶׁר	449b
3476	יֹשֶׁר	449b
3477	יָשָׁר	449a
3478	יִשְׂרָאֵל	957a
3479	יִשְׂרָאֵל	1096[a]
3480	יְשַׂרְאֵלָה	441a
3481	יִשְׂרְאֵלִי	976a
3482	יִשְׂרְאֵלִית	976a
3483	יִשְׁרָה	449b
3484	יְשֻׁרוּן	449b
3485	יִשָּׂשכָר	441a
3486	יָשֵׁשׁ	450a
3487	יַת	1096[a]
3488	יְתִב	1096[a]
3489	יָתֵד	450a
3490	יָתוֹם	450b
3491	יְתוּר	1064[b]
3492	יַתִּיר	452b
3493	יַתִּיר	1096[b]
3494	יִתְלָה	1068[a]
3495	יִתְמָה	450b
3496	יַתְנִיאֵל	1072[a]
3497	יִתְנָן	451a
3498	יָתַר	451a
3499	יֶתֶר	451b
3500	יֶתֶר	452a
3501	יִתְרָא	452a
3502	יִתְרָה	452a
3503	יִתְרוֹ	452a
3504	יִתְרוֹן	452b
3505	יִתְרִי	452a
3506	יִתְרָן	452b
3507	יִתְרְעָם	453b
3508	יֹתֶרֶת	452b
3509	יְתֵת	453b
	כ	
3510	כָּאַב	456a
3511	כְּאֵב	456a
3512	כָּאָה	456b
3513	כָּבֵד, כָּבַד	457a
3514	כֹּבֶד	458b
3515	כָּבֵד	458a
3516	כָּבֵד	458a
3517	כְּבֵדֻת	459b
3518	כָּבָה	459b

Strong's #	Hebrew word	B-D-B pg
3519	כָּבוֹד, כָּבֹד	458b
3520	כְּבוּדָּה 459b	458b
3521	כָּבוּל	459b
3522	כַּבּוֹן	460a
3523	כְּבִיר	460b
3524	כַּבִּיר	460a
3525	כֶּבֶל	459b
3526	כָּבַס	460a
3527	כָּבַר	460a
3528	כְּבָר	460b
3529	כְּבָר	460b
3530	כִּבְרָה	460b
3531	כְּבָרָה	460b
3532	כֶּבֶשׂ	461a
3533	כָּבַשׁ	461a
3534	כֶּבֶשׁ	46ab
3535	כִּבְשָׂה, כַּבְשָׂה	461a
3536	כִּבְשָׁן	461b
3537	כַּד	461b
3538	כְּדַב	1096[b]
3539	כַּדְכֹּד	461b
3540	כְּדָרְלָעֹמֶר	462a
3541	כֹּה	462a
3542	כָּה	1096[b]
3543	כָּהָה	462b
3544	כֵּהֶה	462b
3545	כֵּהָה	462b
3546	כְּהַל	1096[b]
3547	כָּהַן	464b
3548	כֹּהֵן	463a
3549	כָּהֵן	1096[b]
3550	כְּהֻנָּה	464b
3551	כַּו	1096[b]
3552	כּוּב	464b
3553	כּוֹבַע	464b
3554	כָּוָה	464b
3555	כְּוִיָּה	465a
3556	כּוֹכָב	456b
3557	כּוּל	465a
3558	כּוּמָז	484b
3559	כּוּן 646b,	465b
3560	כּוּן	467a
3561	כַּוָּן	467b
3562	כּוֹנַנְיָהוּ	467a
3563	כּוֹס	468a
3564	כּוּר 468b,	468a
3565	כּוֹר עָשָׁן	468a
3566	כּוֹרֶשׁ, כֹּרֶשׁ	468b
3567	כּוֹרֶשׁ	1096[b]
3568	כּוּשׁ	468b
3569	כּוּשִׁי	469a
3570	כּוּשִׁי	469a
3571	כּוּשִׁית	469a
3572	כּוּשָׁן	469a
3573	כּוּשַׁן רִשְׁעָתַיִם	469a
3574	כּוֹשָׁרָה	507a
3575	כּוּת, כּוּתָה	469a
3576	כָּזַב	469a
3577	כָּזָב	469b
3578	כֹּזְבָא	469b
3579	כָּזְבִי	469b
3580	כְּזִיב	469b
3581	כֹּחַ, כּוֹחַ	470a
3582	כָּחַד	470a
3583	כָּחַל	471a
3584	כָּחַשׁ	471a
3585	כַּחַשׁ	471b
3586	כֶּחָשׁ	471b
3587	כְּי	465a
3588	כִּי	471b
		474b
		475b
3589	כִּיד	475b
3590	כִּידוֹד	461b
3591	כִּידוֹן	475b
3592	כִּידוֹן	475b
3593	כִּידוֹר	461b
3594	כִּיּוּן	475b
3595	כִּיּוֹר, כִּיֹּר	468b
3596	כִּילַי, כֵּלַי	647b
3597	כֵּילַף	476a
3598	כִּימָה	465a
3599	כִּיס	476a
3600	כִּיר	468b
3601	כִּישׁוֹר	507a
3602	כָּכָה	462a
3603	כִּכָּר	503a
3604	כִּכַּר	1098[a]
3605	כֹּל כּוֹל	481a
3606	כֹּל	1097[a]
3607	כָּלָא	476a
3608	כֶּלֶא	476b
3609	כִּלְאָב	476b
3610	כִּלְאַיִם	476b
3611	כֶּלֶב	476b
3612	כָּלֵב	477a
3613	כָּלֵב אֶפְרָתָה	477a
3614	כָּלִבּוֹ, כָּלֵבִי	477a
3615	כָּלָה	477a
3616	כָּלֶה	479a
3617	כָּלָה	478b
3618	כַּלָּה	483b
3619	כְּלוּב	477a
3620	כְּלוּב	477a
3621	כְּלוּבַי	477a
3622	כְּלוּהַי	479a
3623	כְּלוּלָה	483b
3624	כֶּלַח	480b
3625	כֶּלַח	480b
3626	כָּל־חֹזֶה	480b
3627	כְּלִי	479a
3628	כְּלִיא, כְּלוּא	476b
3629	כִּלְיָה	480a
3630	כִּלְיוֹן	479a
3631	כִּלָּיוֹן	479a
3632	כָּלִיל	483a
3633	כַּלְכֹּל	465a
3634	כָּלַל	480b
3635	כְּלַל	1097[a]
3636	כְּלָל	483b
3637	כָּלַם	483b
3638	כִּלְמָד	484a
3639	כְּלִמָּה	484a
3640	כְּלִמּוּת	484a
3641	כַּלְנֵה, כַּלְנֶה, כַּלְנוֹ	484b
3642	כָּמַהּ	484b
3643	כִּמְהָם	484b
3644	כְּמוֹ, כָּמוֹ	455b
		555b
3645	כְּמוֹשׁ, כְּמִישׁ	484b
3646	כַּמֹּן	485a
3647	כָּמַס	485a
3648	כְּמַר	485a
3549	כֹּמֶר	485b
3650	כִּמְרִירִים	485a
3651	כֵּן	467a
	475b	485b
3652	כֵּן	1097[a]
3653	כֵּן	487b
3654	כֵּן	487b
3655	כָּנָה	487a
3656	כַּנֶּה	487b
3657	כַּנָּה	488a
3658	כִּנּוֹר	490a
3659	כָּנְיָהוּ 467b,	220b
3660	כְּנֵמָא	1097[a]
3661	כָּנַן	488a
3662	כְּנָנִי	487b
3663	כְּנַנְיָה, כְּנַנְיָהוּ	467a,
		467b
3664	כָּנַס	488a
3665	כָּנַע	488a
3666	כִּנְעָה	488b
3667	כְּנַעַן	488b
3668	כְּנַעֲנָה	489a
3669	כְּנַעֲנִי	489a
3670	כָּנַף	489b

Strong's #	Hebrew word	B-D-B pg
3671	כָּנָף	489a
3672	כִּנֶּרֶת, כִּנְּרוֹת	490a
3673	כְּנַשׁ	1097[a]
3674	כְּנָת	490b
3675	כְּנָת	1097[b]
3676	כֵּס	490b
3677	כֶּסֶה, כֶּסֶא	490b
3678	כִּסֵּה, כִּסֵּא	490b
3679	כַּסְדַּי	505a
3680	כָּסָה	491a
3681	כָּסוּי	492a
3682	כְּסוּת	492a
3683	כָּסַח	492b
3684	כְּסִיל	493a
3685	כְּסִיל	493a
3686	כְּסִיל	493a
3687	כְּסִילוּת	493a
3688	כָּסַל	492b
3689	כֶּסֶל	492b
3690	כִּסְלָה	493a
3691	כִּסְלֵו	493a
3692	כִּסְלוֹן	493a
3693	כְּסָלוֹן	493a
3694	כְּסָלוֹת	493a
3695	כַּסְלֻחִים	493a
3696	כִּסְלֹת תָּבֹר	493a
3697	כָּסַם	493b
3698	כֻּסֶּמֶת	493b
3699	כָּסַס	493b
3700	כָּסַף	493b
3701	כֶּסֶף	494a
3702	כְּסַף	1097[b]
3703	כָּסִפְיָא	494b
3704	כֶּסֶת	492b
3705	כְּעַן	1107[a]
3706	כְּעֶת, כְּעֶנֶת	1107[a]
3707	כָּעַס	494b
3708	כַּעַשׂ כַּעַס	495a
3709	כַּף	496a
3710	כֵּף	495a
3711	כָּפָה	495b
3712	כִּפָּה	497a
3713	כְּפוֹר	499a
3714	כָּפִים	496a
3715	כְּפִיר	498b
3716	כְּפִירָה	499a
3717	כָּפַל	495b
3718	כֶּפֶל	495b
3719	כָּפַן	495b
3720	כָּפָן	495b
3721	כָּפַף	496a
3722	כָּפַר 498b,	497a
3723	כָּפָר	499a
3724	כֹּפֶר	497a,
	498b	499a
3725	כִּפֻּר	498b
3726	כְּפַר הָעַמּוֹנִי	499a
3727	כַּפֹּרֶת	498b
3728	כָּפַשׁ	499a
3729	כְּפַת	1097[b]
3730	כַּפְתֹּר,	499a
	כַּפְתּוֹר	
3731	כַּפְתֹּר,	499b
	כַּפְתּוֹר	
3732	כַּפְתֹּרִי	499b
3733	כַּר 468a	499b
		503a
3734	כֹּר 499b	1096[b]
3735	כְּרָא	1097[b]
3736	כִּרְבֵּל	499b
3737	כַּרְבְּלָא	1097[b]
3738	כָּרָה 500a,	468b
3739	כָּרָה	500a
3740	כֵּרָה	500b
3741	כָּרָה	500a
3742	כְּרוּב	500b
3743	כְּרוּב	501a
3744	כָּרוֹז	1097[b]
3745	כְּרַז	1097[b]
3746	כָּרִי	501a
3747	כְּרִית	504b
3748	כְּרִיתוּת	504b
3749	כַּרְכֹּב	501a
3750	כַּרְכֹּם	501a
3751	כַּרְכְּמִישׁ	501b
3752	כַּרְכַּס	501b
3753	כִּרְכָּרָה	503a
3754	כֶּרֶם	501b
3755	כֹּרֵם	501b
3756	כַּרְמִי	501b
3757	כַּרְמִי	502a
3758	כַּרְמִיל	502a
3759	כַּרְמֶל	502a
3760	כַּרְמֶל	502a
3761	כַּרְמְלִי	502a
3762	כַּרְמְלִית	502a
3763	כְּרָן	502a
3764	כָּרְסֵא	1097[b]
3765	כִּרְסֵם	493b
3766	כָּרַע	502b
3767	כָּרָע	502b
3768	כַּרְפַּס	502b
3769	כָּרַר	502b
3770	כְּרֵשׂ	503b
3771	כַּרְשְׁנָא	503b
3772	כָּרַת	503b
3773	כְּרֻתָה	503b
3774	כְּרֵתִי	504b
3775	כֶּשֶׂב	461a
3776	כִּשְׂבָּה	461a
3777	כֶּשֶׂד	505a
3778	כַּשְׂדִּי,	
	כַּשְׂדִּימָה	505a
3779	כַּשְׂדַּי	1098[a]
3780	כָּשָׂה	505a
3781	כַּשִּׁיל	506a
3782	כָּשַׁל	505a
3783	כִּשָּׁלוֹן	506a
3784	כָּשַׁף	506b
3785	כֶּשֶׁף	506b
3786	כַּשָּׁף	506b
3787	כָּשֵׁר	506b
3788	כִּשְׁרוֹן	507a
3789	כָּתַב	507a
3790	כְּתַב	1098[a]
3791	כְּתָב	508a
3792	כְּתָב	1098[a]
3793	כְּתֹבֶת	508a
3794	כִּתִּיִּי, כִּתִּי	508b
3795	כָּתִית	510b
3796	כֹּתֶל	508b
3797	כְּתַל	1098[a]
3798	כִּתְלִישׁ	508b
3799	כָּתַם	508b
3800	כֶּתֶם	508b
3801	כֻּתֹּנֶת, כְּתֹנֶת	509a
3802	כָּתֵף	509a
3803	כָּתַר	509b
3804	כֶּתֶר	509b
3805	כֹּתֶרֶת	509b
3806	כָּתַשׁ	509b
3807	כָּתַת	510a
	ל	
3808	לֹא	
	לֹה, לוֹא	518a
3809	לָה, לָא	1098[b]
3810	לוֹ דְבַר, לֹא דְבַר	1098[b]
	לִדְבִר, לְדְבִר	529a
3811	לָאָה	521a
3812	לֵאָה	521a
3813	לָאַט	521a
3814	לָאט	532a
3815	לָאֵל	522a
3816	לְאוֹם, לְאֹם	522a
3817	לְאֻמִּים	522b
3818	לֹא עַמִּי	520b
3819	לֹא רֻחָמָה	520b

Strong's #	Hebrew word	B-D-B pg
3820	לֵב	524a, 525b
3821	לֵב	1098[b]
3822	לְבָאוֹת	522b
3823	לֵבָב	525b
3824	לֵבָב	523a
3825	לְבַב	1098[b]
3826	לִבָּה	525b
3827	לַבָּה	529a
3828	לְבוֹנָה, לְבֹנָה	526b
3829	לְבוֹנָה	526b
3830	לְבוּשׁ, לְבֻשׁ	528b
3831	לְבוּשׁ	1098[b]
3832	לָבַט	526a
3833	לָבִיא, לְבִיָּא, לְבָאִים, לְבָאוֹת	522b
3834	לְבִיבָה, לְבִבָה	525b
3835	לָבַן 526a	527b
3836	לָבֵן	526a
3837	לָבָן	526b
3838	לְבָנָא, לְבֵנָה	526b
3839	לִבְנֶה	527a
3840	לִבְנָה	527b
3841	לִבְנָה	526b
3842	לְבָנָה	526a
3843	לְבֵנָה	527a
3844	לְבָנוֹן	526b
3845	לִבְנִי	526b
3846	לִבְנִי	526b
3847	לְבַשׁ, לָבֵשׁ	527b
3848	לְבַשׁ	1098[b]
3849	לֹג	528b
3850	לֹד	528b
3851	לַהַב	529a
3852	לֶהָבָה, לַהֶבֶת	529a
3853	לְהָבִים	529b
3854	לַהַג	529b
3855	לַהַד	529b
3856	לָהַהּ	529b
3857	לָהַט	529b
3858	לַהַט	529b
3859	לָהַם	529b
3860	לָהֵן	530a
3861	לָהֵן	1099[a]
3862	לַהֲקָה	530a
3863	לוּא, לֻא, לוּ	530a
3864	לוּבִי, לֻבִּי	530b
3865	לוּד	530b
3866	לוּדִי, לוּדִיִּי	530b
3867	לָוָה 531a,	530b
3868	לוּז	531a
3869	לוּז	531b
3870	לוּז	531b
3871	לוּחַ, לֻחַ	531b
3872	לוּחִית, לֻחוֹת	532a
3873	לוֹחֵשׁ	538a
3874	לוּט	532a
3875	לוֹט	532a
3876	לוֹט	532a
3877	לוֹטָן	532a
3878	לֵוִי	532a
3879	לֵוִי	1099[a]
3880	לִוְיָה	531a
3881	לֵוִיִּי, לֵוִי	532b
3882	לִוְיָתָן	531a
3883	לוּל	533a
3884	לוּלֵא, לוּלֵי	530a
3885	לוּז, לִיז	533b
3886	לוּעַ	534a
3887	לוּץ	539a
3888	לוּשׁ	534a
3889	לוּשׁ	539b
3890	לְוָת	1099[b]
3891	לְזוּת	531b
3892	לַח	535a
3893	לֵחַ	535a
3894	לְחוּם, לְחֻם	535b
3895	לְחִי	534b
3896	לֶחִי	534b
3897	לָחַךְ	535a
3898	לָחַם 535a	536b
3899	לֶחֶם	536b
3900	לְחֶם	1099[a]
3901	לָחֶם	535b
3902	לַחְמִי	537b
3903	לַחְמָס, לַחְמָם	537b
3904	לְחֵנָה	1099[a]
3905	לָחַץ	537b
3906	לַחַץ	537b
3907	לָחַשׁ	538a
3908	לַחַשׁ	538a
3909	לָט	532a
3910	לֹט	538a
3911	לְטָאָה	538a
3912	לְטוּשִׁם	538b
3913	לָטַשׁ	538a
3914	לֹיָה	531a
3915	לֵיל, לַיִל, לַיְלָה	538b
3916	לֵילְיָא	1099[a]
3917	לִילִית	539a
3918	לַיִשׁ	539b
3919	לַיִשׁ	539b
3920	לָכַד	539b
3921	לֶכֶד	540a
3922	לֵכָה	540a
3923	לָכִישׁ	540a
3924	לֻלָאָה	533a
3925	לָמַד	540b
3926	לְמוֹ 530b	555b
3927	לְמוּאֵל, לְמוֹאֵל	541a
3928	לִמּוּד, לִמֻּד	541a
3929	לֶמֶךְ	541a
3930	לֹעַ	534a
3931	לָעַב	541a
3932	לָעַג	541a
3933	לַעַג	541a
3934	לָעֵג	541b
3935	לַעְדָּה	541b
3936	לַעְדָּן	541b
3937	לָעַז	541b
3938	לָעַט	542a
3939	לַעֲנָה	542a
3940	לַפִּיד, לַפִּד	542a
3941	לַפִּידוֹת	542a
3942	לִפְנַי	819a
3943	לָפַת	542a
3944	לָצוֹן	539b
3945	לָצַץ	539a
3946	לַקּוּם	542b
3947	לָקַח	534b
3948	לֶקַח	544a
3949	לִקְחִי	544a
3950	לָקַט	544b
3951	לֶקֶט	545a
3952	לָקַק	545a
3953	לָקַשׁ	545b
3954	לֶקֶשׁ	545a
3955	לְשַׁד	545b
3956	לָשׁוֹן, לָשֹׁן, לְשֹׁנָה	546a
3957	לִשְׁכָּה	545b
3958	לֶשֶׁם	545b
3959	לֶשֶׁם	546a
3960	לָשַׁן	546a
3961	לִשָּׁן	1099[a]
3962	לֶשַׁע	546b
3963	לֶתֶךְ	547b
	מ	
3964	מָא	1099[b]
3965	מַאֲבוּס	7a
3966	מְאֹד	547a
3967	מֵאָה, מֵאיָה	547b
3968	מֵאָה	548b
3969	מְאָה	1099[a]
3970	מַאֲוַי	16b
3971	מְאוּם, מוּם	548b

Strong's #	Hebrew word	B-D-B pg
3972	מְאוּמָה	548b
3973	מָאוֹם	549b
3974	מָאֹר, מָאוֹר מְאֹרָה, מְאוֹרָה	22b
3975	מְאוּרָה	22b
3976	מֹאזֵן	24b
3977	מֹאזֵן	1079[a]
3978	מַאֲכָל	38a
3979	מַאֲכֶלֶת	38b
3980	מַאֲכֹלֶת	38b
3981	מַאֲמָץ	55b
3982	מַאֲמַר	57b
3983	מֵאמַר	1081[a]
3984	מָאן	1099[b]
3985	מָאֵן	549a
3986	מָאֵן	549a
3987	מֵאֵן	549a
3988	מָאַס	549a
	549b,	549a
3989	מַאֲפֶה	66a
3990	מַאֲפֵל	66b
3991	מַאְפֵּלְיָה	66b
3992	מָאַר	549b
3993	מַאֲרָב	70b
3994	מְאֵרָה	76b
3995	מִבְדָּלָה	95b
3996	מָבוֹא	99b
3997	מְבוֹאָה	99b
3998	מְבוּכָה	100b
3999	מַבּוּל	550a
4000	מָבוֹן 107a	108a
4001	מְבוּסָה	101a
4002	מַבּוּעַ	616a
4003	מְבוּקָה	101b
4004	מִבְחוֹר	140b
4005	מִבְחָר	104b
4006	מִבְחָר	104b
4007	מֶבָּט, מַבָּט	613b
4008	מִבְטָא	105a
4009	מִבְטָח	105b
4010	מַבְלִיגִית	114b
4011	מִבְנֶה	25b
4012	מְבֻנַּי 687b,	125b
4013	מִבְצָר מִבְצָרָה	131a
4014	מִבְצָר	500a
4015	מִבְרָח	138a
4016	מָבֻשׁ	102b
4017	מִבְשָׂם	142a
4018	מְבַשְּׁלָה	142a
4019	מַגְבִּישׁ	150b
4020	מִגְבָּלָה	148a
4021	מִגְבָּעָה	149a
4022	מֶגֶד	550b
4023	מְגִדּוֹ, מְגִדּוֹן	151b
4024	מִגְדָּל, מִגְדּוֹל	154a
4025	מַגְדִּיאֵל	550b
4026	מִגְדָּלָה, מִגְדָּל	153b
4027	מִגְדַּל־אֵל	154a
4028	מִגְדַּל־גָּד	154a
4029	מִגְדַּל־עֵדֶר	154a
4030	מִגְדָּנָה	550b
4031	מָגוֹג	156a
4032	מָגוּר, מָגוֹר	159a
4033	מָגֻר, מָגוּר	158b
4034	מְגוֹרָה	159a
4035	158b מְגוּרָה	159a
4036	מָגוֹר מִסָּבִיב	159a
4037	מַגְזֵרָה	160b
4038	מַגָּל	618b
4039	מְגִלָּה	1086[b]
4040	מְגִלָּה	1086[b]
4041	מְגַמָּה	169b
4042	מָגֵן	171b
4043	מָגֵן	171a
4044	מְגִנָּה	171b
4045	מִגְעֶרֶת	172a
4046	מַגֵּפָה	620a
4047	מַגְפִּיעָשׁ	550b
4048	מָגַר	550b
4049	מְגַר	1099[b]
4050	מְגֵרָה	176a
4051	מִגְרוֹן	550b
4052	מִגְרָעָה	175b
4053	מִגְרָפָה	175b
4054	מִגְרָשׁ, מִגְרָשָׁה	177a
4055	מֵד, מַד	551a
4056	מַדְבַּח	1087[a]
4057	מִדְבָּר	184b
4058	מָדַד	551a
4059	מִדַּד	622b
4060	מִדָּה	551b
4061	מִנְדָּה, מִדָּה	1101[a]
4062	מַדְהֵבָה	923b
4063	מֶדֶו	551b
4064	מַדְוֶה	188b
4065	מַדּוּחַ	623a
4066	מָדוֹן	193a
4067	מָדוֹן	551b
4068	מָדוֹן	396b
4069	מַדֻּעַ, מַדּוּעַ	296b
4070	מְדֹר, מְדוֹר, מְדָר	1087[a]
4071	מְדוּרָה, מְדֻרָה	190a
4072	מִדְחֶה	191a
4073	מִדְחֲפָה	191a
4074	מָדַי	552a
4075	מָדַי	552a
4076	מָדַי	1099[b]
4077	מָדַי	1099[b]
4078	מַדַּי	553a
4079	מִדְיָן	193a
4080	מִדְיָן	193b
4081	מִדִּין	193b
4082	מְדִינָה	193b
4083	מְדִינָה	1088[b]
4084	מִדְיָנִי	193b
4085	מְדֹכָה	189a
4086	מַדְמֵן	199a
4087	מַדְמֵנָה	199a
4088	מַדְמֵנָה	199a
4089	מַדְמַנָּה	199a
4090	מְדָן	193a
4091	מְדָן	193b
4092	מְדָנִי	193b
4093	מַדַּע, מַדָּע	396a
4094	מַדְקָרָה	201a
4095	מַדְרֵגָה	201b
4096	מִדְרָךְ	204a
4097	מִדְרָשׁ	205b
4098	מְדֻשָׁה	190b
4099	מְדָתָא	241a
4100	מֶה, מָה־, מָה	552a
4101	מָה	1099[b]
4102	מָהַהּ	554b
4103	מְהוּמָה	223a
4104	מְהוּמָן	54b
4105	מְהֵיטַבְאֵל	406a
4106	מָהֵר, מָהִיר	555a
4107	מָהַל	554b
4108	מַהֲלָךְ	237a
4109	מַהֲלָךְ	237a
4110	מַהֲלָל	239b
4111	מַהֲלַלְאֵל	239b
4112	מַהֲלֻמָּה	240b
4113	מַהֲמֹרָה	243a
4114	מַהְפֵּכָה	246a
4115	מַהְפֶּכֶת	246a
4116	מָהַר	554b
4117	מָהַר	555b
4118	מַהֵר	555a
4119	מֹהַר	555b
4120	מְהֵרָה	555a
4121	מַהֲרַי	555a
4122	שָׁלָל חָשׁ בַּז מַהֵר	555a
4123	מַהֲתַלָּה	251b

Strong's #	Hebrew word	B-D-B pg
4124	מוֹאָב	555b
4125	מוֹאָבִי, מוֹאֲבִיָּה מוֹאֲבִית	555b
4126	מוֹבָא	100a
4127	מוּג	556a
4128	מוּד	556b
4129	מֹדַע, מוֹדַע	396a
4130	מוֹדַעַת	396a
4131	מוֹט	556b
4132	מוֹט	557a
4133	מוֹטָה	557a
4134	מוּךְ	557a
4135	מוּל	557b
4136	מוּל, מוֹל מוֹאל, מֻל	557a
4137	מוֹלָדָה	409b
4138	מוֹלֶדֶת	409b
4139	מוּלָה	558a
4140	מוֹלִיד	410a
4141	מוּסָב	687b
4142	מוּסַבָּה, מֻסַבָּה	686b
4143	מוּסָד	414a
4144	מוֹסָד	414b
4145	מוּסָדָה	414b
4146	מוֹסָדָה, מֹסָדָה	414b
4147	מוֹסֵרָה, מוֹסֵר מֹסְרָה	64b
4148	מוּסָר	416a
4149	מוֹסֵרָה, מֹסְרוֹת	64b
4150	מֹעֵד, מוֹעֵד, מוֹעָדָה	417a
4151	מוֹעָד	418a
4152	מוּעָדָה	418a
4153	מוֹעַדְיָה	588b
4154	מוּעֶדֶת	588b
4155	מוּעָף	734a
4156	מוֹעֵצָה	420a
4157	מוּעָקָה	734b
4158	מוֹפַעַת, מֵיפַעַת, מֵפַעַת	422a
4159	מֹפֵת, מוֹפֵת	68b
4160	מוּץ	568b
4161	מֹצָא, מוֹצָא	425b
4162	מוֹצָא	426a
4163	מוֹצָאָה	406a
4164	מוּצַק, מוּצָק	848a
4165	מוּצָק	427b
4166	מֻצֶּקֶת, מוּצָקָה	427b

Strong's #	Hebrew word	B-D-B pg
4167	מוּק	558a
4168	מוֹקֵד	428b
4169	מוֹקְדָה	429a
4170	מֹקֵשׁ, מוֹקֵשׁ	430b
4171	מוּר	413a, 558b
4172	מֹרָא, מוֹרָא, מוֹרָה	432a
4173	מֹרַג, מוֹרַג	558b
4174	מוֹרָד	434a
4175	מוֹרֶה	435b
4176	מֹרֶה, מוֹרֶה	559a
4177	מוֹרָה	599a
4178	מוֹרָט	599a
4179	מֹרִיָּה, מוֹרִיָּה	599a
4180	מוֹרָשׁ	440b
4181	מוֹרָשָׁה	440b
4182	מוֹרֶשֶׁת גַּת	440b
4183	מוֹרַשְׁתִּי	440b
4184	מוּשׁ	559a
4185	מוּשׁ	559a
4186	מֹשָׁב, מוֹשָׁב	444a
4187	מֻשִׁי, מוּשִׁי	559a
4188	מוּשִׁי	559a
4189	מוֹשְׁכָה	604b
4190	מוֹשָׁעָה	448a
4191	מוּת	559a
4192	מוּת לַבֵּן, מוּת	527b
4193	מוֹת	1099[b]
4194	מָוֶת	560b
4195	מוֹתָר	452b
4196	מִזְבֵּחַ	258a
4197	מֶזֶג	561a
4198	מָזֶה	561as
4199	מִזָּה	561a
4200	מֶזֶו	265a
4201	מְזוּזָה	256a
4202	מָזוֹן	266a
4203	מָזוֹן	1091[a]
4204	מָזוֹר	561b
4205	מָזֹר, מָזוֹר	267a
4206	מֵזַח, מְזִיחַ	561a
4207	מַזְלֵגָה, מַזְלֵג	272b
4208	מַזָּלָה	561a
4209	מְזִמָּה	273b
4210	מִזְמוֹר	274b
4211	מַזְמֵרָה	275a
4212	מְזַמְּרָה	275a
4213	מִזְעָר	277b
4214	מִזְרֶה	280a
4215	מְזָרֶה	280a
4216	מַזָּרָה	561b
4217	מִזְרָח	280b

Strong's #	Hebrew word	B-D-B pg
4218	מִזְרָע	283b
4219	מִזְרָק	284b
4220	מֵחַ	562b
4221	מֹחַ	562b
4222	מָחָא	561b
4223	מְחָא	1099[b]
4224	מַחֲבֵא, מַחֲבֹא	285b
4225	מַחְבֶּרֶת	289b
4226	מְחַבְּרָה	289b
4227	מַחֲבַת	290a
4228	מַחֲגֹרֶת	292a
4229	מָחָה 562a	562b
4230	מְחוּגָה	295a
4231	מָחוֹז	562b
4232	מְחוּיָאֵל, מְחִיָּיאֵל	562b
4233	מַחֲוִים	296a
4234	מָחוֹל	298a
4235	מָחוֹל	562b
4236	מַחֲזֶה	303b
4237	מֶחֱזָה	303b
4238	מַחֲזִיאוֹת	303b
4239	מְחִי	562b
4240	מְחִירָא	563a
4241	מִחְיָה	313b
4242	מְחִיר	564a
4243	מְחִיר	564a
4244	מַחְלָה	563a
4245	מַחֲלָה, מַחֲלֶה	318a
4246	מְחֹלָה	298a
4247	מְחִלָּה	320a
4248	מַחְלוֹן	563a
4249	מַחְלִי	563a
4250	מַחְלִי	563a
4251	מַחֲלֻי	318b
4252	מַחֲלָף	322b
4253	מַחְלָפָה	322b
4254	מַחֲלָצָה	323a
4255	מַחְלְקָה	1093[a]
4256	מַחֲלֹקֶת	324b
4257	מָחֲלַת	318b
4258	מָחֲלַת	563a
4259	מְחֹלָתִי	563a
4260	מַחְמָאֹת	563a
4261	מַחְמָד	326b
4262	מַחְמֻד, מַחְמוּד	327a
4263	מַחְמָל	328b
4264	מַחֲנֶה	334a
4265	מַחֲנֵה־דָן	384a
4266	מַחֲנַיִם	334a
4267	מַחֲנָק	338a
4268	מַחְסֶה, מַחֲסֶה	340a

Strong's #	Hebrew word	B-D-B pg
4269	מַחְסוֹם	340b
4270	מַחְסוֹר, מַחְסֹר	34ab
4271	מַחְסֵיָה	340b
4272	מָחַץ	563b
4273	מַחַץ	563b
4274	מַחְצֵב	345a
4275	מֶחֱצָה	345b
4276	מַחֲצִית	345b
4277	מָחַק	563b
4278	מֶחְקָר	350b
4279	מָחָר	563b
4280	מַחֲרָאָה	351a
4281	מַחֲרֵשָׁה	361a
4282	מַחֲרֶשֶׁת	361a
4283	מָחֳרָת, מָחֳרָתָם	564a
4284	מַחֲשָׁבָה, מַחֲשֶׁבֶת	364a
4285	מַחְשָׁךְ	365a
4286	מַחְשֹׂף	362b
4287	מַחַת	367a
4288	מְחִתָּה	369b
4289	מַחְתָּה	367a
4290	מַחְתֶּרֶת	369a
4291	מְטָא, מְטָה	1100[a]
4292	מַטְאֲטֵא	370a
4293	מַטְבֵּחַ	371a
4294	מַטֶּה, מַטָּה	641b
4295	מַטָּה	641b
4296	מִטָּה	641b
4297	מֻטֶּה	642a
4298	מֻטָּה	642a
4299	מַטְוֶה	376a
4300	מְטִיל	564b
4301	מַטְמוֹן, מַטְמֹן, מַטְמֻן	380b
4302	מַטָּע	642b
4303	מַטְעַם, מַטְעַמָּה	381a
4304	מִטְפַּחַת	381b
4305	מָטַר	565a
4306	מָטָר	564b
4307	מַטָּרָא, מַטָּרָה	643b
4308	מַטְרֵד	382a
4309	מַטְרִי	565a
4310	מִי	566a
4311	מֵידְבָא	567b
4312	מֵידָד	392a
4313	מֵי הַיַּרְקוֹן	566a
4314	מֵי זָהָב	566a
4315	מֵיטָב	406a
4316	מִיכָא	567b

Strong's #	Hebrew word	B-D-B pg
4317	מִיכָאֵל	567b
4318	מִיכָה	547b
4319	מִיכָהוּ	567b
4320	מִיכָיָה	567b
4321	מִיכָיְהוּ, מִכָיְהוּ	567b
4322	מִיכָיָהוּ	567b
4323	מִיכָל	568a
4324	מִיכָל	568a
4325	מַיִם	565a
4326	מִיָּמִן	568a
4327	מִין	568a
4328	מְיֻסָּדָה	414a
4329	מֵיסָךְ	697a
4330	מִיץ	568b
4331	מֵישָׁא	568b
4332	מִישָׁאֵל	567b
4333	מִישָׁאֵל	1100[a]
4334	מִישׁוֹר, מִישֹׁר	449b
4335	מֵישַׁךְ	588b
4336	מֵישַׁךְ	1100[a]
4337	מֵישָׁע	448a
4338	מֵישַׁע	448a
4339	מֵישָׁר	449b
4340	מֵיתָר	452b
4341	מַכְאֹב, מַכְאוֹב, מַכְאֹבָה	456a
4342	מַכְבִּיר	460a
4343	מַכְבֵּנָא	460a
4344	מַכְבַּנַּי	460a
4345	מַכְבֵּר	460b
4346	מַכְבָּר	460b
4347	מַכָּה, מַכֶּה	646b
4348	מִכְוָה	465a
4349	מָכוֹן	467b
4350	מְכוֹנָה	467b
4351	מְכוּרָה, מְכֹרָה	486b
4352	מָכִי	568b
4353	מָכִיר	569b
4354	מָכִירִי	569b
4355	מָכַךְ	568b
4356	מִכְלָאָה, מִכְלָה	476b
4357	מִכְלָה	479a
4358	מִכְלוֹל	483a
4359	מִכְלָל	483a
4360	מִכְלֻל	483a
4361	מַכֹּלֶת	38b
4362	מִכְמַן	485a
4363	מִכְמָס, מִכְמַשׂ, מִכְמָשׂ	485a

Strong's #	Hebrew word	B-D-B pg
4364	מַכְמָר, מִכְמֹר 485b,	485a
4365	מִכְמֶרֶת, מִכְמֹרֶת	485b
4366	מִכְמְתָת	485b
4367	מַכְנַדְבַי	569a
4368	מְכֹנָה	569a
4369	מְכֻנָה	467b
4370	מִכְנָס	488a
4371	מֶכֶס	493b
4372	מִכְסֶה	492b
4373	מִכְסַת	493b
4374	מְכַסֶּה	492b
4375	מַכְפֵּלָה	495b
4376	מָכַר	569a
4377	מֶכֶר	569b
4378	מַכָּר	648b
4379	מִכְרֶה	500a
4380	מְכֵרָה	468b
4381	מִכְרִי	569b
4382	מְכֵרָתִי	569b
4383	מִכְשׁוֹל, מִכְשֹׁל	506a
4384	מַכְשֵׁלָה	506a
4385	מִכְתָּב	508a
4386	מְכִתָּה	510b
4387	מִכְתָּם	508b
4388	מַכְתֵּשׁ	509b
4389	מַכְתֵּשׁ	509b
4390	מָלֵא, מָלֵא	569b
4391	מְלָא	1100[a]
4392	מָלֵא	570b
4393	מְלֹא, מְלוֹא, מְלוֹ	571a
4394	מִלֻּא	571a
4395	מְלֵאָה	571a
4396	מִלֻּאָה	571a
4397	מַלְאָךְ	521b
4398	מַלְאַךְ	1098[b]
4399	מְלָאכָה	521b
4400	מַלְאֲכוּת	522a
4401	מַלְאָכִי	522a
4402	מִלֵּאת	57ab
4403	מַלְבּוּשׁ, מַלְבֻּשׁ	528b
4404	מַלְבֵּן	527b
4405	מִלָּה, מִלֶּה	576a
4406	מִלָּה	1100[b]
4407	מִלּוֹא, מִלֹּא	571b
4408	מַלּוּחַ	572a
4409	מַלּוּךְ, מַלּוּכִי	576a
4410	מְלוּכָה	574b
4411	מָלוֹן	533b

Strong's #	Hebrew word	B-D-B pg
4412	מְלוּנָה	534a
4413	מַלּוֹתִי	576b
4414	מָלַח	571b
4415	מְלַח	1100[a]
4416	מְלַח	1100[a]
4417	מֶלַח	571b
4418	מָלָח	571b
4419	מַלָּח	572a
4420	מְלֵחָה	572a
4421	מִלְחָמָה	536a
4422	מָלַט	572a
4423	מֶלֶט	572b
4424	מְלַטְיָה	572b
4425	מְלִילָה	576b
4426	מְלִיצָה	539b
4427	מָלַךְ 576a,	573b
4428	מֶלֶךְ	572b
4429	מֶלֶךְ	574a
4430	מְלַךְ	1100[a]
4431	מְלַךְ	1100[a]
4432	מֹלֶךְ	574b
4433	מַלְכָּא	1100[a]
4434	מַלְכֹּדֶת	540a
4435	מִלְכָּה	574b
4436	מַלְכָּה	573b
4437	מַלְכוּ	1100[a]
4438	מַלְכֻת, מַלְכוּת, מַלְכֻיָה	574b
4439	מַלְכִּיאֵל	575b
4440	מַלְכִּיאֵלִי	575b
4441	מַלְכִּיָּה, מַלְכִּיָּהוּ	575b
4442	מַלְכִּי־צֶדֶק	575b
4443	מַלְכִּירָם	575b
4444	מַלְכִּישׁוּעַ	575b
4445	מַלְכָּם, מִלְכּוֹם	575b
4446	מְלֶכֶת	573b
4447	מֹלֶכֶת	574b
4448	מָלַל	576a
4449	מְלַל	1100[b]
4450	מִלְלַי	576b
4451	מַלְמָד	541a
4452	מָלַץ	576b
4453	מֶלְצַר	576b
4454	מָלַק	577a
4455	מַלְקוֹחַ	544a
		544b
4456	מַלְקוֹשׁ	545a
4457	מַלְקָח, מֶלְקָח	544b
4458	מֶלְתָּחָה	547a
4459	מַלְתָּעָה	1069[a]
4460	מַמְּגֻרָה	158b
4461	מֵמַד	551b
4462	מְמוּכָן, מוּמְכָן	577a
4463	מָמוֹת	560b
4464	מַמְזֵר	561b
4465	מִמְכָּר	569b
4466	מִמְכֶּרֶת	569b
4467	מַמְלָכָה	575a
4468	מַמְלָכוּת	575b
4469	מִמְסָךְ	587b
4470	מֶמֶר	601a
4471	מַמְרֵא	577a
4472	מַמְרֹר	601a
4473	מִמְשַׁח	603b
4474	מִמְשָׁל	606a
4475	מֶמְשָׁלָה	606a
4476	מִמְשָׁק	606b
4477	מַמְתָּק	609a
4478	מָן	577a
		577b
4479	מָן	1100[b]
4480	מִנֵּי, מִנִּי, מִן	577b
4481	מִן	1100[b]
4482	מֵן 577b	585b
4483	מְנָה, מְנָא	1101[a]
4484	מְנֵא	1101[a]
4485	מַנְגִּינָה	618b
4486	מַנְדַּע	1095[a]
4487	מָנָה	584a
4488	מָנֶה	584a
4489	מֹנֶה	584b
4490	מָנָה	584a
4491	מִנְהָג	624b
4492	מִנְהָרָה	626a
4493	מָנוֹד	627a
4494	מָנוֹחַ	629b
4495	מָנוֹחַ	629b
4496	מְנוּחָה, מְנֻחָה	629b
4497	מָנוֹן	584b
4498	מָנוֹס	631a
4499	מְנוּסָה, מְנֻסָה	631a
4500	מָנוֹר	644b
4501	מְנֹרָה, מְנוֹרָה	633a
4502	מִנְּזָר	634b
4503	מִנְחָה	585a
4504	מִנְחָה	1101[b]
4505	מְנַחֵם	637b
4506	מָנַחַת	630a
4507	מְנִי	584b
4508	מִנִּי	585b
4509	מִנְיָמִין 412b	568a
4510	מִנְיָן	1101[a]
4511	מִנִּית	585b
4512	מִנְלֶה	649a
4513	מָנַע	586a
4514	מַנְעֻל, מַנְעוּל	653a
4515	מִנְעָל	653a
4516	מַנְעַם	654a
4517	מְנַעַנְעַ	631b
4518	מְנַקִּית	667b
4519	מְנַשֶּׁה	586b
4520	מְנַשִּׁי	586b
4521	מְנָת	584b
4522	מִס, מַס	586b
4523	מָס	588a
4524	מְסִבִּים, מֵסַב, מְסִבּוֹת	687a
4525	מַסְגֵּר	689b
4526	מִסְגֶּרֶת	689b
4527	מַסַּד	414b
4528	מִסְדְּרוֹן	690b
4529	מָסָה	587a
4530	מִסָּה	588a
4531	מַסָּה 588a	650a
4532	מַסָּה	650b
4533	מַסְוֶה	691b
4534	מְסוּכָה	692a
4535	מַסָּח	587a
4536	מִסְחָר	695b
4537	מָסַךְ	587b
4538	מֶסֶךְ	587b
4539	מָסָךְ	697a
4540	מְסֻכָּה	697a
4541	מַסֵּכָה	651a
4542	מִסְכֵּן	587b
4543	מִסְכְּנָה	698a
4544	מִסְכֵּנֻת	587b
4545	מַסֶּכֶת	651b
4546	מְסִלָּה	700b
4547	מַסְלוּל	700b
4548	מִסְמֵר, מַסְמֵר, מַסְמְרָה, מַסְמְרָה, מַשְׂמְרָה	702b
4549	מָסַס	587b
4550	מַסַּע	652b
4551	מַסָּע	652b
4552	מִסְעָד	703b
4553	מִסְפֵּד	704b
4554	מִסְפּוֹא	704b
4555	מִסְפָּחָה	705b
4556	מִסְפַּחַת	705b
4557	מִסְפָּר	708b
4558	מִסְפָּר	709a
4559	מִסְפֶּרֶת	709a

Strong's #	Hebrew word	B-D-B pg
4560	מָסַר	588a
4561	מֹסָר	416a
4562	מָסֹרֶת	64a
4563	מִסְתּוֹר	712b
4564	מַסְתֵּר	712b
4565	מִסְתָּר	712b
4566	מַעְבָּד	716a
4567	מַעְבָד	1105[a]
4568	מַעֲבֶה	716a
4569	מַעֲבָר,	721a
	מַעֲבָרָה	
4570	מַעְגָּל,	722b
	מַעְגָּלָה	
4571	מָעַד	588b
4572	מַעֲדַי	588b
4573	מַעַדְיָה	588b
4574	מַעֲדָן,	726b
	מַעֲדַנָּה	
4575	מַעֲדַנָּה 588b	772b
4576	מַעְדֵּר	727b
4577	מְעָא, מְעֵה	1101[b]
4578	מֵעֶה	588b
4579	מֵעָה	589a
4580	מָעוֹג	728a
4581	מָעוֹז, מָעוּז	731b
	מָעֻז, מָעֹז	
4582	מָעוֹךְ	590b
4583	מָעִין, מָעוֹן	732b
4584	מָעוֹן	733a
4585	מְעוֹנָה,	733a
	מְעֹנָה	
4586	מְעִינִי, מְעוּנִי	589a
4587	מְעוֹנֹתַי	733a
4588	מָעוּף	734a
4589	מָעוֹר	735b
4590	מַעַזְיָה,	589a
	מַעַזְיָהוּ	
4591	מָעַט	589a
4592	מְעַט, מְעָט	589b
4593	מָעֹט	599a
4594	מַעֲטֶה	742a
4595	מַעֲטָפָה	742b
4596	מְעִי 590b	730b
4597	מָעַי	590b
4598	מְעִיל	591b
4599	מַעְיָן, מַעְיְנוֹ,	745b
	מַעְיָנָה	
4600	מָעַךְ	590b
4601	מַעֲכָה, מַעֲכַת	590b
4602	מַעֲכָתִי	591a
4603	מָעַל	591a
4604	מַעַל	591a
4605	מַעַל	751b

Strong's #	Hebrew word	B-D-B pg
4606	מֵעָל	1106[b]
4607	מֹעַל	751a
4608	מַעֲלֶה	751a
4609	מַעֲלָה	752a
4610	מַעֲלֵה עַקְרַבִּים	751b
4611	מַעֲלָל	760a
4612	מַעֲמָד	765a
4613	מׇעֳמָד	765b
4614	מַעֲמָסָה	770b
4615	מַעֲמָק	771a
4616	מַעַן	775a
4617	מַעֲנֶה	775a
4618	מַעֲנָה	776a
4619	מַעַץ	591b
4620	מַעֲצֵבָה	781a
4621	מַעֲצָד	781a
4622	מַעְצוֹר	794a
4623	מַעְצָר	784a
4624	מַעֲקֶה	785a
4625	מַעֲקָשׁ	786a
4626	מַעַר	789a
4627	מַעֲרָב	786b
4628	מַעֲרָב,	788a
	מַעֲרָבָה	
4629	מַעֲרֶה	789a
4630	מַעֲרָה	790a
4631	מְעָרָה	792b
4632	מְעָרָה	792b
4633	מַעֲרָךְ	790a
4634	מַעֲרָכָה	790a
4635	מַעֲרֶכֶת	790a
4636	מַעֲרֹם	736a
4637	מַעֲרָצָה	792a
4638	מַעֲרָת	789a
4639	מַעֲשֶׂה	795b
4640	מַעֲשַׂי	796a
4641	מַעֲשֵׂיָה,	796a
	מַעֲשֵׂיָהוּ	
4642	מַעֲשַׁקָּה	799a
4643	מַעֲשֵׂר,	
	מַעַשְׂרָה	
	מַעְשַׂר	798a
4644	מֹף	592a
4645	מִפְגָּע	803b
4646	מַפָּח	656a
4647	מַפֻּחַ	656a
4648	מְפִיבֹשֶׁת,	937b
	מְפִבֹשֶׁת	
4649	מֻפִּים	592a
4650	מֵפִיץ	807a
4651	מַפָּל	658b
4652	מִפְלָאָה	811a
4653	מִפְלַגָּה	811a

Strong's #	Hebrew word	B-D-B pg
4654	מַפָּלָה,	658b
	מְפֵלָה	
4655	מִפְלָט	812b
4656	מִפְלֶצֶת	814a
4657	מִפְלָשׂ	814a
4658	מַפֶּלֶת	658b
4659	מִפְעָל,	821b
	מִפְעָלָה	
4660	מַפָּץ	658b
4661	מַפֵּץ	659a
4662	מִפְקָד	824b
4663	מִפְקָד	824b
4664	מִפְרָץ	830a
4665	מִפְרֶקֶת	830a
4666	מִפְרָשׂ	831b
4667	מִפְשָׂעָה	832b
4668	מַפְתֵּחַ	836a
4669	מִפְתָּח	836a
4670	מִפְתָּן	837a
4671	מוֹץ, מֹץ	558a
4672	מָצָא	592b
4673	מַצָּב	662b
4674	מֻצָּב	663a
4675	מַצָּבָה,	663a
	מִצָּבָה	
4676	מַצֵּבָה	663a
4677	מְצֹבָיָה	594a
4678	מַצֶּבֶת	663a
4679	מְצַד, מְצָד,	844b
	מְצָדָה	
4680	מָצָה	594b
4681	מֹצָה	594b
4682	מַצָּה	595a
4683	מַצָּה	663b
4684	מַצְהָלָה	843b
4685	מְצוֹדָה, מָצוֹד	844b
	מְצֹדָה	
4686	מְצוּדָה, מָצוּד	845a
	מְצֻדָה	
4687	מִצְוָה	846a
4688	מְצֹלָה, מְצוֹלָה	846b
	מְצֻלָה, מְצוּלָה	
4689	מָצוֹק	848a
4690	מָצֻק, מָצוּק	848a
4691	מְצוּקָה,	848a
4692	מָצוּר, מָצוֹר	848b
4693	מָצוֹר	596a
4694	מְצוּרָה,	849a
	מְצֻרָה	
4695	מַצּוּת	663b
4696	מֵצַח	594b
4697	מִצְחָה	595a
4698	מְצִלָּה	853a

Strong's #	Hebrew word	B-D-B pg
4699	מְצֻלָּה	847a
4700	מְצֵלֶת	853a
4701	מִצְנֶפֶת	857a
4702	מַצָּע	427a
4703	מִצְעָד	857b
4704	מִצְעִירָה	859a
4705	מִצְעָר	859a
4706	מִצְעָר	859a
4707	מִצְפֶּה	859a
4708	מִצְפֶּה	859b
4709	מִצְפָּה	859b
4710	מִצְפֻּן	861a
4711	מָצַץ	595a
4712	מֵצַר	865b
4713	מִצְרִי	596a
4714	מִצְרַיִם	595b
4715	מַצְרֵף	864b
4716	מַק	597a
4717	מַקָּבָה	666b
4718	מַקֶּבֶת	666b
4719	מַקֵּדָה	596a
4720	מִקְדָּשׁ, מִקְּדָשׁ	874a
4721	מַקְהֵל,	875a
	מַקְהֵלָה	
4722	מַקְהֵלֹת	875a
4723	מִקְוֶה 875b	876a
	מִקְוֵא, מִקְוֵה	876b
4724	מִקְוָה	876b
4725	מָקֹם, מָקוֹם	879b
	מְקוֹמָה,	879b
	מְקֹמָה	
4726	מָקֹר, מָקוֹר	881a
4727	מִקָּח	544b
4728	מַקָּחָה	544b
4729	מִקְטָר	883a
4730	מִקְטֶרֶת	883a
4731	מַקְלָה, מַקֵּל	596a
4732	מַקְלוֹת	596b
4733	מִקְלָט	886a
4734	מִקְלַעַת	887b
4735	מִקְנֶה	889a
4736	מִקְנָה	889a
4737	מִקְנֵיָהוּ	889b
4738	מִקְסָם	890b
4739	מָקַץ	596b
4740	מַקְצוֹעַ,	893a
	מִקְצֹעָה, מִקְצֹעַ	
4741	מַקְצֻעָה	893a
4742	מְקֻצְעָה	893a
4743	מָקַק	596b
4744	מִקְרָא	896b
4745	מִקְרֶה	889b
4746	מְקָרֶה	900a
4747	מְקֵרָה	903a
4748	מִקְשֶׁה	904b
4749	מִקְשָׁה	904b
4750	מִקְשָׁה	903b
4751	מָרָה, מַר	600b
4752	מַר	601b
4753	מוֹר, מֹר	600b
4754	מָרָא	597a
4755	מָרָא	600b
4756	מָרֵא	1101[b]
4757	מְרֹאדַךְ בַּלְאֲדָן	597b
4758	מַרְאֶה	909b
4759	מַרְאָה 909a	909b
4760	מֻרְאָה	597a
4761	מַרְאָשָׁה	912a
4762	מַרְאֵשָׁה,	601b
	מַרֵשָׁה	
4763	מְרַאֲשָׁה	912a
4764	מֵרָב	597a
4765	מַרְבַד	915a
4766	מַרְבֶּה	916a
4767	מִרְבָּה	916a
4768	מַרְבִּית	916a
4769	מַרְבֵּץ	918b
4770	מַרְבֵּק	918b
4771	מַרְגּוֹעַ	921a
4772	מַרְגְּלָה	920a
4773	מַרְגֵּמָה	920b
4774	מַרְגֵּעָה	921b
4775	מָרַד	597b
4776	מְרַד	1101[b]
4777	מֶרֶד	597b
4778	מֶרֶד	597b
4779	מָרָד	1101[b]
4780	מַרְדּוּת	597b
4781	מְרֹדָךְ	597b
4782	מָרְדֳּכַי	598a
4783	מֻרְדָּף 923a,	922a,
4784	מָרָה	598a
4785	מָרָה	600b
4786	מֹרָה	601a
4787	מָרָּה	601a
4788	מָרוּד	924a
4789	מֵרוֹז	72b
4790	מְרוֹחַ	598b
4791	מָרוֹם	928b
4792	מֵרוֹם	598b
4793	מֵרוֹץ	930b
4794	מְרוּצָה,	930b
	מְרֻצָה	
4795	מָרוּק	599b
4796	מָרוֹת	598b
4797	מִרְזַח	931a
4798	מַרְזֵחַ	931a
4799	מָרַח	598b
4800	מֶרְחָב	931b
4801	מֶרְחָק	935b
4802	מַרְחֶשֶׁת	935b
4803	מָרַט	598b
4804	מְרַט	1101[b]
4805	מְרִי	598a
4806	מְרִיא	597a
4807	מְרִיב בַּעַל	937b
4808	מְרִיבָה	937a
4809	מְרִיבָה	937a
4810	מְרִי בַעַל	937b
4811	מְרָיָה	599a
4812	מְרָיוֹת	599a
4813	מִרְיָם	599a
4814	מְרִירוּת	601a
4815	מְרִירִי	601a
4816	מֹרֶךְ	940a
4817	מֶרְכָּב	939b
4818	מֶרְכָּבָה	939b
4819	מַרְכֹּלֶת	940b
4820	מִרְמָה	941a
4821	מִרְמָה	599a
4822	מְרֵמוֹת	599a
4823	מִרְמָס	942b
4824	מֵרֹנֹתִי	599b
4825	מֶרֶס	599b
4826	מַרְסְנָא	599b
4827	מֵרַע	949b
4828	מֵרֵעַ	946b
4829	מִרְעֶה	945b
4930	מִרְעִית	945b
4831	מַרְעֲלָה	599b
4832	מַרְפֵּא	951a
4833	מִרְפָּשׂ	952b
4834	מָרַץ	599b
4835	מְרֻצָה	954b
4836	מַרְצֵעַ	954a
4837	מַרְצֶפֶת	599b
4838	מָרַק	600a
4839	מָרָק	600a
4840	מֶרְקָח	955b
4841	מֶרְקָחָה	955b
4842	מִרְקַחַת	955b
4843	מָרַר	600a
4844	מְרוֹר, מְרֹר	601a
4845	מְרֵרָה	601a
4846	מְרֹרָה,	
	מְרוֹרָה	601a
4847	מְרָרִי	601a
4848	מְרָרִי	601a
4849	מִרְשַׁעַת	958a

Strong's #	Hebrew word	B-D-B pg
4850	מְרָתַיִם	601b
4851	מַשׁ	602a
4852	מֵשָׁא	602a
4853	מַשָּׂא 672b,	601b
4854	מַשָּׂא	601b
4855	מַשָּׁא	673b
4856	מַשֹּׂא	673a
4857	מַשְׁאָב	980b
4858	מַשָּׂאָה	673a
4859	מַשָּׁאָה	673b
4860	מַשָּׁאוֹן	674a
4861	מִשְׁאָל	602a
4862	מִשְׁאָלָה	982b
4863	מִשְׁאֶרֶת	602a
4864	מַשְׂאֵת	673a
4865	מִשְׁבְּצָה	990a
4866	מִשְׁבֵּר	991a
4867	מִשְׁבָּר	991b
4868	מִשְׁבָּת	992b
4869	מִשְׂגָּב	960b
4870	מִשְׁגֶּה	993a
4871	מָשָׁה	602a
4872	מֹשֶׁה	60b
4873	מֹשֶׁה	1101[b]
4874	מַשֶּׁה	674b
4875	מְשׁוֹאָה מְשֹׁאָה	996b
4876	מַשּׁוּאָה, מַשֻּׁאָה	1000[a]
4877	מְשׁוֹבָב	1000[b]
4878	מְשׁוּבָה מְשֻׁבָה	1000[a]
4879	מְשׁוּגָה	1000[b]
4880	מָשׁוֹט, מִשּׁוֹט	1002[a]
4881	מְשׂוּכָה, מְשֻׂכָה	962a, 968a
4882	מְשׁוּסָּה	1042[b]
4883	מַשּׁוֹר	673b
4884	מְשׂוּרָה	601b
4885	מְשׂוֹשׂ	965b
4886	מָשַׁח	602b
4887	מְשַׁח	1101[b]
4888	מִשְׁחָה, מָשְׁחָה	603b 603a
4889	מַשְׁחִית	1008[b]
4890	מִשְׂחָק	966a
4891	מִשְׁחָר	1007[b]
4892	מַשְׁחֵת	1008[b]
4893	מִשְׁחָת, מָשְׁחָת	1008[b]
4894	מִשְׁטוֹחַ, מִשְׁטַח	1009[a]
4895	מַשְׂטֵמָה	966a
4896	מִשְׁטָר	1009[b]
4897	מֶשִׁי	603b
4898	מְשֵׁיזַבְאֵל	604a
4899	מָשִׁיחַ	603a
4900	מָשַׁךְ	604b
4901	מֶשֶׁךְ	604b
4902	מֶשֶׁךְ	604b
4903	מִשְׁכַּב	1115[a]
4904	מִשְׁכָּב	1012[b]
4905	מַשְׂכִּיל	968b
4906	מַשְׂכִּית	967b
4907	מִשְׁכַּן	1115[b]
4908	מִשְׁכָּן	1015[b]
4909	מַשְׂכֹּרֶת	969a
4910	מָשַׁל	605b
4911	מָשַׁל	605a
4912	מָשָׁל	605a
4913	מָשָׁל	602a
4914	מְשֹׁל	605b
4915	מֹשֶׁל 605b	606a
4916	מִשְׁלוֹחַ, מִשְׁלָח, מִשְׁלֹחַ	1020[a]
4917	מִשְׁלַחַת	1020[a]
4918	מְשֻׁלָּם	1024[b]
4919	מְשִׁלֵּמוֹת	1024[b]
4920	מְשֶׁלֶמְיָה, מְשֶׁלֶמְיָהוּ	1024[b]
4921	מְשִׁלֵּמִית	1024[b]
4922	מְשֻׁלֶּמֶת	1024[b]
4923	מְשַׁמָּה	1031[b]
4924	מַשְׁמָן 1032a	1032[b]
4925	מִשְׁמַנָּה	1032[b]
4926	מִשְׁמָע	1036[a]
4927	מִשְׁמָע	1036[a]
4928	מִשְׁמַעַת	1036[a]
4929	מִשְׁמָר	1038[a]
4930	מַשְׂמְרָה	702b
4931	מִשְׁמֶרֶת	1038[a]
4932	מִשְׁנֶה	1041[b]
4933	מְשִׁסָּה	1042[b]
4934	מִשְׁעוֹל	1043[b]
4935	מִשְׁעִי	606a
4936	מִשְׁעָם	606b
4937	מִשְׁעָן, מַשְׁעֵן	1044[a]
4938	מִשְׁעֵנָה, מִשְׁעֶנֶת	1044[a]
4939	מִשְׂפָּח	705b
4940	מִשְׁפָּחָה	1046[b]
4941	מִשְׁפָּט	1048[a]
4942	מִשְׁפָּת	1046[a]
4943	מֶשֶׁק	606b
4944	מַשָּׁק	1055[a]
4945	מַשְׁקֶה	1052[b]
4946	מִשְׁקוֹל	1054[a]
4947	מַשְׁקוֹף	1054[b]
4948	מִשְׁקָל	1054[a]
4949	מִשְׁקֶלֶת, מִשְׁקֹלֶת	1054[a]
4950	מִשְׁקָע	1054[a]
4951	מִשְׂרָה	976a
4952	מִשְׁרָה	1056[a]
4953	מַשְׁרוֹקִי	1117[a]
4954	מִשְׁרָעִי	606b
4955	מִשְׂרָפָה	977b
4956	מִשְׂרְפוֹת מַיִם	977b
4957	מַשְׂרֵקָה	977b
4958	מַשְׂרֵת	602a
4959	מָשַׁשׁ	606b
4960	מִשְׁתֶּה	1059[b]
4961	מִשְׁתֵּה	1117[b]
4962	מַת	607a
4963	מַתְבֵּן	1062[a]
4964	מֶתֶג	607b
4965	מֶתֶג הָאַמָּה	52a, 607b
4966	מָתוֹק, מָתוּק	608b
4967	מְתוּשָׁאֵל	607a
4968	מְתוּשֶׁלַח	607a
4969	מָתַח	607b
4970	מָתַי	607b
4971	מַתְכֹנֶת, מַתְכֻּנֶת	1067[b]
4972	מַתְּלָאָה	521a
4973	מְתַלְּעָה	1069[a]
4974	מְתֹם	1071[a]
4975	מֹתֶן	608a
4976	מַתָּן	682a
4977	מַתָּן	682a
4978	מַתְּנָא	1103[b]
4979	מַתָּנָה	682a
4980	מַתְּנַת	682b
4981	מִתְנִי	608b
4982	מַתְּנַי	682b
4983	מַתַּנְיָה, מַתַּנְיָהוּ	682b
4984	מִתְנַשֵּׂא	672a
4985	מָתַק	608b
4986	מֶתֶק	608b
4987	מֹתֶק	608b
4988	מָתָק	608b
4989	מִתְקָה	609a
4990	מִתְרְדָת	609b
4991	מַתָּת	652b
4992	מַתַּתָּה	683a
4993	מַתִּתְיָה, מַתִּתְיָהוּ	682b

Strong's #	Hebrew word	B-D-B pg
	נ	
4994	נָא	609a
4995	נָא	644a
4996	נֹא	609b
4997	נֹאד, נֹאוד, נֹאדָה	609b
4998	נָאָה	610a
4999	נָאָה	627b
5000	נָאוֶה	610a
5001	נָאַם	610b
5002	נְאֻם	610a
5003	נָאַף	610b
5004	נִאֻף	610b
5005	נַאֲפוּף	610b
5006	נָאַץ	610b
5007	נֶאָצָה, נְאָצָה	611a
5008	נָאַק	611a
5009	נְאָקָה	611a
5010	נָאַר	611a
5011	נֹב	611a
5012	נָבָא	612a
5013	נְבָא	1101[b]
5014	נָבַב	612b
5015	נְבוֹ	612b
5016	נְבוּאָה	612b
5017	נְבוּאָה	1102[a]
5018	נְבוּזַרְאֲדָן	613a
5019	נְבוּכַדְנֶאצַּר, נְבֻכַדְנֶאצַּר, נְבוּכַדְרֶאצַּר, נְבוּכַדְרֶאצּוֹר	613a
5020	נְבוּכַדְנֶצַּר	1102[a]
5021	נְבוּשַׁזְבָּן	613a
5022	נָבוֹת	613a
5023	נְבִזְבָּה	1102[a]
5024	נָבַח	613a
5025	נֹבַח	613a
5026	נִבְחַז	613a
5027	נָבַט	613b
5028	נְבָט	614a
5029	נְבִיא	1101[b]
5030	נָבִיא	611b
5031	נְבִיאָה	612b
5032	נְבָיוֹת	
	נְבָיֹת	614a
5033	נֵבֶךְ	614a
5034	נָבֵל	614b
5035	נֶבֶל, נֵבֶל	614a
5036	נָבָל	614b
5037	נָבָל	615a
5038	נְבֵלָה	615b
5039	נְבָלָה	615a
5040	נַבְלוּת	615a
5041	נְבַלָּט	615b
5042	נָבַע	615b
5043	נֶבְרְשָׁא	1102[a]
5044	נִבְשָׁן	143b
5045	נֶגֶב 616a	918b
5046	נָגַד	616b
5047	נְגַד	1102[a]
5048	נֶגֶד	617a
5049	נֶגֶד	1109[a]
5050	נָגַהּ	618a
5051	נֹגַהּ	618a
5052	נֹגַהּ	618a
5053	נֹגַהּ	1102[a]
5054	נְגֹהָה	618b
5055	נָגַח	618b
5056	נַגָּח	618b
5057	נָגִיד, נָגִד	617b
5058	נְגִינָה	618b
	נְגִינַת	618b
5059	נָגַן	618b
5060	נָגַע	619a
5061	נֶגַע	619b
5062	נָגַף	619b
5063	נֶגֶף	620a
5064	נָגַר	620a
5065	נָגַשׂ	620a
5066	נָגַשׁ	620b
5067	נֵד	622b
5068	נָדַב	621b
5069	נְדַב	1102[a]
5070	נָדָב	621b
5071	נְדָבָה	621b
5072	נְדַבְיָה	622a
5073	נִדְבָּךְ	1102[a]
5074	נָדַד	622a
5075	נְדַד	1102[a]
5076	נְדֻד	622b
5077	נָדָא, נָדָה	621a,
		622b
5078	נֵדֶה	622b
5079	נִדָּה	622b
5080	נָדַח	623a
5081	נָדִיב	622a
5082	נְדִיבָה	622a
5083	נָדָן	623b
5084	נָדָן	623b
5085	נִדְנֶה 1086a	1102[a]
5086	נָדַף	623b
5087	נָדַר	623b
5088	נֶדֶר, נֵדֶר	623b
5089	נֹהַּ	627a
5090	נָהַג	624a
5091	נָהָה	624b
5092	נְהִי	624b
5093	נִהְיָה	624b
5094	נְהִיר	1102[b]
5095	נָהַל	624b
5096	נַהֲלָל, נַהֲלֹל	625a
5097	נַהֲלֹל	625a
5098	נָהַם	625a
5099	נַהַם	625a
5100	נְהָמָה	625a
5101	נָהַק	625b
5102	נָהַר 625b	626a
5103	נְהַר	1102[b]
5104	נָהָר	625b
5105	נְהָרָה	626a
5106	נוּא	626a
5107	נוּב	626a
5108	נוֹב, נִיב	626b
5109	נוֹבַי	626b
5110	נוּד	626b
5111	נוּד	1102[b]
5112	נוֹד, נֹד	627a
5113	נוֹד	627a
5114	נוֹדָב	622a
5115	נוה 627a	627b
5116	נָוֶה, נָוָה	627b
5117	נוּחַ	628a
5118	נוּחַ, נוֹחַ	629b
5119	נוֹחָה	629a
5120	נוּט	630a
5121	נָוִית	627b
5122	נְוָלוּ, נְוָלִי	1102[b]
5123	נוּם	630a
5124	נוּמָה	630a
5125	נוּן	630b
5126	נוּן, נוֹן	630b
5127	נוּס	630b
5128	נוּעַ	631a
5129	נוֹעַדְיָה	418a
5130	נוּף	631b
5131	נוֹף	632b
5132	נוּץ 665a,	663a
5133	נוֹצָה, נֹצָה	663a
5134	נוּק	632b
5135	נוּר	1102[b]
5136	נוּשׁ	633a
5137	נָזָה	633a
5138	נָזִיד	268a
5139	נָזִיר, נָזִר	634b
5140	נָזַל	633b
5141	נֶזֶם	633b
5142	נְזַק	1102[b]
5143	נֵזֶק	634a
5144	נָזַר	634a

Strong's #	Hebrew word	B-D-B pg
5145	נֵזֶר, נֶזֶר	634a
5146	נֹחַ	629a
5147	נַחְבִּי	286a
5148	נָחָה	634b
5149	נְחוּם	637a
5150	נִחוּם, נִחֻם	637a
5151	נַחוּם	637a
5152	נָחוֹר	637b
5153	נָחוּשׁ	639a
5154	נְחוּשָׁה,	639a
	נְחֻשָׁה	
5155	נְחִילָה	636a
5156	נְחִיר	638a
5157	נָחַל	635b
5158	נַחַל, נַחְלָה,	
	נַחֲלָה	636a
5159	נַחֲלָה	635a
5160	נַחֲלִיאֵל	636b
5161	נֶחֱלָמִי	636b
5162	נָחַם	636b
5163	נַחַם	637a
5164	נֹחַם	637a
5165	נֶחָמָה	637b
5166	נְחֶמְיָה	637b
5167	נַחֲמָנִי	637b
5168	נַחְנוּ	59b
5169	נָחַץ	637b
5170	נַחַר, נַחֲרָה	637b
5171	נַחֲרַי, נַחְרַי	638a
5172	נָחַשׁ	638b
5173	נַחַשׁ	638b
5174	נְחָשׁ	1102[b]
5175	נָחָשׁ	638a
5176	נָחָשׁ	638a
5177	נַחְשׁוֹן	638a
5178	נְחֹשֶׁת 638b	639a
5179	נְחֻשְׁתָּא	639a
5180	נְחֻשְׁתָּן	639a
5181	נָחַת	639a
5182	נְחַת	1102[b]
5183	נַחַת 639b,	629a
5184	נַחַת	639b
5185	נָחֵת	639b
5186	נָטָה	639b
5187	נְטִיל	642a
5188	נְטִיפָה	643a
5189	נְטִישָׁה	644a
5190	נָטַל	642a
5191	נְטַל	1102[b]
5192	נֵטֶל	642a
5193	נָטַע	642a
5194	נֶטַע	642b
5195	נָטִיעַ	642b
5196	נְטָעִים	642b
5197	נָטַף	642b
5198	נָטָף	643a
5199	נְטֹפָה	643a
5200	נְטֹפָתִי	643a
5201	נָטַר	643a
5202	נְטַר	1102[b]
5203	נָטַשׁ	643b
5204	נִי	624b
5205	נִיד	627a
5206	נִידָה	622b
5207	נִיחוֹחַ, נִיחֹחַ	629a
5208	נִיחוֹחַ, נִיחֹחַ	1102[b]
5209	נִין	630b
5210	נִינְוֵה	644a
5211	נִיס	630b
5212	נִיסָן	644b
5213	נִיצוֹץ	665a
5214	נִיר	644b
5215	נִיר, נִר	644b
5216	נִיר, נֵר, נֵיר,	632b
	נֵר, נֵרָה	633a
5217	נָכָא	644b
5218	נָכֵא, נָכָא	644b
5219	נְכֹאת	644b
5220	נֶכֶד	645a
5221	נָכָה	645a
5222	נֵכֶה	646b
5223	נָכֶה	646b
5224	נְכוֹ	647a
5225	נָכוֹן	467b
5226	נֵכַח	647a
5227	נֹכַח	647a
5228	נָכֹחַ	647b
5229	נְכֹחָה	647b
5230	נָכַל	647b
5231	נֵכֶל	647b
5232	נְכַס	1103[a]
5233	נֶכֶס	647b
5234	נָכַר 648a,	647b
5235	נֵכֶר, נֹכֶר	648b
5236	נֵכָר	648b
5237	נָכְרִי	648b
5238	נְכֹת	649a
5239	נָלָה	649a
5240	נְמִבְזָה	102b
5241	נְמוּאֵל	649b
5242	נְמוּאֵלִי	649b
5243	נָמַל	576b
5244	נְמָלָה	649b
5245	נְמַר	1103[a]
5246	נָמֵר	649b
5247	נִמְרָה	649b
5248	נִמְרוֹד, נִמְרֹד	650a
5249	נִמְרִים	649b
5250	נִמְשִׁי	650a
5251	נֵס	651b
5252	נְסִבָּה	687b
5253	נָסַג	690b
5254	נָסָה	650a
5255	נָסַח	650b
5256	נְסַח	1103[a]
5257	נְסִיךְ 650b,	651b
5258	נָסַךְ 657b,	650b
5259	נָסַךְ	651a
5260	נְסַךְ	1103[a]
5261	נְחַךְ	1103[a]
5262	נֶסֶךְ, נֵסֶךְ	651a
5263	נָסַס	651b
5264	נָסַס	651b
5265	נָסַע	652a
5266	נָסַק 701a,	652b
5267	נְסַק	1104[a]
5268	נִסְרֹךְ	652b
5269	נֵעָה	631a
5270	נֹעָה	631b
5271	נְעוּר, נָעֻר,	655a
	נְעֻרָה	655b
5272	נְעִיאֵל	653a
5273	נָעִים 653a	654b
5274	נָעַל	653a
5275	נַעַל, נַעֲלָה	653a
5276	נָעֵם	653b
5277	נַעַם	653b
5278	נֹעַם	653b
5279	נַעֲמָה 653b	654a
5280	נַעֲמִי	654a
5281	נָעֳמִי	654a
5282	נַעֲמָן	654a
5283	נַעֲמָן	654a
5284	נַעֲמָתִי	654a
5285	נַעֲצוּץ	654a
5286	נָעַר	654b
5287	נָעַר	654b
5288	נַעַר	654b
5289	נַעַר	654b
5290	נֹעַר	655a
5291	נַעֲרָה	655a
5292	נַעֲרָה	655b
5293	נַעֲרַי	655b
5294	נְעַרְיָה	655b
5295	נַעֲרָן	655b
5296	נְעֹרֶת	654b
5297	נֹף	592a
5298	נֶפֶג	655b
5299	נָפָה	632a

Strong's #	Hebrew word	B-D-B pg
5300	נְפוּשְׁסִים	656a
5301	נָפַח	655b
5302	נֹפַח	656a
5303	נְפִל, נְפִיל	658b
5304	נְפִיסִים	656a
5305	נָפִישׁ	661b
5306	נֹפֶךְ	656b
5307	נָפַל	656b
5308	נְפַל	1103[a]
5309	נֵפֶל, נֶפֶל	658b, 659b
5310	נָפַץ 659a,	658b
5311	נֶפֶץ	658b
5312	נְפַק	1103[a]
5313	נִפְקָא	1103[a]
5314	נָפַשׁ	661b
5315	נֶפֶשׁ	659a
5316	נֶפֶת	632b
5317	נֹפֶת	661b
5318	נֶפְתּוֹחַ	836a
5319	נַפְתּוּל	836b
5320	נַפְתֻּחִים	661b
5321	נַפְתָּלִי	836b
5322	נֵץ	665a
5323	נָצָא	661b
5324	נָצַב	662a
5325	נִצָּב	662b
5326	נִצְבָּה	1103[a]
5327	נָצָה	663b
5328	נְצוּרָה, נִצָּה	665a
5329	נָצַח	663b
5330	נְצַח	1103[a]
5331	נֵצַח, נֶצַח	664a
5332	נֵצַח	664a
5333	נְצִב, נְצִיב	662b
5334	נְצִיב	662b
5335	נְצִיחַ	664b
5336	נָצִיר	666a
5337	נָצַל	664b
5338	נְצַל	1103[a]
5339	נִצָּן	665a
5340	נָצַץ	665a
5341	נָצַר	665b
5342	נֵצֶר	666a
5343	נְקֵא	1103[b]
5344	נָקַב	666a
5345	נֶקֶב	666a
5346	נֶקֶב 10a,	666b
5347	נְקֵבָה	666b
5348	נָקֹד	666b
5349	נֹקֵד	667a
5350	נִקֻּד	666b
5351	נְקֻדָּה	667a

Strong's #	Hebrew word	B-D-B pg
5352	נָקָה	667a
5353	נְקוֹדָא	667a
5354	נָקַט	876b
5355	נָקִיא, נָקִי	667b
5356	נִקָּיוֹן, נִקָּיֹן	667b, 874b
5357	נָקִיק	669a
5358	נָקַם	667b
5359	נָקָם	668a
5360	נְקָמָה	668b
5361	נָקַע	668b
5362	נָקַף	668b
5363	נֹקֶף	668b
5364	נִקְפָּה	669a
5365	נָקַר	669a
5366	נְקָרָה	669a
5367	נָקַשׁ	669a
5368	נְקַשׁ	1103[b]
5369	נֵר	633a
5370	נֵרְגַל	669b
5371	נֵרְגַל שַׂרְאֶצֶר	669b
5372	נִרְגָּן	920b
5373	נֵרְדְּ, נֵרְה	669b
5374	נֵרִיָּהוּ, נֵרִיָּה	633a
5375	נָסָה, נָשָׂא	669b
5376	נְשָׂא	1103[b]
5377	נָשָׁא	674a
5378	נָשָׂא	673b
5379	נְשֵׂאת	671b
5380	נָשַׁב	674a
5381	נָשַׂג	673a
5382	נָשָׁה	674b
5383	נָשָׁה	674a
5384	נָשֶׁה	674b
5385	נְשׂוּאָה, נְשֻׂאָה	672a
5386	נְשִׁי	674b
5387	נָשִׂא, נָשִׂיא	672a
5388	נְשִׁיָּה	674b
5389	נָשִׁין	1081[b]
5390	נְשִׁיקָה	676b
5391	נָשַׁךְ	675a
5392	נֶשֶׁךְ	675a
5393	נִשְׁכָּה	675a
5394	נָשַׁל	675a
5395	נָשַׁם	675b
5396	נִשְׁמָא	1103[b]
5397	נְשָׁמָה	675b
5398	נָשַׁף	676a
5399	נֶשֶׁף	676a
5400	נְשַׁף	696b
5401	נָשַׁק 676a,	676b
5402	נֵשֶׁק, נֶשֶׁק	676b

Strong's #	Hebrew word	B-D-B pg
5403	נְשַׁר	1103[b]
5404	נֶשֶׁר	676b
5405	נָשַׁת	677a
5406	נִשְׁתְּוָן	677a
5407	נִשְׁתְּוָן, נָתוּן	1103[b]
5408	נָתַח	677b
5409	נֵתַח	677b
5410	נְתִיבָה, נָתִיב, נְתִבָה	677a
5411	נְתוּן, נָתִין	682a
5412	נְתִין	1103[b]
5413	נָתַךְ	577b
5414	נָתַן	678a
5415	נְתַן	1103[b]
5416	נָתָן	681b
5417	נְתַנְאֵל	682a
5418	נְתַנְיָה, נְתַנְיָהוּ	682a
5419	נְתַן־מֶלֶךְ	682a
5420	נָתַם	683a
5421	נָתַע	683a
5422	נָתַץ	683a
5423	נָתַק	683b
5424	נֶתֶק	683b
5425	נָתַר	684a
5426	נְתַר	1103[b]
5427	נֶתֶר	684a
5428	נָתַשׁ	684b
	ס	
5429	סְאָה	684a
5430	סְאוֹן	684a
5431	סָאַן	684b
5432	סַאסְאָה	684b
5433	סָבָא	684b
5434	סְבָא	685a
5435	סֹבֵא	685a
5436	סְבָאִי	685a
5437	סָבַב	685a
5438	סִבָּה	686b
5439	סְבִיבָה, סָבִיב	686b
5440	סְבַךְ	687b
5441	סֹבֶךְ	687b
5442	סְבָךְ	687b
5443	סַבְּכָא, שַׂבְּכָא	1113[b]
5444	סִבְּכַי	697b
5445	סָבַל	687b
5446	סְבַל	1103[b]
5447	סֵבֶל	687b
5448	סֵבֶל, סֹבֶל	687b
5449	סַבָּל	688a
5450	סְבָלָה	688a
5451	סִבֹּלֶת	688a

Strong's #	Hebrew word	B-D-B pg
5452	סְבַר	1104[a]
5453	סִבְרַיִם	688a
5454	סַבְתָּא, סַבְתָּה	688a
5455	סַבְתְּכָא	688a
5456	סָגַד	688a
5457	סְגִד	1104[a]
5458	סְגוֹר	689b
5459	סְגֻלָּה	688b
5460	סְגַן	1104[a]
5461	סָגָן	688b
5462	סָגַר	688b
5463	סְגַר	1104[a]
5464	סַגְרִיד	690a
5465	סַד	690a
5466	סָדִין	690a
5467	סְדֹם	690a
5468	סֵדֶר	690a
5469	סַהַר	690b
5470	סֹהַר	690b
5471	סוֹא	690b
5472	סוּג	690b
5473	סוּג	691a
5474	סוּגַר	689b
5475	סוֹד	691b
5476	סוֹדִי	691b
5477	סוּחַ	691b
5478	סוּחָה	691b
5479	סוֹטַי	691b
5480	סוּךְ	691b
5481	סוּמְפּוֹנְיָה, סוּמְפֹּנְיָה, סִיפֹנְיָא	1104[a]
5482	סְוֵנֵה, סְוֵנֶת, סְוֵן	692a
5483	סֻס, סוּס	692a
5484	סוּסָה	692a
5485	סוּסִי	692a
5486	סוּף	692b
5487	סוּף	1104[a]
5488	סוּף	693a
5489	סוּף	693a
5490	סוֹף	693a
5491	סוֹף	1104[a]
5492	סוּפָה	693a
5493	סוּר, שׂוּר	693a
5494	סוּר	693b
5495	סוּר	694b
5496	סוּת	694b
5497	סוּת	691b
5498	סָחַב	694b
5499	סְחָבָה	695a
5500	סָחָה	695a
5501	סְחִי	695a
5502	סָחַף	695a
5503	סָחַר	695a
5504	סַחַר	695b
5505	סָחַר	695b
5506	סְחֹרָה	695b
5507	סֹחֵרָה	695b
5508	סֹחֶרֶת	695b
5509	סוּג, סִיג	691a
5510	סִין	695b
5511	סִיחוֹן, סִיחֹן	695b
5512	סִין	695b
5513	סִינִי	696a
5514	סִינַי	696a
5515	סִינִים 696a,	692a
5516	סִיסְרָא	696a
5517	סִיעֲהָא, סִיעָא	696a
5518	סִיר, סִירָה, סִרָה	696b
5519	סָךְ	697b
5520	סֹךְ	697b
5521	סֻכָּה	697b
5522	סִכּוּת	696b
5523	סֻכֹּת, סֻכּוֹת	697b
5524	סֻכּוֹת בְּנוֹת	696b
5525	סֻכִּי	696b
5526	סָכַךְ 692a	696b
	שָׂכַךְ 697a,b	967b
5527	סְכָכָה	698a
5528	סָכַל	698a
5529	סֶכֶל	698a
5530	סָכָל	698a
5531	סִכְלוּת, שִׂכְלוּת	698a
5532	סָכַן	698a
5533	סָכַן	698a
5534	סָכַר	698b
5535	סָכַת	698b
5536	סַל	700b
5537	סָלָא	698b
5538	סִלָּא	698b
5539	סָלַד	698b
5540	סֶלֶד	699a
5541	סָלָה	699a
5542	סֶלָה	699b
5543	סַלּוּא, סַלּוּ סַלַּי, סָלוּא	146b, 699a
5544	סִלּוֹן, סַלּוֹן	699a
5545	סָלַח	699a
5546	סַלָּח, סַלַּי	699b
5547	סְלִיחָה	699b
5548	סַלְכָה	699b
5549	סָלַל	699b
5550	סוֹלְלָה, סֹלְלָה	700b
5551	סֻלָּם	700b
5552	סַלְסִלָּה	700b
5553	סֶלַע	700b
5554	סֶלַע	701a
5555	סֶלַע הַמַּחְלְקוֹת	325b, 701a
5556	סָלְעָם	701a
5557	סָלַף	701a
5558	סֶלֶף	701a
5559	סְלִק	1104[a]
5560	סֹלֶת	701b
5561	סַם	702b
5562	סַמְגַּר נְבוֹ	701b
5563	סְמָדַר	701b
5564	סָמַךְ	701b
5565	סְמַכְיָהוּ	702a
5566	סֶמֶל, סֵמֶל	702a
5567	סָמַן	702b
5568	סָמַר	702b
5569	סָמָר	702b
5570	סְנָאָה	702b
5571	סַנְבַלַּט	702b
5572	סְנֶה	702b
5573	סֶנֶּה	702b
5574	סְנוּאָה, סְנֻאָה	703a
5575	סַנְוֵר	703a
5576	סַנְחֵרִיב	703a
5577	סַנְסִן	703a
5578	סַנְסַנָּה	703a
5579	סְנַפִּיר	703a
5580	סָס	703a
5581	סִסְמַי	703a
5582	סָעַד	703b
5583	סְעַד	1104[a]
5584	סָעָה	703b
5585	סָעִיף	703b
5586	סָעַף	703b
5587	סָעִף, שָׂעִף	704a, 972a
5588	סֵעֵף	704a
5589	סְעַפָּה	703b
5590	סָעַר	704a
5591	סַעַר, סְעָרָה	704a
5592	סַף	706a
5593	סַף	706b
5594	סָפַד	704b
5595	סָפָה	705a
5596	סָפַח, שָׂפַח	705a
5597	סַפַּחַת	705b
5598	סַפַּי	706b
5599	סָפִיחַ	705a

Strong's #	Hebrew word	B-D-B pg
5600	סְפִינָה	706a
5601	סַפִּיר	705b
5602	סֵפֶל	705b
5603	סָפַן	706a
5604	סִפֻּן	706a
5605	סָפַף	706b
5606	סָפַק,	706b
	שָׂפַק	974a
5607	סֶפֶק,	706b
	שֶׂפֶק	974a
5608	סָפַר 707b	708a
5609	סְפַר	1104[b]
5610	סְפָר	708b
5611	סְפָר	708b
5612	סֵפֶר, סִפְרָה	706b, 707b
5613	סָפֵר	1104[b]
5614	סְפָרַד	709a
5615	סְפֹרָה	708b
5616	סְפַרְוִי	709b
5617	סְפַרְוַיִם,	709a
	סְפָרִים	
5618	סֹפֶרֶת	709a
5619	סָקַל	709b
5620	סַר	711a
5621	סָרָב	709b
5622	סַרְבַּל	1104[b]
5623	סַרְגוֹן	709b
5624	סֶרֶד	710a
5625	סַרְדִּי	710a
5626	סִרָה 92b	694b
5627	סָרָה	694b
5628	סָרַח	710a
5629	סֶרַח	710a
5630	סִרְיֹן	710a
5631	סָרִיס, סָרִס	710a
5632	סָרֵךְ	1104[b]
5633	סֶרֶן	710b
5634	סַרְעַפָּה	703b
5635	סָרַף	976b
5636	סַרְפָּד	710b
5637	סָרַר	710b
5638	סְתָו	711a
5639	סְתוּר	712b
5640	סָתַם, שָׂתַם	711a, 979b
5641	סָתַר	711a
5642	סְתַר	1104[b]
5643	סֵתֶר, סִתְרָה	712a
5644	סִתְרִי	712b
	ע	
5645	עָב	728a
5646	עָב, עֹב	712a
5647	עָבַד	712a
5648	עֲבַד	1104[a]
5649	עֲבַד	1105[a]
5650	עֶבֶד	713b
5651	עֶבֶד	714b
5652	עֲבָד	714b
5653	עַבְדָּא	715a
5654	אֱדוֹם	714b
5654	עֹבֵד אֱדוֹם	714b
5655	עַבְדְּאֵל	715a
5656	עֲבֹדָה,	715a
	עֲבוֹדָה	
5657	עֲבֻדָּה	715b
5658	עַבְדּוֹן	715b
5659	עַבְדוּת	715b
5660	עַבְדִּי	715b
5661	עַבְדִּיאֵל	715b
5662	עֹבַדְיָה,	715b
	עֹבַדְיָהוּ	
5663	עֶבֶד מֶלֶךְ	715a
5664	עֲבֵד נְגוֹ	715a
5665	עֲבֵד נְגוֹא	1105[a]
5666	עָבָה	716a
5667	עֲבוֹט, עֲבֹט	716a
5668	עָבוּר, עָבֻר	721a
5669	עָבוּר	721a
5670	עָבַט	716a
5671	עַבְטִיט	716a
5672	עֲבִי, עֳבִי	716a
5673	עֲבִידָה	1105[a]
5674	עָבַר 716a	720b
5675	עֲבַר	1105[a]
5676	עֵבֶר	719a
5677	עֵבֶר	720a
5678	עֶבְרָה	720b
5679	עֲבָרָה	720a
5680	עִבְרִי	720a
5681	עִבְרִי	720a
5682	עֲבָרִים	720b
5683	עֶבְרֹן	720b
5684	עֶבְרֹנָה	720b
5685	עָבַשׁ	721a
5686	עָבַת	721a
5687	עָבֹת, עָבוֹת	721b
5688	עֲבֹת, עֲבוֹת	721b
	עֲבֹתָה	
5689	עָגַב	721b
5690	עֶגֶב	721b
5691	עֲגָבָה	721b
5692	עֻגָּה	728a
5693	עָגוּר	723a
5694	עָגִיל	722b
5695	עֵגֶל	722a
5696	עָגֹל, עָגוֹל	722b
5597	עֶגְלָה	722a
5698	עֶגְלָה	722b
5699	עֲגָלָה	722b
5700	עֶגְלוֹן	722b
5701	עָגַם	723a
5702	עָגַן	723a
5703	עַד	723b
5704	עַד	723b
5705	עַד	1105[a]
5706	עַד	723b
5707	עֵד	729b
5708	עֵד	723a
5709	עֲדָא, עֲדָה	1105[a]
5710	עָדָה 723b	725b
5711	עָדָה	725b
5712	עֵדָה	417a
5713	עֵדָה 729b	730a
5714	עִדּוֹ, עִדּוֹא,	723a
	עִדִּיא	
5715	עֵדוּת	730a
5716	עֲדִי	525b
5717	עֲדִיאֵל	726a
5718	עֲדָיָה, עֲדָיָהוּ	726a
5719	עָדִין	726b
5720	עָדִין	726b
5721	עֲדִינָא	726b
5722	עֲדִינוֹ	726b
5723	עֲדִיתַיִם	726a
5724	עַדְלַי	726a
5725	עֲדֻלָּם	726a
5726	עֲדֻלָּמִי	726b
5727	עָדַן	726b
5728	עֲדֶן, עֲדֶנָּה	725b
5729	עֶדֶן	727a
5730	עֵדֶן, עֶדְנָה	726b
5731	עֵדֶן 726b	727a
5732	עִדָּן	1105[b]
5733	עַדְנָא	726b
5734	עַדְנָה	726b
5735	עֲדְעָדָה	793a
5736	עָדַף	727a
5737	עָדַר	727a
5738	עֶדֶר	727b
5739	עֵדֶר	727b
5740	עֵדֶר	727b
5741	עַדְרִיאֵל	727a
5742	עָדָשׁ	727b
5743	עוּב	728a
5744	עוֹבֵד	714b
5745	עוֹבָל	716b
5746	עוּג	728a

Strong's #	Hebrew word	B-D-B pg
5747	עוֹג	728a
5748	עֻגָב, עוּגָב	721b
5749	עוּד 729b,	728b
5750	עֹד, עוֹד	728b
5751	עוֹד	1105[b]
5752	עֹדֵד, עוֹדֵד	729b
5753	עָוָה	730b,
		731b
5754	עַוָּה	730b
5755	עַוָּא, עִוָּה	731b
5756	עוּז	731b
5757	עַוִּי	731b
5758	עִוְיָא	1105[b]
5759	עֲוִיל	732a
5760	עֲוִיל	732b
5761	עַוִּים	732a
5762	עַיּוֹת, עֲוִית, עַיּוּת	732a
5763	עוּל	732a
5764	עוּל	732a
5765	עָוַל	732b
5766	עָוֶל, עֶוֶל, עוֹלָה, עַוְלָה, עֹלָה	732a
5767	עַוָּל	732b
5768	עֹלָל, עוֹלֵל	760b
5769	עֹלָם, עוֹלָם	761b
5770	עָוַן	745a
5771	עָוֹן, עָוֺן	730b
5772	עוֹנָה	773a
5773	עַוְעֶה	730b
5774	עוּף 734a,	733a
5775	עוֹף	733b
5776	עוֹף	1105[b]
5777	עוֹפֶרֶת, עֹפֶרֶת	780a
5778	עוֹפַי	734a
5779	עוּץ	734a
5780	עוּץ	734b
5781	עוּק	734a
5782	עוּר	734b
5783	עוּר	735b
5784	עוּר	1105[b]
5785	עוֹר	736a
5786	עָוַר	734b
5787	עִוֵּר	734b
5788	עַוֶּרֶת, עִוָּרוֹן	734b
5789	עוּשׁ	736a
5790	עוּת	736b
5791	עָוַת	746b
		736b
5792	עַוָּתָה	736b
5793	עוּתַי	736b
5794	עַז	738b
5795	עֵז	777b
5796	עֵז	1107[b]
5797	עֹז, עוֹז	738b
5798	עֻזָּה, עֻזָּא	739a
5799	עֲזָאזֵל	736b
5800	עָזַב 738a,	736b
5801	עִזָּבוֹן	738a
5802	עַזְבּוּק	739b
5803	עַזְגָּד	739b
5804	עַזָּה	738a
5805	עֲזוּבָה	737b
5806	עֲזוּבָה	737a
5807	עֱזוּז	739a
5808	עִזּוּז	739a
5809	עַזּוּר	741a
5810	עָזַז	738a
5811	עָזָז	739a
5812	עֲזַזְיָהוּ	739b
5813	עֻזִּי	739b
5814	עֻזִּיָּא	739b
5815	עֲזִיאֵל	739b
5816	עֻזִּיאֵל	739b
5817	עָזִּיאֵלִי	739b
5818	עֻזִּיָּהוּ, עֻזִּיָּה	739b
5819	עֲזִיזָא	739b
5820	עַזְמָוֶת	740a
5821	עַזָּן	740a
5822	עָזְנִיָּה	740a
5823	עָזַק	740a
5824	עִזְקָא	1105[b]
5825	עֲזֵקָה	740a
5826	עָזַר	740a
5827	עֶזֶר	740b
5828	עֵזֶר	740b
5829	עֵזֶר	740b
5830	עֶזְרָא	740b
5831	עֶזְרָא	1105[b]
5832	עֲזַרְאֵל	741a
5833	עֶזְרָת, עֶזְרָה	740b
5834	עֶזְרָה	741a
5835	עֲזָרָה	741b
5836	עֶזְרִי	741a
5837	עַזְרִיאֵל	741a
5838	עֲזַרְיָהוּ, עֲזַרְיָה	741a
5839	עֲזַרְיָה	1105[b]
5840	עַזְרִיקָם	741a
5841	עַזָּתִי	738a
5842	עֵט	741b
5843	עֵטָא	1096[a]
5844	עָטָה 742a,	741b
5845	עֲטִין	742a
5846	עֲטִישָׁה	743a
5847	עֲטַלֵּף	742a
5848	עָטַף 742b,	742a
5849	עָטַר	742b
5850	עֲטָרָה	742b
5851	עֲטָרָה	742b
5852	עֲטָרֹת, עֲטָרוֹת	743a
5853	עַטְרוֹת אַדָּר	743a
5854	עַטְרוֹת בֵּית יוֹאָב	743a
5855	עַטְרוֹת שׁוֹפָן	743a
5856	עִי	730b
5857	עַיָּת, עַיָּא, עַי	743a
5858	עֵיבָל	716b
5859	עִיּוֹן	743a
5860	עִיט 743b,	743a
5861	עַיִט	743b
5862	עֵיטָם	743b
5863	עִיֵּי הָעֲבָרִים	743b
5864	עִיִּים	743b
5865	עֵילוֹם	761b
5866	עִילַי	743b
5867	עוֹלָם, עֵילָם	743b
5868	עֲיָם	744a
5869	עַיִן	733a
5870	עַיִן	1105[b]
5871	עַיִן	745a
5872	עֵין גֶּדִי	745a
5873	עֵין גַּנִּים	745b
5874	עֵין־דֹּאר, עֵין דּוֹר, עֵין־דֹּר	745b
5875	עֵין הַקּוֹרֵא	745a
5876	עֵין חַדָּה	745b
5877	עֵין חָצוֹר	745b
5878	עֵין חֲרֹד	353b
5879	עֵינָם, עֵינַיִם	745b
5880	עֵין מִשְׁפָּט	745b
5881	עֵינָן	745b
5882	עֵין עֶגְלַיִם	745b
5883	עֵין רֹגֵל	745a
5884	עֵין רִמּוֹן	745b
5885	עֵין שֶׁמֶשׁ	745b
5886	עֵין תַּנִּים	745a
5887	עֵין תַּפּוּחַ	745b
5888	עָיֵף	746a
5889	עָיֵף	746a
5890	עֵיפָה	734a
5891	עֵיפָה	734a
5892	עָר, עִיר,	735b
	עָיַר	746a
5893	עִיר	746b
5894	עִיר	1105[b]
5895	עַיִר	747a
5896	עִירָא	747a

Strong's #	Hebrew word	B-D-B pg
5897	עִירָד	747a
5898	עִיר הַמֶּלַח	746b
5899	עִיר הַתְּמָרִים	437b
5900	עִירוּ	747a
5901	עִירִי	747a
5902	עִירָם	747a
5903	עֵרֹם, עֵירֹם	735b
5904	עִיר נָחָשׁ	638a
5905	עִיר שֶׁמֶשׁ	746b
5906	עָשׁ, עַיִשׁ	747a
5907	עַכְבּוֹר	747a
5908	עַכָּבִישׁ	747a
5909	עַכְבָּר	747a
5910	עַכּוֹ	747a
5911	עָכוֹר	747b
5912	עָכָן	747b
5913	עָכַס	747b
5914	עֶכֶס	747b
5915	עַכְסָה	747b
5916	עָכַר	747b
5917	עָכָר	747b
5918	עָכְרָן	747b
5919	עַכְשׁוּב	752a
5920	עַל	752a
5921	עַל	475b
5922	עַל	1106[a]
5923	עוֹל, עֹל	760b
5924	עֵלָּא	1106[b]
5925	עֻלָּא	748a
5926	עִלֵּג	748a
5927	עָלָה	748a
5928	עֲלָה	1106[a]
5929	עָלֶה	750a
5930	עוֹלָה, עֹלָה	750a, 751a
5931	עִלָּה	1106[b]
5932	עַלְוָה	732b
5933	עַלְיָה, עַלְוָה	759a
5934	עֲלוּם	761b
5935	עַלְיָן, עַלְוָן	759a
5936	עֲלוּקָה	763b
5937	עָלַז	759b
5938	עָלֵז	759b
5939	עֲלָטָה	759b
5940	עֱלִי	750a
5941	עֵלִי	750a
5942	עִלִּי	751a
5943	עִלַּי	1106[a]
5944	עֲלִיָּה	751a
5945	עֶלְיוֹן	751a
5946	עֶלְיוֹן	1106[a]
5947	עַלִּיז	759b
5948	עֲלִיל	760b
5949	עֲלִלָה, עֲלִילָה	760a
5950	עֲלִילִיָּה	760a
5951	עֲלִיצוּת	763b
5952	עַלִּית	1106[a]
5953	עָלַל	759b, 760a, 760b
5954	עֲלַל	1106[b]
5955	עֹלֵלָה	760a
5956	עָלַם	761a
5957	עָלַם	1106[b]
5958	עֶלֶם	761b
5959	עַלְמָה	761b
5960	עַלְמוֹן	761a
5961	עֲלָמוֹת	761b
5962	עֵלְמִי	1106[b]
5963	עַלְמֹן דִּבְלָתָיְמָה	761a
5964	עָלֶמֶת	761a
5965	עָלַס	763a
5966	עָלַע	763a
5967	עֲלַע	1106[b]
5968	עָלַף	763a
5969	עֻלְפֶּה	763a
5970	עָלַץ	763a
5971	עַם	766a, 769a
5972	עַם	1106[a]
5973	עִם	767a
5974	עִם	1107[a]
5975	עָמַד	763b
5976	עָמַד	765a
5977	עֹמֶד	765a
5978	עִמָּד	767a
5979	עֶמְדָּה	765a
5980	עֻמָּה	769a
5981	עֻמָּה	747b, 769b
5982	עַמֻּד, עַמּוּד	765a
5983	עַמּוֹן	769b
5984	עַמּוֹנִי	770a
5985	עַמּוֹנִית	770a
5986	עָמוֹס	770b
5987	עָמוֹק	771a
5988	עַמִּיאֵל	770a
5989	עַמִּיהוּד	770a
5990	עַמִּיזָבָד	770a
5991	עַמִּיחוּר	770a
5992	עַמִּינָדָב	770a
5993	עַמִּי נָדִיב	766b
5994	עֲמִיק	1107[a]
5995	עָמִיר	771b
5996	עַמִּישַׁדַּי	770a
5997	עָמִית	765b
5998	עָמַל	765b
5999	עָמָל	765b
6000	עָמָל	765b
6001	עָמֵל	766a
6002	עֲמָלֵק	766a
6003	עֲמָלֵקִי	766a
6004	עָמַם	770a
6005	עִמָּנוּאֵל	769a
6006	עָמַשׂ, עָמַס	770b
6007	עֲמַסְיָה	770b
6008	עַמְעָד	770b
6009	עָמַק	770b
6010	עֵמֶק	770b
6011	עֹמֶק	771a
6012	עָמֵק	771a
6013	עָמֹק	771a
6014	עָמַר	771b
6015	עֲמַר	1107[a]
6016	עֹמֶר	771b, 771a
6017	עֲמֹרָה	771b
6018	עָמְרִי	771b
6019	עַמְרָם	771b
6020	עַמְרָמִי	771b
6021	עֲמָשָׂא	771b
6022	עֲמָשַׂי	772a
6023	עֲמַשְׁסַי	772a
6024	עֲנָב	772a
6025	עֵנָב	772a
6026	עָנַג	772a
6027	עֹנֶג	772a
6028	עָנֹג	772a
6029	עָנַד	772b
6030	עָנָה	777a, 732b, 772b
6031	עָנָה	776a, 775b
6032	עֲנָה	1107[a]
6033	עֲנָה	1107[b]
6034	עֲנָה	777a
6035	עָנָיו, עָנָו	776b
6036	עָנוּב	772a
6037	עַנְוָה	776b
6038	עֲנָוָה	776b
6039	עֱנוּת	776b
6040	עֳנִי	777a
6041	עָנִי	776b
6042	עֻנִּי	777b
6043	עֲנָיָה	777b
6044	עֵנִים	745b
6045	עִנְיָן	775b
6046	עָנֵם	745b
6047	עֲנָמִים	777b
6048	עֲנַמֶּלֶךְ	777b
6049	עָנַן	778a
6050	עֲנַן	1107[b]

Strong's #	Hebrew word	B-D-B pg
6051	עָנָן	777b
6052	עָנָן	778a
6053	עֲנָנָה	778a
6054	עֲנָנִי	778a
6055	עֲנַנְיָה	778a
6056	עֲנַף, עֱנַף	1107[b]
6057	עָנָף	778b
6058	עָנֵף	778b
6059	עָנַק	778b
6060	עֲנָק	778b
6061	עֲנָק	778b
6062	עֲנָקִי	778b
6063	עָנֵר	778b
6064	עָנַשׁ	778b
6065	עֲנָשׁ	1107[b]
6066	עֹנֶשׁ	778b
6067	עֲנָת	779a
6068	עֲנָתוֹת	779a
6069	עַנְתֹתִי, עַנְּתוֹתִי	779a
6070	עַנְתֹתִיָּה	779a
6071	עָסִיס	779a
6072	עָסַס	779a
6073	עֳפֶא	779a
6074	עֳפִי	1107[b]
6075	עָפַל 779b,	779a
6076	עֹפֶל	779a
6077	עֹפֶל	779a
6078	עָפְנִי	779b
6079	עַפְעַף	733b
6080	עָפַר	780a
6081	עֵפֶר	780a
6082	עֹפֶר	780a
6083	עָפָר	779b
6084	עָפְרָה	780a
6085	עֶפְרוֹן	780a
6086	עֵץ	781b
6087	עָצַב 781a,	780b
6088	עֲצַב	1108[b]
6089	עֶצֶב	780b
6090	עֹצֶב 781a	780b
6091	עָצָב	781a
6092	עָצֵב	780b
6093	עִצָּבוֹן	781a
6094	עַצֶּבֶת	781a
6095	עָצָה	781a
6096	עָצֶה	782a
6097	עֵצָה	782a
6098	עֵצָה	420a
6099	עָצוּם, עָצֻם	783a
6100	עֶצְיוֹן גֶּבֶר	782a
6101	עָצַל	782a
6102	עָצֵל	782a
6103	עַצְלָה	782a
6104	עַצְלוּת	782b
6105	עָצַם 783a,	782b
6106	עֶצֶם	782b
6107	עֶצֶם	783a
6108	עֹצֶם	782b
6109	עָצְמָה	782b
6110	עַצֻּמָה	783a
6111	עַצְמוֹן, עַצְמֹן	783a
6112	עֵצֶן	726b
6113	עָצַר	783b
6114	עֶצֶר	783b
6115	עֹצֶר	783b
6116	עֲצָרָה, עֲצֶרֶת	783b
6117	עָקַב	784a
6118	עֵקֶב	784b
6119	עָקֵב, עִקְּבָה	784a
6120	עָקֵב	784b
6121	עָקֹב	784b
6122	עָקְבָה	784b
6123	עָקַד	785a
6124	עָקֹד	785a
6125	עָקָה	734a
6126	עַקּוּב	784b
6127	עָקַל	785a
6128	עֲקַלְקַל	785b
6129	עֲקַלָּתוֹן	785b
6130	עָקָן	785b
6131	עָקַר	785b
6132	עֲקַר	1107[b]
6133	עֵקֶר	785b
6134	עֵקֶר	785b
6135	עָקָר	785b
6136	עִקַּר	1107[b]
6137	עַקְרָב	785b
6138	עֶקְרוֹן	785b
6139	עֶקְרוֹנִי, עֶקְרֹנִי	785b
6140	עָקַשׁ	786a
6141	עִקֵּשׁ	786a
6142	עִקֵּשׁ	786a
6143	עִקְּשׁוּת	786a
6144	עָר	786a
6145	עָר	786a
6146	עָר	1108[a]
6147	עֵר	735b
6148	עָרַב	786b
6149	עָרֵב	787a
6150	עָרַב	788a
6151	עֲרַב	1107[b]
6152	עֲרָב, עֲרַב	787b
6153	עֶרֶב	787b
6154	עֵרֶב, עֶרֶב	786a
6155	עָרָב	788a
6156	עָרֵב	787a
6157	עָרֹב	786b
6158	עֹרֵב, עוֹרֵב	788a
6159	עֹרֵב, עֹרֵב, עוֹרֵב	788a
6160	עֲרָבָה	787a
6161	עֲרֻבָּה	786b
6162	עֲרָבוֹן	786b
6163	עֲרָבִי, עַרְבִי	787a
6164	עַרְבָתִי	112b
6165	עָרַג	788a
6166	עֲרָד	788a
6167	עֲרָד	1107[b]
6168	עָרָה	788b
6169	עָרָה	788b
6170	עֲרוּגָה, עֲרֻגָה	788b
6171	עָרוֹד	789a
6172	עֶרְוָה	788b
6173	עַרְוָה	1107[b]
6174	עָרוֹם, עָרֹם	736a
6175	עָרוּם	791a
6176	עַרְעָר, עֲרוֹעֵר	792b
6177	עֲרוֹעֵר, עַרְעוֹר, עֲרֹעֵר	792b
6178	עָרוּץ	792a
6179	עֵרִי	735b
6180	עֵרִי	735b
6181	עֶרְיָה	789a
6182	עֲרִיסָה	791a
6183	עָרִיף	791b
6184	עָרִיץ	792a
6185	עֲרִירִי	792b
6186	עָרַךְ 790a,	789a
6187	עֵרֶךְ	789b
6188	עָרֵל	790b
6189	עָרֵל	790b
6190	עָרְלָה	790a
6191	עָרַם	791a
6192	עָרַם	790b
6193	עֹרֶם	791a
6194	עָרֵם, עֲרֵמָה	790b
6195	עָרְמָה	791a
6196	עַרְמוֹן	790b
6197	עֵרָן	735b
6198	עֵרָנִי	735b
6199	עַרְעָר	792b
6200	עֲרֹעֵרִי	793a
6201	עָרַף	791b
6202	עָרַף	791b
6203	עֹרֶף	791a
6204	עָרְפָּה	791b

Strong's #	Hebrew word	B-D-B pg
6205	עֲרָפֶל	791b
6206	עָרַץ	791b
6207	עָרַק	792a
6208	עַרְקִי	792a
6209	עָרַר	792b
6210	עֶרֶשׂ	793a
6211	עָשׁ	799b
6211[a]	עֲשַׂב	1108[a]
6212	עֶשֶׂב	793a
6213	עָשָׂה 796a	793b
6214	עֲשָׂהאֵל	795b
6215	עֵשָׂו	796b
6216	עָשׁוֹק	799a
6217	עָשֻׁק ,עָשׁוּק	799a
6218	עָשֹׂר ,עָשׂוֹר	797b
6219	עָשׁוֹת	799b
6220	עַשְׁוָת	798a
6221	עֲשִׂיאֵל	795b
6222	עֲשָׂיָה	795b
6223	עָשִׁיר	799a
6224	עֲשִׂירִי	798a
6225	עָשַׁן	798b
6226	עָשֵׁן	798b
6227	עָשָׁן	798b
6228	עָשָׁן 92b,	798b
6229	עָשַׂק	796b
6230	עֵשֶׂק	796b
6231	עָשַׁק	798b
6232	עֵשֶׁק	799a
6233	עֹשֶׁק	799a
6234	עָשְׁקָה	799a
6235	עֲשָׂרָה ,עֶשֶׂר	796b
6236	עַשְׂרָה ,עֲשַׂר	1108[a]
6237	עָשַׂר	797b
6238	עָשַׁר	799a
6239	עֹשֶׁר	799a
6240	עָשָׂר	797a
6241	עִשָּׂרֹן ,עִשָּׂרוֹן	798a
6242	עֶשְׂרִים	797b
6243	עֶשְׂרִי	1108[a]
6244	עָשֵׁשׁ	799b
6245	עָשַׁת	799b
6246	עֲשִׁת	1108[a]
6247	עֶשֶׁת	799b
6248	עַשְׁתּוּת	799b
6249	עַשְׁתֵּי	799b
6250	עֶשְׁתֹּנָה	799b
6251	עַשְׁתְּרָה	800a
6252	עַשְׁתָּרוֹת,	800a
	עַשְׁתָּרֹת	
6253	עַשְׁתֹּרֶת	800a
6254	עַשְׁתְּרָתִי	800b
6255	עַשְׁתְּרֹת קַרְנַיִם	800a
6256	עֵת	773a
6257	עָתַד	800b
6258	עַתָּה	773b
6259	עָתוּד	800b
6260	עַתֻּד ,עַתּוּד	800b
6261	עִתִּי	774b
6262	עַתַּי	774b
6263	עֲתִיד	1108[a]
6264	עָתִיד	800b
6265	עֲתָיָה	800b
6266	עָתִיק	801a
6267	עַתִּיק	801b
6268	עַתִּיק	1108[a]
6269	עֲתָךְ	800b
6270	עַתְלַי	800b
6271	עֲתַלְיָה,	800b
	עֲתַלְיָהוּ	
6272	עָתַם	801a
6273	עָתְנִי	801a
6274	עָתְנִיאֵל	801a
6275	עָתַק	801a
6276	עָתֵק	801a
6277	עָתָק	801a
6278	עֵת קָצִין	773b
6279	עָתַר	801b
6280	עָתַר	801b
6281	עֶתֶר	801b
6282	עָתָר	801b
6283	עֲתֶרֶת	801b
	פ	
6284	פָּאָה	802a
6285	פֵּאָה	802a
6286	פָּאַר	802a
6287	פְּאֵר	802b
6288	פֹּרָאה ,פְּאֹרָה	802b
	פֻּארָה	
6289	פָּארוּר	802b
6290	פָּארָן	803a
6291	פַּג	803a
6292	פִּגֻּל ,פִּגּוּל	803a
6293	פָּגַע	803a
6294	פֶּגַע	803b
6295	פַּגְעִיאֵל	803b
6296	פָּגַר	803b
6297	פֶּגֶר	803b
6298	פָּגַשׁ	803b
6299	פָּדָה	804a
6300	פְּדַהְאֵל	804a
6301	פְּדָהצוּר	804b
6302	פָּדוּי	804a
6303	פָּדוֹן	804a
6304	פְּדֻת ,פְּדוּת	804a
6305	פְּדָיָהוּ ,פְּדָיָה	804b
6306	פִּדְיֹם ,פִּדְיוֹם,	804a
	פִּדְיֹן ,פִּדְיוֹן	
6307	פַּדָּן,	804b
	פַּדַּן אֲרָם	
6308	פָּדַע	804b
6309	פֶּדֶר	804b
6310	פֶּה	804b
6311	פֹּו ,פֹּא ,פֹּה	805b
6312	פֻּוָּה ,פּוּאָה	806a
6313	פּוּג	806a
6314	פּוּגָה	806a
6315	פּוּחַ	806a
6316	פּוּט	806b
6317	פּוּטִיאֵל	806b
6318	פּוֹטִיפַר	806b
6319	פּוֹטִי פֶרַע	806b
6320	פּוּךְ	806b
6321	פּוֹל	806b
6322	פּוּל	806b
6323	פּוּן	806b,
	67a,	806a
6324	פּוּנִי	806a
6325	פּוּנֹן	806b
6326	פּוּעָה	806b
6327	פּוּץ	806b,
	807a,	822b
6328	פּוּק	807a
6329	פּוּק	807b
6330	פּוּקָה	807b
6331	פּוּר	830a
6332	פּוּרִים ,פּוּר,	807b
	פֻּרִים	
6333	פּוּרָה	807b
6334	פּוֹרָתָא	807b
6335	פּוּשׁ	807b
6336	פּוּתִי	807b
6337	פָּז	808a
6338	פָּזַז	808a
6339	פָּזַז	808a
6340	פָּזַר	808a
6341	פַּח	808a
6342	פָּחַד	808a
6343	פַּחַד	808a
6344	פַּחַד	808b
6345	פַּחְדָּה	808b
6346	פֶּחָה	808b
6347	פֶּחָה	1108[a]
6348	פָּחַז	808b
6349	פַּחַז	808b
6350	פַּחֲזוּת	808b
6351	פָּחַח	809a
6352	פֶּחָם	809a

Strong's #	Hebrew word	B-D-B pg
6353	פְּחָר	1108[a]
6354	פַּחַת	809a
6355	פַּחַת מוֹאָב	809a
6356	פְּחֶתֶת	809a
6357	פִּטְדָה	809a
6358	פָּטוּר	809b
6359	פָּטִיר	809b
6360	פַּטִּישׁ	809b
6361	פַּטִּישׁ	1108[a]
6362	פָּטַר	809b
6363	פֶּטֶר, פִּטְרָה	809b
6364	פִּי־בֶסֶת	809b
6365	פִּיד	810a
6366	פֵּיָה, פִּיָּה	805a
6367	פִּי הַחִרֹת	809b
6368	פִּיחַ	806a
6369	פִּילֵל	810a
6370	פִּילֶגֶשׁ, פִּלֶגֶשׁ	811a
6371	פִּימָה	810a
6372	פִּינְחָס	810a
6373	פִּינֹן	810a
6374	פִּיפִיָּה	805a
6375	פִּיק	807b
6376	פִּישׁוֹן	810a
6377	פִּיתוֹן	810a
6378	פַּךְ	810a
6379	פָּכָה	810a
6380	פֹּכֶרֶת צְבָיִים	810a
6381	פָּלָא	810b
6382	פֶּלֶא	810a
6383	פִּלְאִי, פָּלִיא	811a
6384	פַּלְאִי	811a
6385	פָּלַג	811a
6386	פְּלַג	1108[a]
6387	פְּלַג	1108[a]
6388	פֶּלֶג	811a
6389	פֶּלֶג	811a
6390	פְּלַגָּה	811a
6391	פְּלֻגָּה	811a
6392	פְּלֻגָּה	1108[b]
6393	פְּלָדָה	811b
6394	פִּלְדָּשׁ	811b
6395	פָּלָה	811b
6396	פַּלּוּא	811a
6397	פְּלוֹנִי	813b
6398	פָּלַח	812a
6399	פְּלַח	1108[b]
6400	פֶּלַח	812a
6401	פִּלְחָא	812a
6402	פָּלְחָן	1108[b]
6403	פָּלַט	812a
6404	פֶּלֶט	812a
6405	פַּלֵּט	812b
6406	פַּלְטִי	812b
6407	פַּלְטִי	112b
6408	פִּלְטַי	812b
6409	פַּלְטִיאֵל	812b
6410	פְּלַטְיָה, פְּלַטְיָהוּ	812b
6411	פְּלָאיָה, פְּלָיָה	811a
6412	פָּלִיט, פָּלֵיט, פָּלֵט	812b
6413	פְּלֵיטָה, פְּלֵטָה	812b
6414	פָּלִיל	813b
6415	פְּלִילָה	813b
6416	פְּלִילִי	813b
6417	פְּלִילִיָּה	813b
6418	פֶּלֶךְ	813a
6419	פָּלַל	813a
6420	פָּלָל	813b
6421	פְּלַלְיָה	813b
6422	פַּלְמוֹנִי	812a
6423	פְּלֹנִי	811b
6424	פָּלַס	814a
6425	פֶּלֶס	813b
6426	פָּלַץ	814a
6427	פַּלָּצוּת	814a
6428	פָּלַשׁ	814a
6429	פְּלֶשֶׁת	814a
6430	פְּלִשְׁתִּי	814a
6431	פֶּלֶת	814b
6432	פְּלֵתִי	814b
6433	פֻּם	1108[b]
6434	פֵּן	819b
6435	פֵּן	814b
6436	פַּנַּג	815a
6437	פָּנָה	815a
6438	פִּנָּה	819b
6439	פְּנוּאֵל, פְּנִיאֵל	819b
6440	פָּנֶה, פָּנִים	815b
6441	פְּנִימָה	819a
6442	פְּנִימִי	819a
6443	פָּנִי, פָּנִין	819b
6444	פְּנִנָּה	819b
6445	פָּנַק	819b
6446	פַּס	821a
6447	פַּס	1108[b]
6448	פָּסַג	819b
6449	פִּסְגָּה	820a
6450	פַּס דַּמִּים	67b
6451	פִּסָּה	821a
6452	פָּסַח	820a
6453	פֶּסַח	820a
6454	פָּסֵחַ	820b
6455	פִּסֵּחַ	820b
6456	פְּסִיל	820b
6457	פָּסַךְ	820b
6458	פָּסַל	820b
6459	פֶּסֶל	820b
6460	פְּסַנְטֵרִין, פְּסַנְתֵּרִין	1108[b]
6461	פָּסַס	821a
6462	פִּסְפָּה	821a
6463	פָּעָה	821a
6464	פָּעוּ, פָּעִי	821a
6465	פְּעוֹר	822a
6466	פָּעַל	821a
6467	פֹּעַל	82ab
6468	פְּעֻלָּה	821b
6469	פְּעֻלְּתַי	821b
6470	פָּעַם	821b
6471	פַּעַם, פַּעֲמָה	821b
6472	פַּעֲמֹן	822a
6473	פָּעַר	822a
6474	פַּעֲרַי	822a
6475	פָּצָה	822b
6476	פָּצַח	822b
6477	פְּצִירָה	823a
6478	פָּצַל	822b
6479	פְּצָלָה	822b
6480	פָּצַם	822b
6481	פָּצַע	822b
6482	פֶּצַע	822b
6483	פִּצֵּץ	823a
6484	פָּצַר	823a
6485	פָּקַד 824a,	823a
6486	פְּקֻדָּה	824a
6487	פִּקָּדוֹן	824b
6488	פְּקִדֻת	824a
6489	פְּקוֹד	824b
6490	פִּקּוּד, פִּקֻּד	824a
6491	פָּקַח	824b
6492	פֶּקַח	824b
6493	פִּקֵּחַ	824b
6494	פְּקַחְיָה	824b
6495	פְּקַח־קוֹחַ	824b
6496	פָּקִיד	824a
6497	פֶּקַע	825a
6498	פַּקֻּעָה	825a
6499	פַּר, פָּר	830b
6500	פָּרָא	826a
6501	פֶּרֶא, פֶּרֶה	825a
6502	פִּרְאָם	825a
6503	פַּרְבָּר, פַּרְוָר	826b
6504	פָּרַד	825a
6505	פֶּרֶד	825b

Strong's #	Hebrew word	B-D-B pg
6506	פִּרְדָּה	825b
6507	פִּרְדָּה	825b
6508	פַּרְדֵּס	825b
6509	פָּרָה	826a
6510	פָּרָה	831a
6511	פָּרָה	831a
6512	פָּרָה	344a
6513	פֻּרָה	826b
6514	פְּרוּדָא, פְּרִידָא	825b
6515	פָּרוּחַ	827b
6516	פַּרְוַיִם	826b
6517	פָּרוּר	807b
6518	פָּרָז	826b
6519	פְּרָזָה	826b
6520	פְּרָזוֹן	826b
6521	פְּרָזִי, פְּרוֹזִי	826b
6522	פְּרִזִּי	827a
6523	פַּרְזֶל	1108b
6524	פָּרַח 827b,	827a
6525	פֶּרַח	827a
6526	פִּרְחַח	827a
6527	פָּרַט	827b
6528	פֶּרֶט	827b
6529	פְּרִי	826a
6530	פָּרִיץ	829b
6531	פֶּרֶךְ	827b
6532	פָּרֹכֶת	827b
6533	פָּרַם	827b
6534	פַּרְמַשְׁתָּא	828a
6535	פַּרְנָךְ	828a
6536	פָּרַס	828a
6537	פְּרַס	1108b
6538	פֶּרֶס	828a
6539	פָּרַס	828a
6540	פָּרַס	1108b
6541	פַּרְסָה	828a
6542	פַּרְסִי	828a
6543	פַּרְסִי	1108b
6544	פָּרַע	828b
6545	פֶּרַע	828b
6546	פַּרְעָה	828b
6547	פַּרְעֹה	829a
6548	פַּרְעֹה חָפְרַע	344a
6549	פַּרְעֹה נְכֹה, פַּרְעֹה נְכוֹ	647a
6550	פַּרְעֹשׁ	829a
6551	פַּרְעֹשׁ	829a
6552	פִּרְעָתוֹן	828b
6553	פִּרְעָתוֹנִי, פִּרְעָתֹנִי	828b
6554	פַּרְפַּר	829a
6555	פָּרַץ	829a
6556	פֶּרֶץ	829b
6557	פֶּרֶץ	829b
6558	פַּרְצִי	829b
6559	פְּרָצִים	829b
6560	פֶּרֶץ עֻזָּא	829b
6561	פָּרַק	830a
6562	פְּרַק	1108b
6563	פֶּרֶק	830a
6564	פָּרָק	830a
6565	פָּרַר	830a
6566	פָּרַשׂ	831a
6567	פָּרָשׁ	831b
6568	פְּרַשׁ	1109a
6569	פֶּרֶשׁ	831b
6570	פֶּרֶשׁ	831b
6571	פָּרָשׁ	832a
6572	פַּרְשֶׁגֶן, פַּתְשֶׁגֶן	832a, 837b
6573	פַּרְשֶׁגֶן	1109a
6574	פַּרְשְׁדֹן	832a
6575	פָּרָשָׁה	831b
6576	פַּרְשֵׁז	831b
6577	פַּרְשַׁנְדָּתָא	832a
6578	פְּרָת	832a
6579	פַּרְתְּם	832b
6580	פַּשׁ	832b
6581	פָּשָׂה	832b
6582	פָּשַׁח	832b
6583	פַּשְׁחוּר	832b
6584	פָּשַׁט	832b
6585	פָּשַׂע	833a
6586	פָּשַׁע	833a
6587	פֶּשַׂע	832b
6588	פֶּשַׁע	833a
6589	פָּשַׂק	832b
6590	פְּשַׁר	1109a
6591	פְּשַׁר	1109a
6592	פֵּשֶׁר	833b
6593	פִּשְׁתֶּה	833b
6594	פִּשְׁתָּה	834a
6595	פַּת	837b
6596	פֹּת, פֹּתָה	834a
6597	פִּתְאוֹם, פִּתְאֹם	837a
6598	פַּתְבַּג	834a
6599	פִּתְגָם	834a
6600	פִּתְגָם	1109a
6601	פָּתָה 834b,	834a
6602	פְּתוּאֵל	834b
6603	פִּתּוּחַ, פִּתֻּחַ	836b
6604	פְּתוֹר	834b
6605	פָּתַח 836a,	834b
6506	פִּרְדָּה	825b
6607	פֶּתַח	835b
6608	פְּתַח	836a
6609	פְּתִחָה	836a
6610	פִּתְחוֹן	836a
6611	פְּתַחְיָה	836a
6612	פֶּתִי, פְּתִי, פְּתָאִי	834a
6613	פְּתַי	1109a
6614	פְּתִיגִיל	836b
6615	פְּתַיּוּת	834b
6616	פָּתִיל	836b
6617	פָּתַל	836b
6618	פְּתַלְתֹּל	836b
6619	פִּתֹם	837a
6620	פֶּתֶן	837a
6621	פֶּתַע	837a
6622	פָּתַר	837b
6623	פִּתְרוֹן, פִּתְרֹן	837b
6624	פַּתְרוֹס	837b
6625	פַּתְרֻסִי	837b
6626	פָּתַת	837b
	צ	
6627	צֵאָה	844a
6628	צֶאֱל	838a
6629	צֹאן, צאון	838a
6630	צַאֲנָן	838b
6631	צֶאֱצָא	425b
6632	צָב	839b
6633	צָבָא	838b
6634	צְבָא	1109a
6635	צָבָא, צְבָאָה	838b
6636	צְבֹאִים, צְבִיִּם, צְבֹיִים	840a
6637	צֹבֵבָה	839b
6638	צָבָה	839b
6639	צָבֶה	839b
6640	צְבוּ	1109b
6641	צָבוּעַ	840b
6642	צָבַט	840a
6643	צְבִי	840a
6644	צִבְיָא	840a
6645	צִבְיָה	840a
6646	צְבִיָּה	840a
6647	צְבַע	1109b
6648	צֶבַע	840b
6649	צִבְעוֹן	840b
6650	צְבֹעִים	840b
6651	צָבַר	840b
6652	צִבֻּר	840b
6653	צֶבֶת	841a
6654	צַד	841a

Strong's #	Hebrew word	B-D-B pg
6655	צַד	1109^b
6656	צְדָא	1109^b
6657	צְדָד	841a
6658	צָדָה	841a
6659	צָדוֹק	843a
6660	צְדִיָּה	841a
6661	צִדִּים	841a
6662	צַדִּיק	843a
6663	צָדַק	842b
6664	צֶדֶק	841b
6665	צִדְקָה	1109^b
6666	צְדָקָה	842a
6667	צִדְקִיָּה, צִדְקִיָּהוּ	843a
6668	צָהַב	843b
6669	צָהֹב	843b
6670	צָהַל	843b
6671	צָהַר	844a
6672	צֹהַר 843b,	844a
6673	צַו, צָו	846b
6674	צוֹא	
	צֹא	844a
6675	צֹאָה, צוֹאָה	1109^b
	עַוָּאר	1109^b
6677	צַוָּר, צַוָּאר, צַוָּארֹה, צַוָּרֹן	848a
6678	צוֹבָה, צוֹבָא, צֹבָה	844a
6679	צוּד	844b
6680	צָוָה	845a
6681	צָוַח	846b
6682	צְוָחָה	846b
6683	צוּלָה	846b
6684	צוּם	847a
6685	צֹם, צוֹם	847a
6686	צוּעָר	859a
6687	צוּף	847a
6688	צוּף	847a
6689	צִיף, צוֹפַי, צוּף	847b
6690	צוֹפַח	860b
6691	צוֹפַר	862a
6692	צוּץ	847b
6693	צוּק	847b
6694	צוּק	848a
6695	צוֹקָה, צוֹק	848b
6696	צוּר 848b,	849a
6697	צֻר, צוּר	849b
6698	צוּר	849b
6699	צוּרָה	849a
6700	צוּרִיאֵל	849b
6701	צוּרִישַׁדַּי	849b
6702	צוּת	428a
6703	צַח	850a
6704	צִחֶה	850a
6705	צָחַח	850a
6706	צְחִיחַ	850a
6707	צְחִיחָה	850a
6708	צְחִיחִי	850a
6709	צַחֲנָה	850a
6710	צַחְצָחָה	850a
6711	צָחַק	850a
6712	צְחֹק	850a
6713	צַחַר	850b
6714	צֹחַר	850b
6715	צָחֹר	850b
6716	צִי	850b
6717	צִיבָא	850b
6718	צַיִד 844b,	845a
6719	צַיָּד	844b
6720	צֵדָה, צֵידָה	845a
6721	צִידֹן, צִידוֹן	850b
6722	צִדֹנִי, צִידֹנִי	851a
6723	צִיָּה	851a
6724	צָיוֹן	851a
6725	צִיּוּן	846a
6726	צִיּוֹן	851a
6727	צִחָא, צִיחָא	851b
6728	צִיִּי	850b
6729	צִינֹק	857a
6730	צִיעֹר	859a
6731	צִיץ, צִץ	847b, 851b
6732	צִיץ	851b
6733	צִיצָה	847b
6734	צִיצִת	851b
6735	צִיר 851b,	852a
6736	צִיר	849b
6737	צָיַר	845a
6738	צֵל	853a
6739	צְלָא	1109^b
6740	צָלָה	852a
6741	צִלָּה	853b
6742	צְלוּל	853b
6743	צָלֵחַ, צָלַח	852a
6744	צְלַח	1109^b
6745	צֵלָחָה	852b
6746	צְלֹחִית	852b
6747	צַלַּחַת	852b
6748	צָלִי	852a
6749	צָלַל	853a
6750	צָלַל	852b
6751	צָלַל	853a
6752	צֵלֶל	853a
6753	צְלֶלְפּוֹנִי	853b
6754	צֶלֶם	853b
6755	צְלֵם, צֶלֶם	1109^b
6756	צַלְמוֹן	854a
6757	צַלְמָוֶת	853b
6758	צַלְמֹנָה	854a
6759	צַלְמֻנָּע	854a
6760	צָלַע	854a
6761	צֶלַע	854b
6762	צֶלַע	854a
6763	צַלְעָה, צֵלָע	854a
6764	צָלָף	854b
6765	צְלָפְחָד	854b
6766	צֶלְצַח	854b
6767	צְלָצַל	852b
6768	צֶלֶק	854b
6769	צִלְּתַי	853b
6770	צָמֵא	854b
6771	צָמֵא	854b
6772	צָמָא	854b
6773	צִמְאָה	854b
6774	צִמָּאוֹן	855a
6775	צָמַד	855a
6776	צֶמֶד	855a
6777	צַמָּה	855b
6778	צַמּוּק	856a
6779	צָמַח	855a
6780	צֶמַח	855b
6781	צָמִד, צָמִיד	855a
6782	צַמִּים	855b
6783	צְמִיתֻת, צְמִתֻת	856b
6784	צָמַק	855b
6785	צֶמֶר	856a
6786	צְמָרִי	856a
6787	צְמָרַיִם	856a
6788	צַמֶּרֶת	856a
6789	צָמַת	856a
6790	צִן	856a
6791	צֵן	856b
6792	צֹנֶה, צֹנֵא	856b
6793	צִנָּה 856b,	857a
6794	צִנּוּר	857b
6795	צָנַח	856b
6796	צָנִן, צָנִין	856b
6797	צָנוֹף, צָנִיף, צְנִיפָה	857a
6798	צָנַם	856b
6799	צְנָן	838b
6800	צָנַע	857a
6801	צָנַף	857a
6802	צְנֵפָה	857a
6803	צִנְצֶנֶת	857a
6804	צַנְתָּרָה	857b
6805	צָעַד	857b
6806	צַעַד	857b

Strong's #	Hebrew word	B-D-B pg
6807	צְעָדָה	857b
6808	צָעָה	857b
6809	צָעִיף	858a
6810	צָעִיר, צָעוֹר	859a
6811	צָעִיר	859a
6812	צְעִירָה	859a
6813	צָעַן	858a
6814	צֹעַן	858a
6815	צַעֲנַנִּים,	858a
	צַעֲנַיִם	130b
6816	צַעְצֻעַ	847a
6817	צָעַק	858a
6818	צַעֲקָה	858b
6819	צָעַר	858b
6820	צֹעַר	858a
6821	צָפַד	859a
6822	צָפָה	859a
6823	צָפָה	860a
6824	צָפָה	847b
6825	צְפוֹ, צְפִי	859b
6826	צִפּוּי	859a,
		860a
6827	צְפוֹן	859b
6828	צָפוֹן, צָפֹן	860b
6829	צָפוֹן	861a
6830	צְפוֹנִי	861a
6831	צְפוֹנִי	859b
6832	צְפוּעַ	861b
6833	צִפּוֹר, צִפֹּר	861b
6834	צִפּוֹר	862a
6835	צַפַּחַת	860a
6836	צְפִיָּה	859b
6837	צִפְיוֹן	859b
6838	צַפִּיחִת	860b
6839	צֹפִים	859b
6840	צָפִין	860b
6841	צְפִיר	1110[a]
6842	צָפִיר	862a
6843	צְפִירָה	862a
6844	צָפִית	860a
6845	צָפַן	860b
6846	צְפַנְיָה,	861a
	צְפַנְיָהוּ	
6847	צָפְנַת פַּעְנֵחַ	861a
6848	צֶפַע,	861b
	צִפְעֹנִי	
6849	צְפִעָה	861b
6850	צָפַף	861b
6851	צַפְצָפָה	861b
6852	צָפַר	861b
6853	צְפַר	1110[a]
6854	צְפַרְדֵּעַ	862b
6855	צִפֹּרָה	862a
6856	צִפֹּרֶן	862a
6857	צְפַת	862b
6858	צֶפֶת	860a
6859	צְפָתָה	862b
6860	צִקְלַג, צִיקְלַג	862b
6861	צִקְלֹן	862b
6862	צַר, צָר	865a,
6863	צֵר	862b
6864	צֹר	866a
6865	צֹר, צוֹר	862b
6866	צָרַב	863a
6867	צָרֶבֶת	863a
6868	צְרֵדָה,	863a,
	צְרֵדָתָה	866b
6869	צָרָה 865a,	865b
6870	צְרוּיָה	863a
6871	צְרוּעָה	864a
6872	צְרוֹר, צְרֹר	865b
		866a
6873	צָרַח	863b
6874	צְרִי	863a
6875	צְרִי, צֳרִי	863a
6876	צֹרִי	863a
6877	צְרִיחַ	863b
6878	צֹרֶךְ	863b
6879	צָרַע	863b
6880	צִרְעָה	864a
6881	צָרְעָה	864a
6882	צָרְעִי, צָרְעָתִי	864a
6883	צָרַעַת	863b
6884	צָרַף	864a
6885	צֹרְפִי	864b
6886	צָרְפַת	864b
6887	צָרַר 864b,	865a
6888	צְרֵרָה	866b
6889	צֶרֶת	866b
6890	צֶרֶת הַשַּׁחַר	866b
6891	צָרְתָן	866b
	ק	
6892	קָא, קִיא	883b
6893	קָאַת	866a
6894	קַב	866a
6895	קָבַב	866b
6896	קֵבָה	867a
6897	קֹבָה	867a
6898	קֻבָּה	866b
6899	קִבּוּץ	868a
6900	קְבוּרָה,	869a
	קְבֻרָה	
6901	קָבַל	867a
6902	קְבַל	1110[a]
6903	קֳבֵל, קֳבֵל	1110[a]
6904	קֹבֶל	867a
6905	קָבָל	867a
6906	קָבַע	867a
6907	קֻבַּעַת	867b
6908	קָבַץ	867b
6909	קַבְצְאֵל	868a
6910	קְבֻצָה	868a
6911	קִבְצַיִם	868a
6912	קָבַר	868a
6913	קֶבֶר, קִבְרָה	868b
6914	קִבְרוֹת הַתַּאֲוָה	869a
6915	קָדַד	869a
6916	קִדָּה	869a
6917	קָדוּם	870b
6918	קָדוֹשׁ, קָדֹשׁ	872b
6919	קָדַח	869a
6920	קַדַּחַת	869a
6921	קָדִים, קָדִם	870a
6922	קַדִּישׁ	1110[b]
6923	קָדַם	869b
6924	קֶדֶם,	869b
	קֵדְמָת	870a
6925	קֳדָם, קְדָם	1110[a]
6926	קִדְמָה	870a
6927	קַדְמָה	870a
6928	קַדְמָה	1110[b]
6929	קֵדְמָה	870a
6930	קַדְמוֹן	870b
6931	קַדְמוֹנִי,	870b
	קַדְמֹנִי	
6932	קְדֵמוֹת	870b
6933	קַדְמַי	1110[b]
6934	קַדְמִיאֵל	870b
6935	קַדְמֹנִי	870b
6936	קָדְקֹד	869a
6937	קָדַר	871a
6938	קֵדָר	871a
6939	קִדְרוֹן	871a
6940	קַדְרוּת	871a
6941	קְדֹרַנִּית	871a
6942	קָדַשׁ	872b
6943	קֶדֶשׁ	873b
6944	קֹדֶשׁ	871b
6945	קָדֵשׁ	873b
6946	קָדֵשׁ	873b
6947	קָדֵשׁ בַּרְנֵעַ	874a
6948	קְדֵשָׁה	873b
6949	קָהָה	874a
6950	קָהַל	874b
6951	קָהָל	874b
6952	קְהִלָּה	875a
6953	קֹהֶלֶת	875a
6954	קְהֵלָתָה	875a

Strong's #	Hebrew word	B-D-B pg
6955	קְהָת	875a
6956	קְהָתִי	875b
6957	קַו, קָו 875b,	876a
6958	קָיָה, קוֹא	883b
6959	קוֹבַע	875b
6960	קָוָה 875b,	876a
6961	קָוֶה	876a
6962	קוּט	876a
6963	קֹל, קוֹל 876a	887a
6964	קוֹלָיָה	877a
6965	קוּם 525b	877b
6966	קוּם	1110[b]
6967	קוֹמָה	879a
6968	קוֹמְמִיּוּת	879a
6969	קוּן	884a
6970	קוֹעַ	880b
6971	קֹף, קוֹף	880b
6972	קוּץ	884b
6973	קוּץ	880b
6974	קוּץ	884b
6975	קֹץ, קוֹץ	881a
6976	קוֹץ	881a
6977	קְוֻצָּה	881a
6978	קַו־קַו	876a
6979	קוּר 903a	881a
6980	קוּר	881b
6981	קֹרֵא, קוֹרֵא	896b
6982	קֹרָה, קוֹרָה	900a
6983	קוֹשׁ	881b
6984	קוּשָׁיָהוּ	881b
6985	קַט	881b
6986	קֶטֶב	881b
6987	קֹטֶב	881b
6988	קְטוֹרָה	882b
6989	קְטוּרָה	882b
6990	קָטַט	876b
6991	קָטַל	881b
6992	קְטַל	1111[a]
6993	קֶטֶל	881b
6994	קָטֹן	881b
6995	קֹטֶן	882a
6996	קָטָן, קָטֹן	881b
6997	קָטָן	882a
6998	קָטַף	882a
6999	קָטַר 882b,	883a
7000	קָטַר	883a
7001	קְטַר	1111[a]
7002	קִטֵּר	883a
7003	קִטְרוֹן	883b
7004	קְטֹרֶת	882b
7005	קַטָּת	883b
7006	קָיָה	883b
7007	קִיט	1111[a]
7008	קִיטֹר, קִיטוֹר	882b
7009	קִים	879b
7010	קְיָם	1111[a]
7011	קַיָּם	1111[a]
7012	קִימָה	879b
7013	קַיִן	883b
7014	קַיִן 883b,	884a
7015	קִינָה	884a
7016	קִינָה	884a
7017	קֵינִי, קִינִי	884a
7018	קֵינָן	884a
7019	קַיִץ	884b
7020	קִיצוֹן	894a
7021	קִיקָיוֹן	884b
7022	קִיקָלוֹן	887a
7023	קִר, קִיר, קִירָה	885a
7024	קִיר	885a
7025	קִיר חֶרֶשׂ, קִיר חֲרֶשֶׂת	885a
7026	קֵרֹס, קֵירֹס	902a
7027	קִישׁ	885b
7028	קִישׁוֹן	885b
7029	קִישִׁי	881b
7030	קִיתָרֹס	1111[a]
7031	קַל	886b
7032	קָל	1110[b]
7033	קָלָה	885b
7034	קָלָה	885b
7035	קָלַהּ	874b
7036	קָלוֹן	885b
7037	קַלַּחַת	886a
7038	קָלַט	886a
7039	קָלִיא, קָלִי	885b
7040	קַלַּי	887a
7041	קְלָיָה	886a
7042	קְלִיטָא	886a
7043	קָלַל	886a
7044	קָלָל	887a
7045	קְלָלָה	887a
7046	קָלַס	887a
7047	קֶלֶס	887a
7048	קַלָּסָה	887a
7049	קָלַע 887a,	887b
7050	קֶלַע	887b
7051	קַלָּע	887b
7052	קְלֹקֵל	887a
7053	קִלְּשׁוֹן	887b
7054	קָמָה	879a
7055	קְמוּאֵל	887b
7056	קָמוֹן	879b
7057	קִמּוֹשׂ, קִימוֹשׂ	888a
7058	קֶמַח	887b
7059	קָמַט	888a
7060	קָמַל	888a
7061	קָמַץ	888a
7062	קֹמֶץ	888a
7063	קִמָּשׁוֹן	888a
7064	קֵן	890a
7065	קָנָא	888b
7066	קְנָא	1111[a]
7067	קַנָּא	888b
7068	קִנְאָה	888a
7069	קָנָה	888b
7070	קָנֶה	889b
7071	קָנָה	889b
7072	קַנּוֹא	888b
7073	קְנַז	889b
7074	קְנִזִּי	889b
7075	קִנְיָן	889a
7076	קִנָּמוֹן	890a
7077	קָנַן	890a
7078	קֶנֶץ	890a
7079	קְנָת	890a
7080	קָסַם	890b
7081	קֶסֶם	890a
7082	קָסַס	890b
7083	קֶסֶת	903b
7084	קְעִילָה	890b
7085	קַעֲקַע	891a
7086	קְעָרָה	891a
7087	קָפָא	891a
7088	קָפַד	891a
7089	קְפָדָה	891b
7090	קִפֹּד, קִפּוֹד	891a
7091	קִפּוֹז	891b
7092	קָפַץ	891b
7093	קֵץ	893b
7094	קָצַב	891b
7095	קֶצֶב	891b
7096	קָצָה	891b
7097	קָצָה, קֵצֶה	892a, 892b
7098	קָצָה	892a
7099	קִצְוָה, קֶצֶו	892b
7100	קֶצַח	892b
7101	קָצִין	892b
7102	קְצִיעָה	893a
7103	קְצִיעָה	893a
7104	קְצִיץ	894a
7105	קָצִיר	894b
7106	קָצַע 892b,	893a
7107	קָצַף	893a
7108	קְצַף	1111[b]
7109	קְצַף	1111[b]

Strong's #	Hebrew word	B-D-B pg
7110	קֶצֶף	893b
7111	קְצָפָה	893b
7112	קָצַץ	893b
7113	קְצַץ	894a
7114	קָצַר	894a
7115	קֹצֶר	894a
7116	קָצֵר	894a
7117	קְצָת	892b
7118	קְצָת	1111[b]
7119	קַר	903a
7120	קֹר	903a
7121	קָרָא	894b
7122	קָרָא	896b
7123	קְרָא	1111[b]
7124	קֹרֵא	896b
7125	קִרְאָה	896b
7126	קָרַב	897a
7127	קְרֵב	1111[b]
7128	קְרָב	898a
7129	קְרָב	1111[b]
7130	קֶרֶב	899a
7131	קָרֵב	898a
7132	קְרָבָה	898a
7133	קָרְבָּן, קֻרְבָּן	898b
7134	קַרְדֹּם	899b
7135	קָרָה	903a
7136	קָרָה 899b,	900a
7137	קָרֶה	899b
7138	קָרֹב, קָרוֹב	898a
7139	קָרַח	901a
7140	קֶרַח, קֹרַח	901b
7141	קֹרַח	901a
7142	קֵרֵחַ	901a
7143	קָרֵחַ	901a
7144	קָרְחָה, קָרְחָא	901a
7145	קָרְחִי	901b
7146	קָרַחַת	901a
7147	קְרִי	899b
7148	קָרִיא	896b
7149	קִרְיָא, קִרְיָה	1111[b]
7150	קְרִיאָה	896b
7151	קִרְיָה	900a
7152	קְרִיּוֹת	901a
7153	קִרְיַת אַרְבַּע קִרְיַת הָאַרְבַּע	900a
7154	קִרְיַת בַּעַל	900b
7155	קִרְיַת חֻצוֹת	900b
7156	קִרְיָתַיִם	900a
7157	קִרְיַת יְעָרִים, קִרְיַת עָרִים	900b
7158	קִרְיַת סַנָּה קִרְיַת סֵפֶר	900b
7159	קָרַם	901b
7160	קָרַן	902a
7161	קֶרֶן 901a,	902a
7162	קֶרֶן	1111[b]
7163	קֶרֶן הַפּוּךְ	902a
7164	קָרַס	902a
7165	קֶרֶס	902a
7166	קַרְסֹל	902a
7167	קָרַע	902a
7168	קֶרַע	902b
7169	קָרַץ	902b
7170	קְרַץ	1111[b]
7171	קֶרֶץ	903a
7172	קַרְקַע	903a
7173	קַרְקַע	903a
7174	קַרְקֹר	903a
7175	קֶרֶשׁ	903b
7176	קֶרֶת	900b
7177	קַרְתָּה	900b
7178	קַרְתָּן	900a
7179	קַשׁ	905b
7180	קִשֻּׁא	903b
7181	קָשַׁב	904a
7182	קֶשֶׁב	904a
7183	קַשָּׁב קַשֻּׁב	904a
7184	קָשָׂה, קַשְׂוָה	903b
7185	קָשָׁה	904a
7186	קָשֶׁה	904h
7187	קְשׁוֹט, קְשֹׁט	1112[a]
7188	קָשַׁח	905a
7189	קֹשֶׁט, קֹשְׁטְ	905a
7190	קְשִׁי	904b
7191	קִשְׁיוֹן	904b
7192	קְשִׂיטָה	903b
7193	קַשְׂקֶשֶׂת	903b
7194	קָשַׁר	905a
7195	קֶשֶׁר	905b
7196	קִשֻּׁר	905b
7197	קָשַׁשׁ	905b
7198	קֶשֶׁת	905b
7199	קַשָּׁת	906b
	ר	
7200	רָאָה	906a
7201	רָאָה	178b
7202	רָאֶה	909a
7203	רֹאֶה	909a
7204	רֹאֵה	909a
7205	רְאוּבֵן	910a
7206	רְאוּבֵנִי	910a
7207	רַאֲוָה 906b,	908a
7208	רְאוּמָה	910a
7209	רְאִי	909a
7210	רֳאִי	909a
7211	רְאָיָה	909b
7212	רְאִית	909a
7213	רָאַם	910a
7214	רְאֵם, רְאֵים, רֵים, רֵם	910a
7215	רָאמָה	910b
7216	רָאמוֹת, רָאמֹת	928a
7217	רֵאשׁ	1112[a]
7218	רֹאשׁ	910b
7219	רֹאשׁ, רוֹשׁ	912b
7220	רֹאשׁ	912b
7221	רִאשָׁה	911b
7222	רֹאשָׁה	911b
7223	רִאשׁוֹן, רִאשֹׁן	911b
7224	רִאשֹׁנִי	912a
7225	רֵאשִׁית	912a
7226	רַאֲשֹׁת	912a
7227	רַב 912b,	913b
7228	רַב	914b
7229	רַב	1112[a]
7230	רֹב	913b
7231	רָבַב	912b
7232	רָבַב	914b
7233	רְבָבָה	914a
7234	רָבַד	914b
7235	רָבָה 915a,	916b
7236	רְבָה	1112[a]
7237	רַבָּה	913b
7238	רְבוּ	1112[b]
7239	רִבּוֹ, רִבּוֹא	914a
7240	רִבּוֹ	1112[a]
7241	רָבִיב	914b
7242	רָבִיד	914b
7243	רְבִיעִי, רְבִעִי	917b
7244	רְבִיעַי	1112[b]
7245	רַבִּית	914b
7246	רָבַךְ	916b
7247	רִבְלָה	916b
7248	רַב־מָג 550a	913b
7249	רַב־סָרִיס	913b
7250	רָבַע	918a
7251	רָבַע	917b
7252	רֶבַע	918a
7253	רֶבַע	917b
7254	רֶבַע	918a
7255	רֹבַע	917b
7256	רִבֵּעַ	918a
7257	רָבַץ	918a
7258	רֵבֶץ	918b
7259	רִבְקָה	918b

Strong's #	Hebrew word	B-D-B pg
7260	רַבְרַב	1112[a]
7261	רַבְרְבָן	1112[a]
7262	רַבְשָׁקֵה	913b
7263	רֶגֶב	918b
7264	רָגַז	919a
7265	רְגַז	1112[b]
7266	רְגַז	1112[b]
7267	רַגָּז	919b
7268	רֹגֶז	919b
7269	רָגְזָה	919b
7270	רָגַל	920a
7271	רְגַל	1112[b]
7272	רֶגֶל	919b
7273	רַגְלִי	920a
7274	רֹגְלִים	920b
7275	רָגַם	920b
7276	רֶגֶם	920b
7277	רִגְמָה	920b
7278	רֶגֶם מֶלֶךְ	920b
7279	רָגַן	920b
7280	רָגַע 920b,	921a
7281	רֶגַע	921a
7282	רָגֵעַ	921a
7283	רָגַשׁ	921b
7284	רְגַשׁ	1112[b]
7285	רֶגֶשׁ, רִגְשָׁה	921b
7286	רָדַד	921b
7287	רָדָה 921b,	922a
7288	רַדַּי	921b
7289	רְדִיד	921b
7290	רָדַם	922a
7291	רָדַף	922b
7292	רָהַב	923b
7293	רַהַב	923b
7294	רַהַב	923b
7295	רָהָב	923a
7296	רֹהַב	923a
7297	רָהָה 436b	923b
7298	רַהַט	923b
7299	רֵו	1112[a]
7300	רוּד	923b
7301	רָוָה	924a
7302	רָוֶה	924a
7303	רוֹהֲגָה	923b
7304	רָוַח	926a
7305	רֶוַח	926b
7306	רוּחַ	926a
7307	רוּחַ	924b
7308	רוּחַ	1112[b]
7309	רְוָחָה	926b
7310	רְוָיָה	924a
7311	רוּם 926b,	942b
7312	רוּם, רֻם	927b
7313	רוּם	1112[b]
7314	רוּם	1112[b]
7315	רוֹם	927b
7316	רוֹמָה	928a
7317	רוֹמָה	928a
7318	רוֹמָם	928b
7319	רוֹמְמָה	928b
7320	רוֹמַמְתִּי עֶזֶר, רֹמַמְתִּי	928b
7321	רוּעַ	929b
7322	רוּף	952b
7323	רוּץ	930a
7324	רוּק	937b
7325	רוּר	938a
7326	רוּשׁ	930b
7327	רוּת	946b
7328	רָז	1112[b]
7329	רָזָה	930b
7330	רָזֶה	931a
7331	רָזוֹן	931a
7332	רָזוֹן	931a
7333	רְזוֹן	931a
7334	רָזִי	931a
7335	רָזַם	931a
7336	רָזַן	931a
7337	רָחַב	931a
7338	רַחַב	931b
7339	רְחֹב, רְחוֹב	932a
7340	רְחֹב, רְחוֹב	932a
7341	רֹחַב	931b
7342	רָחָב	932a
7343	רָחָב	932a
7344	רְחֹבוֹת, רְחֹבֹת	932b
7345	רְחַבְיָה, רְחַבְיָהוּ	932b
7346	רְחַבְעָם	932b
7347	רֵחֶה	932b
7348	רְחוּם 1113a	933b
7349	רַחוּם	933b
7350	רָחֹק, רָחוֹק	935a
7351	רְחִיט	923b
7352	רַחִיק	1113[a]
7353	רָחֵל	932b
7354	רָחֵל	932b
7355	רָחַם	933b
7356	רַחַם	933a
7357	רַחַם	933b
7358	רֶחֶם	933a
7359	רְחֵם	1113[a]
7360	רָחָם, רָחָמָה	934a
7361	רַחֲמָה	933a
7362	רַחֲמָנִי	933b
7363	רָחַף	934a
7364	רָחַץ	934a
7365	רְחַץ	1113[a]
7366	רַחַץ	934b
7367	רַחְצָה	934b
7368	רָחַק	934b
7369	רָחֵק	935a
7370	רָחַשׁ	935b
7371	רַחַת	935b
7372	רָטַב	936a
7373	רָטֹב	936a
7374	רֶטֶט	936a
7375	רֻטֲפַשׁ	936a
7376	רָטַשׁ	936a
7377	רִי	924a
7378	רִיב, רוּב	936a
7379	רִיב, רִב	936b
7380	רִיבַי	937a
7381	רֵיחַ	926a
7382	רֵיחַ	1112[b]
7383	רִיפָה, רִפָה	931b
7384	רִיפַת 193b	937b
7385	רִיק	938a
7386	רֵיק, רֵק	938a
7387	רֵיקָם	938a
7388	רִיר	938b
7389	רֵאשׁ, רֵישׁ, רִישׁ	930b
7390	רַךְ	940a
7391	רֹךְ	940a
7392	רָכַב	938b
7393	רֶכֶב	939a
7394	רֵכָב	939a
7395	רַכָּב	939a
7396	רִכְבָּה	939a
7397	רֵכָה	939b
7398	רְכוּב	939b
7399	רְכֻשׁ, רְכוּשׁ	940b
7400	רָכִיל	940b
7401	רָכַךְ	939b
7402	רָכַל	940a
7403	רָכָל	940a
7404	רְכֻלָּה	940a
7405	רָכַס	940b
7406	רֶכֶס	940b
7407	רֹכֶס	940b
7408	רָכַשׁ	940b
7409	רֶכֶשׁ	940b
7410	רָם	928a
7411	רָמָה	741a
7412	רְמָה	1113[a]
7413	רָמָה	928a
7414	רָמָה	928a

Strong's #	Hebrew word	B-D-B pg
7415	רִמָּה	942b
7416	רִמֹּן, רִמּוֹן	941b
7417	רִמּוֹן, רִמֹּן	942a
	רִמּוֹנוֹ	
7418	רָמוֹת־נֶגֶב,	928a
	רָמַת נֶגֶב	928b
7419	רָמוֹת	928b
7420	רֹמַח	942a
7421	רַמִּי	74b
7422	רְמִיָּה	941b
7423	רְמִיָּה 941a,	941b
7424	רַמָּךְ	942b
7425	רְמַלְיָהוּ	942a
7426	רָמַם	942b
7427	רֹמֵמֻת	942b
7428	רִמֹּן פֶּרֶץ	942a
7429	רָמַס	942b
7430	רָמַשׂ	942b
7431	רֶמֶשׂ	943a
7432	רֶמֶת	928b
7433	רָמֹת גִּלְעָד,	928a
	רָמוֹת	
7434	רָמַת הַמִּצְפֶּה	928a
7435	רָמָתִי	928a
7436	רָמָתַיִם צוֹפִים	847b,
		928a
7437	רָמַת לְחִי	928a,
		534b
7438	רֹן	943b
7439	רָנָה	943a
7440	רִנָּה	943b
7441	רִנָּה	943b
7442	רָנַן 929b,	943a
7443	רֶנֶן	943b
7444	רַנֵּן	943a
7445	רְנָנָה	943b
7446	רִסָּה	943b
7447	רָסִיס	944a
7448	רֶסֶן	944a
7449	רֶסֶן	944a
7450	רָסַס	944a
7451	רַע 948a,b	949a
7452	רֵעַ	929b
7453	רֵעַ, רֵיעַ	945b
7454	רֵעַ	946b
7455	רֹעַ	947b
7456	רָעֵב	944a
7457	רָעֵב	944a
7458	רָעָב	944a
7459	רְעָבוֹן	944b
7460	רָעַד	944b
7461	רַעַד,	944b
	רְעָדָה	
7462	רָעָה 112b,	944b
	945b,	946a
7463	רֵעֶה	946a
7464	רֵעָה	946a
7465	רֹעָה	949b
7466	רְעוּ	946b
7467	רְעוּאֵל	946b
7468	רְעוּת	946a
7469	רְעוּת	946a
7470	רְעוּת	1113[a]
7471	רְעִי	945b
7472	רֵעִי	946b
7473	רֹעִי	945a
7474	רַעְיָה	945a
7475	רַעְיוֹן	946b
7476	רַעְיוֹן	1113[a]
7477	רָעַל	947a
7478	רַעַל	947a
7479	רַעֲלָה	947a
7480	רְעֵלָיָה	947a
7481	רָעַם	947a
7482	רַעַם	947a
7483	רַעְמָה	947b
7484	רַעְמָה	947b
7485	רַעַמְיָה	947a
7486	רַעְמְסֵס,	947b
	רַעַמְסֵס	
7487	רַעֲנַן	1113[a]
7488	רַעֲנָן	947b
7489	רָעַע 949a,	949b
7490	רְעַע	1113[a]
7491	רָעַף	950a
7492	רָעַץ	950a
7493	רָעַשׁ	950a
7494	רַעַשׁ	950a
7495	רָפָה, רָפָא	950b
7496	רָפָא	952a
7497	רָפָה, רָפָא	952a
7498	רָפָה, רָפָא	951a
7499	רְפֻאָה	951a
7500	רִפְאוּת	951a
7501	רְפָאֵל	951a
7502	רָפַד	951b
7503	רָפָה	951b
7504	רָפֶה	952a
7505	רָפוּא	951a
7506	רֶפַח	952b
7507	רְפִידָה	951b
7508	רְפִידִים	951b
7509	רְפָיָה	951a
7510	רִפְיוֹן	952a
7511	רָפַס	952b
7512	רְפַס	1113[a]
7513	רַפְסֹדָה	952b
7514	רָפַק	952b
7515	רָפַשׂ	952b
7516	רֶפֶשׁ	952b
7517	רֶפֶת	952b
7518	רַץ	954b
7519	רָצָא	952b
7520	רָצַד	952b
7521	רָצָה	953a
7522	רָצוֹן, רָצֹן	953b
7523	רָצַח	953b
7524	רֶצַח	954a
7525	רִצְיָא	954a
7526	רְצִין	954a
7527	רָצַע	954a
7528	רָצַף	954a
7529	רֶצֶף	954a
7530	רֶצֶף	954a
7531	רִצְפָּה	954a
7532	רִצְפָּה	954b
7533	רָצַץ	954b
7534	רַק	956a
7535	רַק	956a
7536	רֹק	956b
7537	רָקַב	955a
7538	רָקָב	955a
7539	רִקָּבוֹן	955a
7540	רָקַד	955a
7541	רַקָּה	956b
7542	רַקּוֹן	956b
7543	רָקַח	955a
7544	רֶקַח	955a
7545	רֹקַח	955a
7546	רַקָּח	955b
7547	רַקֻּחַ	955b
7548	רַקָּחָה	955b
7549	רָקִיעַ	956a
7550	רָקִיק	956b
7551	רָקַם	955b
7552	רֶקֶם	955b
7553	רִקְמָה	955b
7554	רָקַע	955b
7555	רִקֻּעַ	956a
7556	רָקַק	956b
7557	רַקַּת	957a
7558	רִשְׁיוֹן	957a
7559	רָשַׁם	957a
7560	רְשַׁם	1113[a]
7561	רָשַׁע	957b
7562	רֶשַׁע	951b
7563	רָשָׁע	957a
7564	רִשְׁעָה	958a
7565	רֶשֶׁף	958a

Strong's #	Hebrew word	B-D-B pg
7566	רֶשֶׁף	958a
7567	רָשַׁשׁ	958a
7568	רֶשֶׁת	440a
7569	רַתּוֹק	958b
7570	רָתַח	958a
7571	רֶתַח	958b
7572	רַתִּיקָה	958b
7573	רָתַם	958b
7574	רֹתֶם ,רֶתֶם	958b
7575	רִתְמָה	958b
7576	רָתַק	958b
7577	רְתֻקָה	958b
7578	רְתֵת	958b
	ש	
7579	שָׁאַב	980a
7580	שָׁאַג	980b
7581	שְׁאָגָה	980b
7582	שָׁאָה	980b
7583	שָׁאָה	981a
7584	שַׁאֲוָה	981a
7585	שְׁאֹל ,שְׁאוֹל	982b
7586	שָׁאוּל	982a
7587	שָׁאוּלִי	982b
7588	שָׁאוֹן	981a
7589	שְׁאָט	1002[a]
7590	שָׁאט	1002[a]
7591	שְׁאִיָּה	981a
7592	שָׁאֵל ,שָׁאַל	981a
7593	שְׁאֵל	1114[a]
7594	שְׁאָל ,שְׁאָל	982b
7595	שְׁאֵלָא	1114[a]
7596	שֵׁלָה ,שְׁאֵלָה	982b
7597	שְׁאַלְתִּיאֵל , שַׁלְתִּיאֵל	982b, 1027[a]
7598	שְׁאַלְתִּיאֵל	982b, 1027[a]
7599	שָׁאַן	983a
7600	שַׁאֲנָן	983a
7601	שָׁאַם	1042[b]
7602	שָׁאַף	983b
7603	שְׂאֹר	958a
7604	שָׁאַר	983b
7605	שְׁאָר	984a
7606	שְׁאָר	984b
7607	שְׁאֵר	984b
7608	שַׁאֲרָה	985a
7609	שֶׁאֱרָה	985a
7610	שְׁאָר יָשׁוּב	984b
7611	שְׁאֵרִית	984b
7612	שֵׁאת	981a
7613	שְׂאֵת	673a
7614	שְׁבָא	985a

Strong's #	Hebrew word	B-D-B pg
7615	שְׁבָאִי	985a
7616	שָׁבָב	985a
7617	שָׁבָה	985b
7618	שְׁבוֹ	986a
7619	שְׁבוּאֵל , שׁוּבָאֵל	986b
7620	שָׁבֻעַ ,שָׁבוּעַ , שְׁבֻעָה	988b
7921	שְׁבוּעָה	989b
7922	שְׁבִית ,שְׁבוּת	986a
7623	שָׁבַח	986b
7624	שְׁבַח	1114[a]
7625	שְׁבַט	1114[a]
7626	שֵׁבֶט	986b
7627	שְׁבָט	986b
7628	שְׁבִי	985b
7629	שֹׁבִי	986a
7630	שֹׁבַי	986a
7631	שְׁבִיב	1114[a]
7632	שָׁבִיב	985a
7633	שִׁבְיָה	986a
7634	שָׁבְיָה	967b
7635	שָׁבִיל	987b
7636	שָׁבִים	987b
7637	שְׁבִיעִי שְׁבִעִי	 988b
7638	שָׂבָךְ	959a
7639	שְׂבָכָה	959a
7640	שֹׁבֶל	987b
7641	שִׁבֹּלֶת ,שִׁבֹּל	987b
7642	שַׁבְלוּל	117b
7643	שִׂבְמָה ,שְׂבָם	959a
7644	שֶׁבְנָה ,שֶׁבְנָא	987b
7645	שְׁבַנְיָה , שְׁבַנְיָהוּ	987b
7646	שָׂבֵעַ ,שָׂבַע	959a
7647	שָׂבָע	960a
7648	שֹׂבַע	959b
7649	שָׂבֵעַ	960a
7650	שָׁבַע	989a
7651	שִׁבְעָה ,שֶׁבַע	987b
7652	שֶׁבַע	989b
7653	שִׂבְעָה	960a
7654	שָׂבְעָה	960a
7655	שִׁבְעָה	1114[a]
7656	שִׁבְעָה	988a
7657	שִׁבְעִים	988b
7658	שִׁבְעָנָה	988b
7659	שִׁבְעָתַיִם	988b
7660	שָׁבַץ	990a
7661	שָׁבָץ	990a
7662	שְׁבַק	1114[b]
7663	שֵׂבַר ,שָׂבַר	960a

Strong's #	Hebrew word	B-D-B pg
7664	שֵׂבֶר	960a
7665	שָׁבַר	990b
7666	שָׁבַר	991b
7667	שֵׁבֶר ,שֶׁבֶר	991a
7668	שֶׁבֶר	991b
7669	שֶׁבֶר	991a
7670	שִׁבְרוֹן	991a
7671	שְׁבָרִים	991a
7672	שְׁבַשׁ	1114[b]
7673	שָׁבַת 991b,	992b
7674	שֶׁבֶת	992a
7675	שֶׁבֶת	443b
7676	שַׁבָּת	992a
7677	שַׁבָּתוֹן	992b
7678	שַׁבְּתַי	992b
7679	שָׂגָא	960a
7680	שְׂגָא	1113[b]
7681	שָׁגֵא	993a
7682	שָׂגַב	960a
7683	שָׁגַג	992b
7684	שְׁגָגָה	993a
7685	שָׂגָה	960b
7686	שָׁגָה	993a
7687	שְׂגוּב	960b
7688	שָׁגַח	993a
7689	שַׂגִּיא	960b
7690	שַׂגִּיא	1113[b]
7691	שְׁגִיאָה	993a
7692	שִׁגְיֹנָה ,שִׁגָּיוֹן	993b
7693	שָׁגַל	993b
7694	שֵׁגָל	993b
7695	שֵׁגָל	1114[b]
7696	שָׁגַע	993b
7697	שִׁגָּעוֹן	993b
7698	שֶׁגֶר	993b
7699	שֹׁד ,שַׁד	994b
7700	שֵׁד	993b
7701	שׁוֹד ,שֹׁד	994b
7702	שָׂדַד	961a
7703	שָׁדַד	994a
7704	שָׂדַי ,שָׂדֶה	961a
7705	שִׁדָּה	994b
7706	שַׁדַּי	994b
7707	שְׁדֵיאוּר	994b
7708	שִׂדִּים	961a
7709	שְׁדֵמָה	995a
7710	שָׁדַף	995a
7711	שְׁדֵפָה , שִׁדָּפוֹן	995a
7712	שְׁדַר	1114[b]
7713	שְׂדֵרָה	690a
7714	שַׁדְרַךְ	995a
7715	שַׁדְרַךְ	1114[b]

Strong's #	Hebrew word	B-D-B pg
7716	שֵׂי, שֶׂה	761b
7717	שָׂהֵד	962a
7718	שֹׁהַם	995b
7719	שֹׁהַם	996a
7720	שַׂהֲרֹן	962a
7721	שׁוֹא	670a
7722	שׁוֹאָה, שׁוֹא, שֹׁאָה	996a
7723	שַׁו, שָׁוְא	996a
7724	שָׁוְא	996a
7725	שׁוֹב	996b
7726	שׁוֹבָב	1000[a]
7727	שׁוֹבָב	1000[a]
7728	שׁוֹבֵב	1000[a]
7729	שׁוֹבָה	1000[a]
7730	שׂוֹבֶךְ	959a
7731	שׁוֹבָךְ	987b
7732	שׁוֹבָל	987b
7733	שׁוֹבֵק	990a
7734	שׂוּג	690b
7735	שׂוּג	691a
7736	שׁוּד	994a
7737	שָׁוָה 1000a,	1000[b]
7738	שָׁוָה	996b
7739	שְׁוָה	1114[b]
7740	שָׁוֵה	1001[a]
7741	שָׁוֵה קִרְיָתַיִם	1001[a]
7742	שׂוּחַ	1002[a]
7743	שׁוּחַ	1001[a]
7744	שׁוּחַ	1001[b]
7745	שׁוּחָה	1001[b]
7746	שׁוּחָה	1001[b]
7747	שׁוּחִי	1001[b]
7748	שׁוּחָם	1001[b]
7749	שׁוּחָמִי	1001[b]
7750	סוּט, שׂוּט	962a
7751	שׁוּט 1001b,	1002[a]
7752	שׁוֹט	1002[a]
7753	שׂוּךְ	962a
7754	שׂוֹכָה, שׂוֹךְ	962b
7755	שֹׂכֹה, שׂוֹכֹה, שׂוֹכוֹ	962b
7756	שׂוּכָתִי	962b
7757	שׁוּל	1002[b]
7758	שֵׁילָל, שׁוֹלָל	1021[b]
7759	שׁוּלַמִּית	1002[b]
7760	שִׁים, שׂוּם	962b, 965a
7761	שׂוּם	1113[b]
7762	שׁוּם	1002[b]
7763	שֹׁמֵר, שׁוֹמֵר	1037[b]
7764	שׁוּנִי	1002[b]
7765	שׁוּנִי	1002[b]
7766	שׁוּנֵם	1002[b]
7767	שׁוּנַמִּית	1002[b]
7768	שָׁוַע	1002[b]
7769	שׁוּעַ	1003[a]
7770	שׁוּעַ	447b, 447b
7771	שׁוֹעַ 447b,	1003[a]
7772	שׁוֹעַ	1003[a]
7773	שֶׁוַע	1002[b]
7774	שׁוּעָא	447b
7775	שַׁוְעָה	1003[a]
7776	שֻׁעָל, שׁוּעָל	1043[b]
7777	שׁוּעָל	1043[b]
7778	שֹׁעֵר, שׁוֹעֵר	1045[a]
7779	שׁוּף	1003[a]
7780	שׁוֹפָךְ	1000[b]
7781	שׁוּפָמִי	1051[b]
7782	שֹׁפָר, שׁוֹפָר	1051[a]
7783	שׁוּק	1003[a]
7784	שׁוֹק	1003[a]
7785	שׁוֹק	1003[a]
7786	שׂוּר	979a
7787	שׂוּר	965a
7788	שׁוּר	1003[b]
7789	שׁוּר	1003[b]
7790	שׁוּר	1004[a]
7791	שׁוּר	1004[a]
7792	שׁוּר	1114[b]
7793	שׁוּר	1004[a]
7794	שׁוֹר	1004[a]
7795	שׂוֹרָה	965a
7796	שׂוֹרֵק	977b
7797	שִׂישׂ, שׂוּשׂ	965a
7798	שַׁוְשָׁא	1004[b]
7799	שׁוּשַׁן, שׁוֹשָׁן, שֹׁשָׁן, שׁוֹשַׁנָּה	1004[b]
7800	שׁוּשַׁן	1004[b]
7801	שׁוּשַׁנְכִי	1114[b]
7802	שׁוּשַׁן עֵדוּת, שֹׁשַׁנִּים עֵדוּת	1004[b]
7803	שׁוּתֶלַח	1004[b]
7804	שְׁזַב	1115[a]
7805	שָׁזַף	1004[b]
7806	שָׁזַר	1004[b]
7807	שַׂח	1006[a]
7808	שַׁח	967a
7809	שָׁחַד	1005[a]
7810	שֹׁחַד	1005[a]
7811	שָׁחָה	965b
7812	שָׁחָה	1005[a]
7813	שָׁחוּ	965b
7814	שְׂחֹק, שְׂחוֹק	966a
7815	שְׁחוֹר	1007[a]
7816	שְׁחוּת	1005[b]
7817	שָׁחַח	1005[b]
7818	שָׁחַט	965b
7819	שָׁחַט	1006[a]
7820	שַׁחַט	1006[a]
7821	שְׁחִיטָה	1006[a]
7822	שְׁחִין	1006[b]
7823	סָחִישׁ, שָׁחִיס	695a
7824	שָׂחִיף	965b
7825	שְׁחִית	1005[b]
7826	שַׁחַל	1006[b]
7827	שְׁחֵלֶת	1006[b]
7828	שַׁחַף	1006[b]
7829	שַׁחֶפֶת	1006[b]
7830	שַׁחַץ	1006[b]
7831	שַׁחֲצוֹם	1006[b]
7832	שָׂחַק	965b
7833	שָׁחַק	1006[b]
7834	שַׁחַק	1007[a]
7835	שָׁחַר	1007[a]
7836	שָׁחַר	1007[b]
7837	שַׁחַר	1007[a]
7838	שָׁחוֹר, שַׁחַר	1007[a]
7839	שַׁחֲרוּת	1007[a]
7840	שְׁחַרְחֹרֶת	1007[a]
7841	שְׁחַרְיָה	1007[b]
7842	שְׁחֲרַיִם	1007[b]
7843	שָׁחַת	1007[b]
7844	שְׁחַת	1115[a]
7845	שַׁחַת	1001[b]
7846	סֵט, שֵׂט	962a
7847	שָׁטָה	966a
7848	שִׁטִּים, שִׁטָּה	1008[b]
7849	שָׁטַח	1008[b]
7850	שֹׁטֵט	1002[a]
7851	שִׁטִּים	1008[b]
7852	שָׂטַם	966a
7853	שָׂטַן	966b
7854	שָׂטָן	966a
7855	שִׂטְנָה	966b
7856	שִׂטְנָה	966b
7857	שָׁטַף	1009[a]
7858	שֵׁטֶף, שֶׁטֶף	1009[a]
7859	שְׁטַר	1113[b]
7860	שֹׁטֵר	1008[b]
7861	שִׁטְרַי	1009[b]
7862	שַׁי	1009[b]
7863	שִׁיא	1009[b]
7864	שְׁיָא	996a
7865	שִׂיאָן	673a
7866	שִׁיאוֹן	1009[b]
7867	שִׂיב	966b
7868	שִׂיב	1114[a]

Strong's #	Hebrew word	B-D-B pg
7869	שיב	966b
7870	שיבה	1000[a]
7871	שיבה	444a
7872	שיבה	966b
7873	שיג	691a
7874	שיד	966b
7875	שיד	966b
7876	שיה	1009[b]
7877	שיזא	1009[b]
7878	שיח	967a
7879	שיח	967a
7880	שיח	967a
7881	שיחה	967a
7882	שיחה	1001[b]
7883	שיחור, שחור, שחר	1009[b]
7884	שיחור לבנת	1009[b]
7885	שיט	1002[a]
7886	שילה	1010[a]
7887	שילה, שלה, שילו, שלו	1017[b]
7888	שילוני, שילני, שלני	1018[a]
7889	שימון	1010[a]
7890	שין	1010[a]
7891	שיר, שור	1010[b]
7892	שיר	1010[a]
	שירה	1010[b]
7893	שוש	1010[b]
7894	שישא	1010[b]
7895	שישק, שושק	1011[a]
7896	שית	1011[a]
7897	שית	1011[b]
7898	שית	968a
7899	שך	968a
7900	שך	968a
7901	שכב	1011[b]
7902	שכבה	1012[b]
7903	שכבת	1012[b]
7904	שכה	1013[a]
7905	שכה	968a
7906	שכו	967b
7907	שכוי	967b
7908	שכול	1013[b]
7909	שכול, שכל	1014[a]
7910	שכור, שכר	1016[b]
7911	שכח, שכח	1013[a]
7912	שכח	1115[a]
7913	שכח	1013[b]
7914	שכיה	967b
7915	שכין	967b
7916	שכיר	969a
7917	שכירה	969a

Strong's #	Hebrew word	B-D-B pg
7918	שכך	1013[b]
7919	שכל 968a	968b
7920	שכל	1114[a]
7921	שכל 1013b,	1014[a]
7922	שכל, שכל	968b
7923	שכלים	1014[a]
7924	שכלתנו	1114[a]
7925	שכם	1014[b]
7926	שכם	1014[a]
7927	שכם	1014[a]
7928	שכם	1014[b]
7929	שכמה	1014[a]
7930	שכמי	1014[b]
7931	שכן	1014[b]
7932	שכן	1115[a]
7933	שכן	1015[b]
7934	שכן	1015[b]
7935	שכניה, שכניהו	1007[a]
7936	שכר, סכר	1007[b]
7937	שכר	1007[a]
7938	שכר	1007[a]
7939	שכר	1007[a]
7940	שכר	1007[a]
7941	שכר	1007[b]
7942	שכרון	1007[b]
7943	שכרון	1007[b]
7944	של	1115[a]
7945	של	1001[b]
7946	שלאנן	962a
7947	שלב	966a
7948	שלב	1008[b]
7949	שלג	1008[b]
7950	שלג	1017[a]
7951	שלה, שלו	1017[a]
7952	שלה	1017[b]
7953	שלה	1017[b]
7954	שלה, שלה	1115[b]
7955	שלה	1115[b]
7956	שלה	1017[b]
7957	שלהבת	529a
7958	שלו, שליו	969a
7959	שלו	1017[a]
7960	שלו, שלות	1115[b]
7961	שלו, שליו, שלוה	1017[b]
7962	שלוה	1017[b]
7963	שלוה	1115[b]
7964	שלוח שלח	1019[b]
7965	שלום, שלם	1022[b]
7966	שלום, שלם	1024[a]
7967	שלום, שלם	1024[a]
7968	שלון	1024[b]

Strong's #	Hebrew word	B-D-B pg
7969	שלוש, שלש, שלושה, שלשה	1025[b]
7970	שלושים, שלשים	1026[b]
7971	שלח	1018[a]
7972	שלח	1115[b]
7973	שלח	1019[b]
7974	שלח	1019[b]
7975	שלח, שלח	1019[b]
7976	שלחה	1020[a]
7977	שלחי	1019[b]
7978	שלחים	1019[b]
7979	שלחן	1020[a]
7980	שלט	1020[b]
7981	שלט	1115[b]
7982	שלט	1020[b]
7983	שלטון	1020[b]
7984	שלטון	not in
7985	שלטן	1115[b]
7986	שלטת	1020[b]
7987	שלי	1017[a]
7988	שליה	1017[b]
7989	שליט	1020[b]
7990	שליט	1115[b]
7991	שליש, שלוש, שלש	1026[b]
7992	שלישי	1026[a]
7993	שלך	1020[b]
7994	שלך	1021[b]
7995	שלכת	1021[b]
7996	שלכת	1021[b]
7997	שלל	1021[b]
7998	שלל	1021[b]
7999	שלם	1022[a]
		1023[b]
8000	שלם	1115[b]
8001	שלם	1116[a]
8002	שלם	1023[a]
8003	שלם	1023[b]
8004	שלם	1024[a]
8005	שלם	1024[a]
8006	שלם	1024[c]
8007	שלמא	969b
8008	שלמה	971a
8009	שלמה	969b
8010	שלמה	1024[b]
8011	שלמה	1024[a]
8012	שלמון	969b
8013	שלמות	1024[b]
8014	שלמי	969b
8015	שלמי	1025[a]
8016	שלמי	1024[a]

Strong's #	Hebrew word	B-D-B pg
8017	שְׁלֻמִיאֵל	1025[a]
8018	שֶׁלֶמְיָה, שֶׁלֶמְיָהוּ	1025[a]
8019	שְׁלֹמִית, שְׁלוֹמִית	1025[a]
8020	שַׁלְמַן	1025[a]
8021	שַׁלְמֹן	1024[a]
8022	שַׁלְמַנְאֶסֶר	1025[a]
8023	שִׁלֹנִי	1018[a]
8024	שֵׁלָנִי	1017[b]
8025	שָׁלַף	1025[a]
8026	שֶׁלֶף	1025[b]
8027	שָׁלַשׁ	1026[a]
8028	שֶׁלֶשׁ	1026[b]
8029	שִׁלֵּשׁ	1026[b]
8030	שְׁלֹשָׁה	1027[a]
8031	שָׁלִשָׁה	1027[a]
8032	שִׁלְשׁוֹם, שִׁלְשֹׁם	1026[a]
8033	שָׁם	1027[a]
8034	שֵׁם	1027[b]
8035	שֵׁם	1028[b]
8036	שֻׁם	1116[a]
8037	שַׁמָּא	1031[b]
8038	שֶׁמְאֵבֶר	1028[b]
8039	שִׁמְאָה	1029[a]
8040	שְׂמֹאול, שְׂמֹאל	969b
8041	שָׂמַאל	970a
8042	שְׂמָאלִי	970a
8043	שִׁמְאָם	1029[a]
8044	שַׁמְגַּר	1029[a]
8045	שָׁמַד	1029[a]
8046	שְׁמַד, שָׁמֶה	1116[a]
8047	שַׁמָּה	1031[b]
8048	שַׁמָּה	1031[b]
8049	שַׁמְהוּת	1030[a]
8050	שְׁמוּאֵל	1028[b]
8051	שַׁמּוּעַ	1035[a]
8052	שְׁמוּעָה	1035[a]
8053	שָׁמוּר	1039[a]
8054	שַׁמּוֹת	1031[b]
8055	שָׂמַח	970a
8056	שָׂמֵחַ	970b
8057	שִׂמְחָה	970b
8058	שָׁמַט	1030[b]
8059	שְׁמִטָּה	1030[b]
8060	שַׁמַּי	1031[b]
8061	שְׁמִידָע	1029[a]
8062	שְׁמִידָעִי	1029[a]
8063	שְׂמִיכָה	970b
8064	שָׁמַיִם, שָׁמֶה	1029[b]
8065	שָׁמַיִן	1116[a]
8066	שְׁמִינִי	1033[a]
8067	שְׁמִינִית	1033[a]
8068	שָׁמִיר	1038[b]
8069	שָׁמִיר	1039[a]
8070	שְׁמִירָמוֹת, שְׁמָרִימוֹת	1029[a]
8071	שִׂמְלָה	971a
8072	שַׂמְלָה	971a
8073	שַׂמְלַי	969b
8074	שָׁמֵם	1030[b]
8075	שְׁמַם	1116[a]
8076	שָׁמֵם	1031[a]
8077	שְׁמָמָה, שִׁמָמָה	1031[a]
8078	שִׁמָּמוֹן	1031[b]
8079	שְׂמָמִית	971a
8080	שָׁמַן	1031[b]
8081	שֶׁמֶן	1032[a]
8082	שָׁמֵן	1032[a]
8083	שְׁמֹנֶה, שְׁמוֹנֶה, שְׁמֹנָה, שְׁמוֹנָה	1032[b]
8084	שְׁמֹנִים, שְׁמוֹנִים	1033[a]
8085	שָׁמַע	1033[a] 1034[b]
8086	שְׁמַע	1116[a]
8087	שֶׁמַע	1034[b]
8088	שֵׁמַע	1034[b]
8089	שֹׁמַע	1035[b]
8090	שְׁמָע	1035[a]
8091	שָׁמָע	1035[a]
8092	שִׁמְעָא	1035[a]
8093	שִׁמְעָה	1035[a]
8094	שְׁמָעָה	1035[a]
8095	שִׁמְעוֹן	1035[a]
8096	שִׁמְעִי	1035[b]
8097	שִׁמְעִי	1035[b]
8098	שְׁמַעְיָה, שְׁמַעְיָהוּ	1035[b]
8099	שִׁמְעֹנִי	1035[b]
8100	שִׁמְעַת	1035[a]
8101	שִׁמְעָתִי	1035[a]
8102	שֶׁמֶץ	1036[a]
8103	שִׁמְצָה	1036[a]
8104	שָׁמַר	1036[a]
8105	שֶׁמֶר	1038[b]
8106	שֶׁמֶר	1037[b]
8107	שִׁמֻּר	1037[b]
8108	שָׁמְרָה	1037[b]
8109	שְׁמֻרָה	1037[b]
8110	שִׁמְרוֹן	1038[a]
8111	שֹׁמְרוֹן	1937[b]
8112	שִׁמְרוֹן מְראוֹן	1038[a]
8113	שִׁמְרִי	1037[b]
8114	שְׁמַרְיָה, שְׁמַרְיָהוּ	1037[b]
8115	שָׁמְרַיִן	1116[a]
8116	שִׁמְרִית	1037[b]
8117	שִׁמְרֹנִי	1038[a]
8118	שֹׁמְרֹנִי	1038[a]
8119	שִׁמְרָת	1037[b]
8020	שְׁמַשׁ	1116[a]
8121	שֶׁמֶשׁ	1039[a]
8122	שֶׁמֶשׁ	1116[a]
8123	שִׁמְשׁוֹן	1039[b]
8124	שִׁמְשַׁי	1039[b] 1116[b]
8125	שַׁמְשְׁרַי	1039[b]
8126	שֻׁמָתִי	1029[b]
8127	שֵׁן	1042[a]
8128	שֵׁן	1116[b]
8129	שֵׁן	1042[a]
8130	שָׂנֵא	971a
8131	שְׂנֵא	1114[a]
8132	שָׁנָא	1039[b]
8133	שְׁנָא	1116[b]
8134	שִׁנְאָב	1039[b]
8135	שִׂנְאָה	971b
8136	שִׁנְאָן	1041[b]
8137	שֶׁנְאַצַּר	1039[b]
8138	שָׁנָה	1039[b] 1040[b]
8139	שֵׁנָה	1096[a]
8140	שְׁנָה	1116[b]
8141	שֶׁנָה, שָׁנָה	1040[a]
8142	שֵׁנָה, שֵׁנָא	446a
8143	שֶׁנְהַבִּים	1042[a]
8144	שָׁנִי	1040[b]
8145	שֵׁנִי	1041[a]
8146	שָׂנִיא	971b
8147	שְׁנַיִם, שְׁתַּיִם	1040[b]
8148	שְׁנִינָה	1041[a]
8149	שְׁנִיר, שְׂנִיר	972a
8150	שָׁנַן	1041[b]
8151	שָׁנַס	1042[a]
8152	שִׁנְעָר	1042[a]
8153	שְׁנָת	446a
8154	שָׁסָה, שָׁשָׂה	1042[b]
8155	שָׁסַס	1042[b]
8156	שָׁסַע	1042[b]
8157	שֶׁסַע	1043[a]
8158	שָׁסַף	1043[a]
8159	שָׁעָה	1043[a]
8160	שְׁעָה	1116[b]
8161	שַׁעֲטָה	1043[a]
8162	שַׁעַטְנֵז	1043[a]

Strong's #	Hebrew word	B-D-B pg
8163	שָׂעִר, שָׂעִיר	972b
8164	שָׂעִיר	973b
8165	שֵׂעִיר	973a
8166	שְׂעִירָה	972b
8167	שְׂעִירָה	972b
8168	שֹׁעַל	1043^{a}
8169	שַׁעַלְבִים,	1043^{b}
	שַׁעַלַבִּין	
8170	שַׁעַלְבֹנִי	1043^{b}
8171	שַׁעֲלִים	1043^{b}
8172	שָׁעַן	1043^{b}
8173	שָׁעַע	1044^{a}
8174	שַׁעַף	1044^{b}
8175	שָׂעַר 972b,	973a
8176	שָׁעַר	1045^{b}
8177	שְׁעַר	1114^{a}
8178	שַׂעַר	972b,
		973a
8179	שַׁעַר	1044^{b}
8180	שַׁעַר	1045^{b}
8181	שֵׂעָר, שַׂעַר	972a
8182	שֹׁעָר	1045^{b}
8183	שְׂעָרָה	973a
8184	שְׂעֹרָה, שְׂעוֹרָה,	972b
	שְׂעֹר, שְׂעוֹר	
8185	שַׂעֲרָה	972a
8186	שַׁעֲרוּרָה,	1045^{b}
	שַׁעֲרִירִיָּה,	
	שַׁעֲרֻרִת	
8187	שְׁעַרְיָה	1045^{b}
8188	שְׂעֹרִים	972b
8189	שַׁעֲרַיִם	1045^{b}
8190	שַׁעַשְׁגַז	1045^{b}
8191	שַׁעְשֻׁעַ	1044^{a}
8192	שָׁפָה	1045^{b}
8193	שָׂפָה, שֶׂפֶת	973b
8194	שָׁפָה	1045^{b}
8195	שְׁפוֹ, שְׁפִי	1046^{a}
8196	שְׁפוֹט, שְׁפוּט	1048^{a}
8197	שְׁפוּפָם,	1051^{a}
	שְׁפוּפָן	
8198	שִׁפְחָה	1046^{b}
8199	שָׁפַט	1047^{a}
8200	שְׁפַט	1117^{a}
8201	שֶׁפֶט	1048^{a}
8202	שָׁפָט	1048^{a}
8203	שְׁפַטְיָה,	1049^{a}
	שְׁפַטְיָהוּ	
8204	שִׁפְטָן	1049^{a}
8205	שְׁפִי	1046^{a}
8206	שֻׁפִּים	1051^{a}
8207	שְׁפִיפֹן	1051^{a}
8208	שָׁפִיר	1051^{b}
8209	שַׁפִּיר	1117^{a}
8210	שָׁפַךְ	1049^{a}
8211	שֶׁפֶךְ	1050^{a}
8212	שָׁפְכָה	1050^{a}
8213	שָׁפֵל	1050^{a}
8214	שְׁפַל	1117^{a}
8215	שְׁפַל	1117^{a}
8216	שֵׁפֶל	1050^{b}
8217	שָׁפָל	1050^{b}
8218	שִׁפְלָה	1050^{b}
8219	שְׁפֵלָה	1050^{b}
8220	שִׁפְלוּת	1050^{b}
8221	שְׁפָם	1050^{b}
8222	שָׂפָם	974a
8223	שָׁפָם	1050^{b}
8224	שִׂפְמוֹת	1050^{b}
8225	שִׁפְמִי	1050^{b}
8226	שָׂפַן	706a
8227	שָׁפָן	1050^{b}
		1051^{a}
8228	שֶׁפַע	1051^{a}
8229	שִׁפְעָה	1051^{a}
8230	שִׁפְעִי	1051^{a}
8231	שָׁפַר	1051^{b}
8232	שְׁפַר	1117^{a}
8233	שֶׁפֶר	1051^{b}
8234	שֶׁפֶר	1051^{b}
8235	שִׁפְרָה	1051^{b}
8236	שִׁפְרָה	1051^{b}
8237	שַׁפְרוּר	1051^{b}
8238	שְׁפַרְפַּר	1117^{a}
8239	שָׁפַת	1046^{a}
8240	שָׁפָת	1046^{a}
		1052^{a}
8241	שֶׁצֶף	1009^{a}
8242	שַׂק	974a
8243	שָׁק	1114^{b}
8244	שָׂקַד	974a
8245	שָׁקַד	1052^{a}
8246	שָׁקַד	1052^{a}
8247	שָׁקֵד	1052^{a}
8248	שָׁקָה	1052^{a}
8249	שִׁקֻּו	1052^{b}
8250	שִׁקּוּי	1052^{b}
8251	שִׁקֻּץ, שִׁקּוּץ	1055^{a}
8252	שָׁקַט	1052^{b}
8253	שֶׁקֶט	1053^{a}
8254	שְׁקַל	1053^{a}
8255	שֶׁקֶל	1053^{b}
8256	שִׁקְמָה, שָׁקָם	1054^{a}
8257	שָׁקַע	1054^{a}
8258	שְׁקַעֲרוּרָה	891a
8259	שָׁקַף	1054^{b}
8260	שֶׁקֶף	1054^{b}
8261	שָׁקֻף	1054^{b}
8262	שָׁקַץ	1055^{a}
8263	שֶׁקֶץ	1054^{b}
8264	שָׁקַק	1055^{a}
8265	שָׂקַר	974b
8266	שָׁקַר	1055^{b}
8267	שֶׁקֶר	1055^{a}
8268	שֹׁקֶת	1052^{b}
8269	שַׂר	978a
8270	שֹׁר	1057^{a}
8271	שְׁרֵא	1117^{a}
8272	שַׁרְאֶצֶר	974b
8273	שָׁרָב	1055^{b}
8274	שֵׁרֵבְיָה	1055^{b}
8275	שַׁרְבִיט	987a
8276	שָׂרַג	974b
8277	שָׂרַד	974b
8278	שְׂרָד	974a
8279	שֶׂרֶד	975a
8280	שָׂרָה	975a
8281	שָׁרָה	1056^{a}
8282	שָׂרָה	979a
8283	שָׂרָה	979a
8284	שָׁרָה	1004^{a}
8285	שֵׁרָה	1057^{a}
8286	שְׂרוּג	974b
8287	שָׁרוּחֶן	1056^{a}
8288	שְׂרוֹךְ	976b
8289	שָׁרוֹן	450a
8290	שָׁרוֹנִי	450a
8291	שָׂרוּק	977b
8292	שְׁרוּקָה,	1057^{a}
	שְׁרִיקָה	
8293	שֵׁרוּת	1056^{a}
8294	שֶׂרַח	976a
8295	שָׂרַט	976a
8296	שֶׂרֶט, שָׂרֶטֶת	976a
8297	שָׂרַי	979b
8298	שָׁרַי	1056^{b}
8299	שָׂרִיג	974b
8300	שָׂרִיד	975a
8301	שָׂרִיד	975a
8302	שִׁרְיוֹן, שִׁרְיֹן,	1056^{a}
	שִׁרְיָן, שִׁרְיָה,	
	שִׁרְיֹנָה	
8303	שִׁרְיוֹן,	976a
	שִׁרְיֹן	
8304	שְׂרָיָה,	976a
	שְׂרָיָהוּ	
8305	שְׂרִיקָה	977b
8306	שָׁרִיר	1057^{a}
8307	שְׁרִירוּת	1057^{a}

Strong's #	Hebrew word	B-D-B pg
8308	שָׂרַךְ	976b
8309	שְׁרֵמָה	995a
8310	שַׂרְסְכִים	976b
8311	שָׂרַע	976b
8312	שַׂרְעַף	972a
8313	שָׂרַף	976b
8314	שָׂרָף	977a
8315	שָׂרָף	977a
8316	שְׂרֵפָה	977a
8317	שָׁרַץ	1056^{b}
8318	שֶׁרֶץ	1056^{b}
8319	שָׁרַק	1056^{b}
8320	שָׂרֹק	977b
8321	שֹׂרֵק, שׁוֹרֵק שֹׂרֵקָה	977b
8322	שְׁרֵקָה	1056^{b}
8323	שָׂרַר	979a
8324	שָׁרַר	1004^{a}
8325	שָׁרַר	969a
8326	שֹׁרֶר	1057^{a}
8327	שָׁרַשׁ	1057^{b}
8328	שֶׁרֶשׁ	1057^{b}
8329	שֶׁרֶשׁ	1058^{a}
8330	שֹׁרֶשׁ	1117^{a}
8331	שַׁרְשָׁה	1057^{a}
8332	שְׁרֹשׁוּ	1117^{a}
8333	שַׁרְשְׁרָה	1057^{a}
8334	שָׁרַת	1058^{a}
8335	שָׁרֵת	1058^{a}
8336	שֵׁשׁ, שְׁשִׁי	1010^{b} 1058^{b}
8337	שֵׁשׁ, שִׁשָּׁה	995b
8338	שָׁשָׁא	1058^{b}
8339	שֵׁשְׁבַּצַּר	1058^{b}
8340	שֵׁשְׁבַּצַּר	1058^{b}
8341	שָׁשָׁה	995b
8342	שָׂשׂוֹן, שָׂשֹׂן	965a
8343	שָׁשַׁי	1058^{b}
8344	שֵׁשַׁי	1058^{b}
8345	שִׁשִּׁי	995b
8346	שִׁשִּׁים	995b
8347	שֵׁשַׁךְ	995b
8348	שֵׁשָׁן	1058^{b}
8349	שָׁשַׁק	1059^{a}
8350	שָׁשַׁר	1059^{a}
8351	שֵׁת	1011^{b}
8352	שֵׁת	1011^{b}
8353	שֵׁת, שִׁת	1114^{b}
8354	שָׁתָה	1059^{a}
8355	שְׁתָה	1117^{b}
8356	שָׁתָה	1011^{b}
8357	שֵׁתָה	1059^{b}
8358	שְׁתִי	1059^{b}
8359	שְׁתִי	1059^{b}
8360	שְׁתִיָּת	1059^{b}
8361	שִׁתִּין	1114^{b}
8362	שָׁתַל	1060^{a}
8363	שְׁתִל	1060^{a}
8364	שֻׁתַלְחִי	1004^{b}
8365	שָׁתַם	1060^{b}
8366	שָׁתַן	1010^{a}
8367	שָׁתַק	1060^{b}
8368	שָׂתַר	979b
8369	שֵׁתָר	1060^{b}
8370	שְׁתַר בּוֹזְנַי	1117^{b}
8371	שָׁתַת	1060^{b}
	ת	
8372	תָּא, תָּאָה	1060^{a}
8373	תָּאַב	1060^{a}
8374	תָּאַב	1060^{a}
8375	תַּאֲבָה	1060^{a}
8376	תָּאָה	1060^{a}
8377	תְּאוֹ, תּוֹא	1060^{a}
8378	תַּאֲוָה	16b
8379	תַּאֲוָה	1063^{a}
8380	תָּאוֹם, תָּאֹם	1060^{a}
8381	תַּאֲלָה	46b
8382	תָּאַם	1060^{b}
8383	תְּאֻן	20a
8384	תְּאֵן, תְּאֵנָה	1061^{a}
8385	תַּאֲנָה, תֹּאֲנָה	58b
8386	תַּאֲנִיָּה	58a
8387	תַּאֲנַת שִׁלֹה	1061^{a}
8388	תָּאַר	1061^{a}
8389	תֹּאַר	1061^{a}
8390	תַּאֲרֵעַ	357b
8391	תְּאַשּׁוּר	81a
8392	תֵּבָה	1061^{b}
8393	תְּבוּאָה	100a
8394	תָּבוּן, תְּבוּנָה תּוֹבֻנָה	 108a
8395	תְּבוּסָה	101a
8396	תָּבוֹר	1061^{b}
8397	תֶּבֶל	117b
8398	תֵּבֵל	385b
8399	תַּבְלִית	115a
8400	תְּבַלֻּל	117b
8401	תֶּבֶן	1061^{b}
8402	תִּבְנִי	1062^{a}
8403	תַּבְנִית	125b
8404	תַּבְעֵרָה	129b
8405	תֵּבֵץ	1062^{a}
8406	תְּבַר	1117^{b}
8407	תִּגְלַת פִּלְאֶסֶר תִּגְלַת פְּלֶסֶר תִּלְגַּת פִּלְנְאֶסֶר תִּלְגַּת פִּלְנֶסֶר	1062^{a}
8408	תַּגְמוּל	168b
8409	תִּגְרָה	173b
8410	תִּדְהָר	187a
8411	תְּדִירָא	1087^{a}
8412	תַּדְמֹר, תַּמֹר	1062^{a}
8413	תִּדְעָל	1062^{a}
8414	תֹּהוּ	1062^{b}
8415	תְּהוֹם, תְּהֹם	1062^{b}
8416	תְּהִלָּה	239b
8417	תָּהֳלָה	1062^{b}
8418	תַּהֲלֻכָה,	237b
8419	תַּהְפֻּכָה	246b
8420	תָּו	1063^{a}
8421	תּוּב	1117^{b}
8322	תּוּבַל, תֻּבַל	1063^{a}
8423	תּוּבַל קַיִן	1063^{a}
8424	תּוּגָה	387a
8425	תּוֹגַרְמָה, תֹּגַרְמָה	1062^{a}
8426	תּוֹדָה	392b
8427	תָּוָה	1063^{a}
8428	תָּוָה	1063^{a}
8429	תְּוַהּ	1117^{b}
8430	תּוֹחַ	1063^{b}
8431	תּוֹחֶלֶת	404a
8432	תָּוֶךְ	1063^{b}
8433	תּוֹכֵחָה, תּוֹכַחַת	407a
8434	תּוֹלָד	410a
8435	תּוֹלְדָה, תֹּלְדָה	410a
8436	תּוּלוֹן	1066^{b}
8437	תּוֹלָל	1064^{b}
8438	תּוֹלָע, תּוֹלֵעָה תּוֹלַעַת, תֹּלַעַת	1068^{b} 1069^{a}
8439	תּוֹלָע	1069^{a}
8440	תּוֹלָעִי	1069^{a}
8441	תּוֹעֵבָה, תֹּעֵבָה	1072^{b}
8442	תּוֹעָה	1073^{b}
8443	תּוֹעָפָה	419a
8444	תּוֹצָאָה, תֹּצָאָה	426a
8445	תּוֹקַהַת	876a
8446	תּוּר	1064^{a}
8447	תּוֹר, תֹּר	1064^{b}
8448	תּוֹר	1064^{b}
8449	תּוֹר, תֹּר	1076^{a}

Strong's #	Hebrew word	B-D-B pg
8450	תּוֹר	1117[b]
8451	תֹּרָה, תּוֹרָה	435b
8452	תּוֹרָה	436a
8453	תֹּשָׁב, תּוֹשָׁב	444b
8454	תּוּשִׁיָּה, תֻּשִׁיָּה	444b
8455	תּוֹתָח	450b
8456	תָּזַז	1064[b]
8457	תַּזְנוּת, תַּזְנֻת	276a
8458	תַּחְבֻּלָה, תַּחְבּוּלָה	287a
8459	תֹּחוּ	1063[b]
8460	תְּחֹת, תְּחוֹת	1117[b]
8461	תַּחְכְּמֹנִי	315b
8462	תְּחִלָּה	321a
8463	תַּחֲלֻא, תַּחֲלוּא	316a
8464	תַּחְמָס	329b
8465	תַּחַן	334b
8466	תַּחֲנָה	334b
8467	תְּחִנָּה	337b
8468	תְּחִנָּה	337b
8469	תַּחֲנוּן, תַּחֲנוּנָה	337b
8470	תַּחֲנִי	334b
8471	תַּחְפַּנְחֵס, תְּחַפְנְחֵס, תַּחְפְּנֵס	1064[b]
8472	תַּחְפְּנֵיס	1065[a]
8473	תַּחֲרָא	1065[a]
8474	תַּחֲרָה	354a
8475	תַּחְרֵעַ	357b
8476	תַּחַשׁ	1065[a]
8477	תַּחַשׁ	1065[a]
8478	תַּחַת	1065[a]
8479	תַּחַת	1117[b]
8480	תַּחַת	1066[b]
8481	תַּחְתּוֹן, תַּחְתֹּן	1066[a]
8482	תַּחְתִּי	1066[a]
8483	תַּחְתִּים חָדְשִׁי	295a
8484	תִּיכֹן, תִּיכוֹן	1064[a]
8485	תֵּמָא, תֵּימָא	1066[b]
8486	תֵּמָן, תֵּימָן	412b
8487	תֵּמַן, תֵּימָן	412b
8488	תֵּימְנִי	412b
8489	תֵּימָנִי	412b
8490	תִּימָרָה, תִּמָרָה	1071[b]
8491	תִּיצִי	1066[b]
8492	תִּירוֹשׁ, תִּירֹשׁ	440b
8493	תִּירְיָא 432a	1066[b]
8494	תִּירָס	1066[b]
8495	תַּיִשׁ	1066[b]
8496	תּוֹךְ, תֹּךְ	1067[a]
8497	תָּכָה	1067[a]
8498	תְּכוּנָה	467b
8499	תְּכוּנָה	467b
8500	תּוּכִּי, תֻּכִּי	1067[a]
8501	תָּכָךְ	1067[a]
8502	תִּכְלָה	479a
8503	תַּכְלִית	479a
8504	תְּכֵלֶת	1067[a]
8505	תָּכַן	1067[a]
8506	תֹּכֶן	1067[b]
8507	תֹּכֶן	1067[b]
8508	תָּכְנִית	1067[b]
8509	תַּכְרִיךְ	501a
8510	תֵּל	1068[a]
8511	תָּלָא	1067[b]
8512	תֵּל אָבִיב	1068[a]
8513	תְּלָאָה	521a
8514	תַּלְאוּבָה	520b
8515	תְּלַאשַּׂר, תְּלַשַּׂר	1067[b]
8516	תַּלְבֹּשֶׁת	528b
8517	תְּלַג	1117[b]
8518	תָּלָה	1067[b]
8519	תְּלֻנָּה, תְּלוּנָּה	534a
8520	תֶּלַח	1068[a]
8521	תֵּל חַרְשָׁא	1068[a]
8522	תְּלִי	1068[a]
8523	תַּלְתִּי, תְּלִיתַי	1118[a]
8524	תָּלַל	1068[b]
8525	תֶּלֶם	1068[b]
8526	תַּלְמַי	1068[b]
8527	תַּלְמִיד	541a
8528	תֵּל מֶלַח	1068[a]
8529	תָּלַע	1069[a]
8530	תַּלְפִּיָּה	1069[a]
8531	תְּלָת	1118[a]
8532	תְּלָתָה, תְּלָה, תְּלָתָא	1118[a]
8533	תְּלָתִין	1118[a]
8534	תַּלְתַּל	1068[b]
8535	תָּם	1070[b]
8536	תָּם	1118[a]
8537	תֹּם	1070[b]
8538	תֻּמָּה	1070[b]
8539	תָּמַהּ	1069[a]
8540	תְּמַהּ	1118[a]
8541	תִּמָּהוֹן	1069[a]
8542	תַּמּוּז	1069[b]
8543	תְּמוֹל, תְּמֹל	1069[b]
8544	תְּמוּנָה, תְּמֻנָה	568a
8545	תְּמוּרָה	558b
8546	תְּמוּתָה	560b
8547	תֶּמַח	1069[b]
8548	תָּמִיד	556a
8549	תָּמִים	1071[a]
8550	תֻּמִּים	1070[b] 22a
8551	תָּמַךְ	1069[b]
8552	תָּמַם	1070[a]
8553	תִּמְנָה	584b
8554	תִּמְנִי	584b
8555	תִּמְנָע	586a
8556	תִּמְנַת חֶרֶס, תִּמְנַת סֶרַח	584b
8557	תֶּמֶס	588a
8558	תָּמָר	1071[b]
8559	תָּמָר	1071[b]
8560	תֹּמֶר	1071[b]
8561	תִּמֹּר, תִּמֹּרָה	1071[b]
8562	תַּמְרוּק, תַּמְרִיק, תַּמְרֻק	600a
8563	תַּמְרוּר	601a
8564	תַּמְרוּר	1071[b]
8565	תַּן	1072[a]
8566	תָּנָה	1071[b]
8567	תָּנָה	1072[a]
8568	תַּנָּה	1072[a]
8569	תְּנוּאָה	626a
8570	תְּנוּבָה	626b
8571	תְּנוּךְ	1072[a]
8572	תְּנוּמָה	630a
8573	תְּנוּפָה	632a
8574	תַּנּוּר	1072[a]
8575	תַּנְחֵם, תַּנְחוּם, תַּנְחוּמָה	637b
8576	תַּנְחֻמֶת	637b
8577	תַּנִּים, תַּנִּין	1072[b]
8578	תִּנְיָן	1118[a]
8579	תִּנְיָנוּת	1118[a]
8580	תִּנְשֶׁמֶת	675b
8581	תָּעַב	1073[a]
8582	תָּעָה	1073[a]
8583	תֹּעִי, תֹּעוּ	1073[b]
8584	תְּעוּדָה	730b
8585	תְּעָלָה	752a
8586	תַּעֲלוּל	760b
8587	תַּעֲלֻמָּה	761a
8588	תַּעֲנֻג, תַּעֲנוּג, תַּעֲנֻגָה	772b
8589	תַּעֲנִית	777a

Strong's #	Hebrew word	B-D-B pg
8590	תַּעֲנָךְ, תַּעְנָךְ	1073[b]
8591	תָּעַע	1073[b]
8592	תַּעֲצֻמָה	783a
8593	תַּעַר	789a
8594	תַּעֲרֻבָה	787a
8595	תַּעְתֻּעַ	1074[a]
8596	תֹּף	1074[a]
8597	תִּפְאָרָה, תִּפְאֶרֶת	802b
8598	תַּפּוּחַ	656a
8599	תַּפּוּחַ	656a
8600	תְּפוֹצָה	807a
8601	תֻּפִין	1074[a]
8602	תָּפֵל	1074[a]
8603	תֹּפֶל	1074[a]
8604	תִּפְלָה	1074[a]
8605	תְּפִלָּה	813b
8606	תִּפְלֶצֶת	814a
8607	תִּפְסַח	820a
8608	תָּפַף	1074[b]
8609	תָּפַר	1074[b]
8610	תָּפַשׂ	1074[b]
8611	תֹּפֶת	1064[a]
8612	תֹּפֶת	1075[a]
8613	תָּפְתֶּה	1118[a]
8614	תִּפְתַּי	1118[a]
8615	תִּקְוָה	876a
8616	תִּקְוָה	876a
8617	תְּקוּמָה	879b
8618	תְּקוֹמֵם	878b
8619	תָּקוֹעַ	1075[b]
8620	תְּקוֹעַ	1075[b]
8621	תְּקוֹעִי, תְּקֹעִי	1075[b]
8622	תְּקוּפָה, תְּקֻפָה	880b
8623	תַּקִּיף	1076[a]
8624	תַּקִּיף	1118[b]
8625	תְּקַל	1118[b]
8626	תָּקַן	1075[a]
8627	תְּקַן	1118[b]
8628	תָּקַע	1075[a]
8629	תֵּקַע	1075[b]
8630	תָּקַף	1075[b]
8631	תְּקֵף	1118[b]
8632	תְּקֹף	1118[b]
8633	תֹּקֶף	1076[a]
8634	תַּרְאֲלָה	1076[a]
8635	תַּרְבּוּת	916a
8636	תַּרְבִּית	916a
8637	תִּרְגַּל	920a
8638	תִּרְגֵּם	1076[a]
8639	תַּרְדֵּמָה	922a
8640	תִּרְהָקָה	1076[a]
8641	תְּרוּמָה, תְּרֻמָה	929a
8642	תְּרוּמִיָּה	929a
8643	תְּרוּעָה	929b
8644	תְּרוּפָה	930a
8645	תִּרְזָה	1075[a]
8646	תֶּרַח	1076[a]
8647	תִּרְחֲנָה	934a
8648	תְּרֵין, תַּרְתֵּין	1118[a]
8649	תָּרְמָה, תַּרְמוּת, תְּרֻמָה, תַּרְמִית	941a
8650	תֹּרֶן	1076[b]
8651	תְּרַע	1118[b]
8652	תָּרָע	1118[b]
8653	תַּרְעֵלָה	947a
8654	תִּרְעָתִי	1076[b]
8655	תְּרָפִים	1076[b]
8656	תִּרְצָה	953b
8657	תֶּרֶשׁ	1076[b]
8658	תַּרְשִׁישׁ	1076[b]
8659	תַּרְשִׁישׁ	1076[b]
8660	תִּרְשָׁתָא	1077[a]
8661	תַּרְתָּן	1077[a]
8662	תַּרְתָּק	1077[a]
8663	תְּשֻׁאָה	996b
8664	תִּשְׁבִּי	986b
8665	תַּשְׁבֵּץ	990a
8666	תְּשׁוּבָה, תְּשֻׁבָה	1000[b]
8667	תְּשׂוּמֶת	965a
8668	תְּשׁוּעָה, תְּשֻׁעָה	448a
8669	תְּשׁוּקָה	1003[b]
8670	תְּשׁוּרָה	1003[b]
8671	תְּשִׁיעִי	1077[b]
8672	תֵּשַׁע, תִּשְׁעָה	1077[b]
8673	תִּשְׁעִים	1077[b]
8674	תַּתְּנַי	1118[b]

An Index to Thayer's Greek-English Lexicon

Strong's #	Greek word	Thayer's pg.
	A	
1	Α	1a
2	Ἀαρών	1a
3	Ἀβαδδών	1a
4	ἀβαρής	1b
5	Ἀββᾶ	1b
6	Ἄβελ	1b
7	Ἀβιά	1b
8	Ἀβιάθαρ	1b
9	Ἀβιληνή	2a
10	Ἀβιούδ	2a
11	Ἀβραάμ	2a
12	ἄβυσσος	2a
13	Ἄγαβος	2a
14	ἀγαθοεργέω	2a
15	ἀγαθοποιέω	2a
16	ἀγαθοποιΐα	2a
17	ἀγαθοποιός	2b
18	ἀγαθός	2b
19	ἀγαθωσύνη	3a
20	ἀγαλλίασις	3a
21	ἀγαλλιάω	3b
22	ἄγαμος	3b
23	ἀγανακτέω	3b
24	ἀγανάκτησις	3b
25	ἀγαπάω	4a
26	ἀγάπη	4b
27	ἀγαπητός	5a
28	Ἄγαρ	5a
29	ἀγγαρεύω	5a
30	ἀγγεῖον	5b
31	ἀγγελία	5b
32	ἄγγελος	6a
33	ἄγε	6a
34	ἀγέλη	6a
35	ἀγενεαλόγητος	6a
36	ἀγενής	6a
37	ἁγιάζω	6a
38	ἁγιασμός	6b
39	ἅγιον	6b
40	ἅγιος	7b
41	ἁγιότης	7b
42	ἁγιωσύνη	7b
43	ἀγκάλη	7b
44	ἄγκιστρον	7b
45	ἄγκυρα	7b
46	ἄγναφος	7b
47	ἁγνεία	7b
48	ἁγνίζω	7b
49	ἁγνισμός	8a
50	ἀγνοέω	8a
51	ἀγνόημα	
52	ἄγνοια	8a
53	ἁγνός	8a
54	ἁγνότης	8a
55	ἁγνῶς	8a
56	ἀγνωσία	8a
57	ἄγνωστος	8b
58	ἀγορά	8b
59	ἀγοράζω	8b
60	ἀγοραῖος	8b
61	ἄγρα	8b
62	ἀγράμματος	8b
63	ἀγραυλέω	8b
64	ἀγρεύω	9a
65	ἀγριέλαιος	9a
66	ἄγριος	9a
67	Ἀγρίππας	9a
68	ἀγρός	9a
69	ἀγρυπνέω	9a
70	ἀγρυπνία	9a
71	ἄγω	9b
72	ἀγωγή	10a
73	ἀγών	10a
74	ἀγωνία	10a
75	ἀγωνίζομαι	10a
76	Ἀδάμ	10b
77	ἀδάπανος	10b
78	Ἀδδί	10b
79	ἀδελφή	10b
80	ἀδελφός	10b
81	ἀδελφότης	11a
82	ἄδηλος	11a
83	ἀδηλότης	11a
84	ἀδήλως	11a
85	ἀδημονέω	11a
86	ᾅδης	11b
87	ἀδιάκριτος	11b
88	ἀδιάλειπτος	11b
89	ἀδιαλείπτως	11b
90	ἀδιαφθορία	11b
91	ἀδικέω	11b
92	ἀδίκημα	12a
93	ἀδικία	12a
94	ἄδικος	12a
95	ἀδίκως	12b
96	ἀδόκιμος	12b
97	ἄδολος	12b
98	Ἀδραμυττηνός	12b
99	Ἀδρίας	12b
100	ἁδρότης	12b
101	ἀδυνατέω	12b
102	ἀδύνατος	13a
103	ᾄδω	13a
104	ἀεί	13a
105	ἀετός	13a
106	ἄζυμος	13a
107	Ἀζώρ	13a
108	Ἄζωτος	13b
109	ἀήρ	13b
110	ἀθανασία	13b
111	ἀθέμιτος	13b
112	ἄθεος	13b
113	ἄθεσμος	13b
114	ἀθετέω	14a
115	ἀθέτησις	14a
116	Ἀθῆναι	14a
117	Ἀθηναῖος	14a
118	ἀθλέω	14a
119	ἄθλησις	14a
120	ἀθυμέω	14a
121	ἄθῷος	14b
122	αἴγειος	14b
123	αἰγιαλός	14b
124	Αἰγύπτιος	14b
125	Αἴγυπτος	14b
126	ἀΐδιος	14b
127	αἰδώς	14b
128	Αἰθίοψ	15a
129	αἷμα	15a
130	αἱματεκχυσία	15a
131	αἱμοῤῥώ	15b
132	Αἰνέας	16a
133	αἴνεσις	16a
134	αἰνέω	16a
135	αἴνιγμα	16a
136	αἶνος	16a
137	Αἰνών	16a
138	αἱρέομαι	16b
139	αἵρεσις	16b
140	αἱρετίζω	16b
141	αἱρετικός	16b
142	αἴρω	16b
143	αἰσθάνομαι	17a
144	αἴσθησις	17a
145	αἰσθητήριον	17a
146	αἰσχροκερδής	17a
147	αἰσχροκερδῶς	17a
148	αἰσχρολογία	17b
149	αἰσχρόν	17b
150	αἰσχρός	17b
151	αἰσχρότης	17b
152	αἰσχύνη	17b
153	αἰσχύνομαι	17b
154	αἰτέω	17b
155	αἴτημα	18a
156	αἰτία	18a
157	αἰτίαμα	18a
158	αἴτιον	18a
159	αἴτιος	18a
160	αἰφνίδιος	18b
161	αἰχμαλωσία	18b
162	αἰχμαλωτεύω	18b
163	αἰχμαλωτίζω	18b
164	αἰχμαλωτός	18b
165	αἰών	18b
166	αἰώνιος	20b
167	ἀκαθαρσία	21a
168	ἀκαθάρτης	21a
169	ἀκάθαρτος	21a
170	ἀκαιρέομαι	21a
171	ἀκαίρως	21a
172	ἄκακος	21a
173	ἄκανθα	21b
174	ἀκάνθινος	21b
175	ἄκαρπος	21b
176	ἀκατάγνωστος	21b
177	ἀκατακάλυπτος	21b
178	ἀκατάκριτος	21b
179	ἀκατάλυτος	21b
180	ἀκατάπαυστος	21b
181	ἀκαταστασία	22a
182	ἀκατάστατος	22a

Strong's #	Greek word	Thayer's pg.
183	ἀκατάσχετος	*22a*
184	Ἀκελδαμά	*22a*
185	ἀκέραιος	*22a*
186	ἀκλινής	*22a*
187	ἀκμάζω	*22a*
188	ἀκμήν	*22a*
189	ἀκοή	*22a*
190	ἀκολουθέω	*22b*
191	ἀκούω	*22b*
192	ἀκρασία	*23b*
193	ἀκράτης	*23b*
194	ἄκρατος	*23b*
195	ἀκρίβεια	*23b*
196	ἀκριβέστατος	*23b*
197	ἀκριβέστερον	*24a*
198	ἀκριβόω	*24a*
199	ἀκριβῶς	*24a*
200	ἀκρίς	*24a*
201	ἀκροατήριον	*24a*
202	ἀκροατής	*24a*
203	ἀκροβυστία	*24a*
204	ἀκρογωνιαῖος	*24b*
205	ἀκροθίνιον	*24b*
206	ἄκρον	*24b*
207	Ἀκύλας	*24b*
208	ἀκυρόω	*24b*
209	ἀκωλύτως	*24b*
210	ἄκων	*24b*
211	ἀλάβαστρον	*25a*
212	ἀλαζονεία	*25a*
213	ἀλαζών	*25a*
214	ἀλαλάζω	*25a*
215	ἀλάλητος	*25a*
216	ἄλαλος	*25a*
217	ἅλας	*25a*
218	ἀλείφω	*25b*
219	ἀλεκτοροφωνία	*25b*
220	ἀλέκτωρ	*26a*
221	Ἀλεξανδρεύς	*26a*
222	Ἀλεξανδρίνος	*26a*
223	Ἀλέξανδρος	*26a*
224	ἄλευρον	*26a*
225	ἀλήθεια	*26a*
226	ἀληθεύω	*26b*
227	ἀληθής	*27a*
228	ἀληθινός	*27a*
229	ἀλήθω	*27a*
230	ἀληθῶς	*27a*
231	ἁλιεύς	*27b*
232	ἁλιεύω	*27b*
233	ἁλίζω	*27b*
234	ἀλίσγεμα	*27b*
235	ἀλλά	*27b*
236	ἀλλάσσω	*28b*
237	ἀλλαχόθεν	*28b*
238	ἀλληγορέω	*28b*
239	ἀλληλουΐα	*28b*
240	ἀλλήλων	*28b*
241	ἀλλογενής	*28b*
242	ἅλλομαι	*28b*
243	ἄλλος	*29a*
244	ἀλλοτριεπίσκοπος	*29a*
245	ἀλλότριος	*29a*
246	ἀλλόφυλος	*29a*
247	ἄλλως	*29a*
248	ἀλοάω	*29a*
249	ἄλογος	*29a*
250	ἀλοή	*29b*
251	ἅλς	*29b*
252	ἁλυκός	*29b*
253	ἀλυπότερος	*29b*
254	ἅλυσις	*29b*
255	ἀλυσιτελής	*29b*
256	Ἀλφαῖος	*29b*
257	ἅλων	*29b*
258	ἀλώπηξ	*30a*
259	ἅλωσις	*30a*
260	ἅμα	*30a*
261	ἀμαθής	*30a*
262	ἀμαράντινος	*30a*
263	ἀμάραντος	*30a*
264	ἁμαρτάνω	*30a*
265	ἁμάρτημα	*30b*
266	ἁμαρτία	*30b*
267	ἀμάρτυρος	*31b*
268	ἁμαρτωλός	*31b*
269	ἄμαχος	*31b*
270	ἀμάω	*31b*
271	ἀμέθυστος	*31b*
272	ἀμελέω	*31b*
273	ἄμεμπτος	*31b*
274	ἀμέμπτως	*32a*
275	ἀμέριμνος	*32a*
276	ἀμετάθετος	*32a*
277	ἀμετακίνητος	*32a*
278	ἀμεταμέλητος	*32a*
279	ἀμετανόητος	*32a*
280	ἄμετρος	*32a*
281	ἀμήν	*32a*
282	ἀμήτωρ	*32a*
283	ἀμίαντος	*32b*
284	Ἀμιναδάβ	*32b*
285	ἄμμος	*32b*
286	ἀμνός	*32b*
287	ἀμοιβή	*32b*
288	ἄμπελος	*32b*
289	ἀμπελουργός	*32b*
290	ἀμπελών	*32b*
291	Ἀμπλίας	*32b*
292	ἀμύνομαι	*33a*
293	ἀμφίβληστρον	*33a*
294	ἀμφιέννυμι	*33a*
295	Ἀμφίπολις	*33a*
296	ἄμφοδον	*33a*
297	ἀμφότερος	*33a*
298	ἀμώμητος	*33b*
299	ἄμωμος	*33b*
300	Ἀμών	*33b*
301	Ἀμώς	*33b*
302	ἄν	*33b*
303	ἀνά	*34b*
304	ἀναβαθμός	*35a*
305	ἀναβαίνω	*35a*
306	ἀναβάλλομαι	*35b*
307	ἀναβιβάζω	*35b*
308	ἀναβλέπω	*35b*
309	ἀνάβλεψις	*35b*
310	ἀναβοάω	*35b*
311	ἀναβολή	*35b*
312	ἀναγγέλλω	*36a*
313	ἀναγεννάω	*36a*
314	ἀναγινώσκω	*36a*
315	ἀναγκάζω	*36a*
316	ἀναγκαῖος	*36a*
317	ἀναγκαστῶς	*36a*
318	ἀναγκή	*36b*
319	ἀναγνωρίζομαι	*36b*
320	ἀνάγνωσις	*36b*
321	ἀνάγω	*36b*
322	ἀναδείκνυμι	*36b*
323	ἀνάδειξις	*37a*
324	ἀναδέχομαι	*37a*
325	ἀναδίδωμι	*37a*
326	ἀναζάω	*37a*
327	ἀναζητέω	*37a*
328	ἀναζώννυμι	*37a*
329	ἀναζωπυρέω	*37a*
330	ἀναθάλλω	*37b*
331	ἀνάθεμα	*37b*
332	ἀναθεματίζω	*38a*
333	ἀναθεωρέω	*38a*
334	ἀνάθημα	*38a*
335	ἀναίδεια	*38a*
336	ἀναίρεσις	*38a*
337	ἀναιρέω	*38a*
338	ἀναίτιος	*38a*
339	ἀνακαθίζω	*38a*
340	ἀνακαινίζω	*38b*
341	ἀνακαινόω	*38b*
342	ἀνακαίνωσις	*38b*
343	ἀνακαλύπτω	*38b*
344	ἀνακάμπτω	*38b*
345	ἀνακεῖμαι	*38b*
346	ἀνακεφαλαίομαι	*38b*
347	ἀνακλίνω	*39a*
348	ἀνακόπτω	*39a*
349	ἀνακράζω	*39a*
350	ἀνακρίνω	*39a*
351	ἀνάκρισις	*39a*
352	ἀνακύπτω	*39b*
353	ἀναλαμβάνω	*39b*
354	ἀνάληψις	*39b*
355	ἀναλίσκω	*39b*
356	ἀναλογία	*39b*
357	ἀναλογίζομαι	*39b*
358	ἄναλος	*39b*
359	ἀνάλυσις	*39b*
360	ἀναλύω	*40a*
361	ἀναμάρτητος	*40a*
362	ἀναμένω	*40a*
363	ἀναμιμνήσκω	*40a*
364	ἀνάμνησις	*40a*
365	ἀνανεόω	*40a*

Strong's #	Greek word	Thayer's pg.
366	ἀνανήφω	40b
367	Ἀνανίας	40b
368	ἀναντίῤῥητος	40b
369	ἀναντιῤῥήτως	40b
370	ἀνάξιος	40b
371	ἀναξίως	40b
372	ἀνάπαυσις	40b
373	ἀναπαύω	40b
374	ἀναπείθω	41a
375	ἀναπέμπω	41a
376	ἀνάπηρος	41a
377	ἀναπίπτω	41a
378	ἀναπληρόω	41a
379	ἀναπολόγητος	41b
380	ἀναπτύσσω	41b
381	ἀνάπτω	41b
382	ἀναρίθμητος	41b
383	ἀνασείω	41b
384	ἀνασκευάζω	41b
385	ἀνασπάω	41b
386	ἀνάστασις	41b
387	ἀναστατόω	42a
388	ἀνασταυρόω	42a
389	ἀναστενάζω	42a
390	ἀναστρέφω	42a
391	ἀναστροφή	42b
392	ἀνατάσσομαι	42b
393	ἀνατέλλω	42b
394	ἀνατίθεμαι	42b
395	ἀνατολή	43a
396	ἀνατρέπω	43a
397	ἀνατρέφω	43a
398	ἀναφαίνω	43a
399	ἀναφέρω	43a
400	ἀναφωνέω	43b
401	ἀνάχυσις	43b
402	ἀναχωρέω	43b
403	ἀνάψυξις	43b
404	ἀναψύχω	43b
405	ἀνδραποδιστής	43b
406	Ἀνδρέας	43b
407	ἀνδρίζομαι	43b
408	Ἀνδρόνικος	43b
409	ἀνδροφόνος	44a
410	ἀνέγκλητος	441
411	ἀνεκδιήγητος	44a
412	ἀνεκλάλητος	44a
413	ἀνέκλειπτος	44a
414	ἀνεκτότερος	44a
415	ἀνελεήμων	44a
416	ἀνεμίζω	44a
417	ἄνεμος	44a
418	ἀνένδεκτος	44a
419	ἀνεξεύνητος	44b
420	ἀνεξίκακος	44b
421	ἀνεξιχνίαστος	44b
422	ἀνεπαίσχυντος	44b
423	ἀνεπίληπτος	44b
424	ἀνέρχομαι	44b
425	ἄνεσις	44b
426	ἀνετάζω	44b
427	ἄνευ	44b
428	ἀνεύθετος	44b
429	ἀνευρίσκω	44b
430	ἀνέχομαι	44b
431	ἀνέψιος	45a
432	ἄνηθον	45a
433	ἀνήκω	45a
434	ἀνήμερος	45a
435	ἀνήρ	45a
436	ἀνθίστημι	45b
437	ἀνθομολογεομαι	45b
438	ἄνθος	45b
439	ἀνθρακιά	45b
440	ἄνθραξ	45b
441	ἀνθρωπάρεσκος	46a
442	ἀνθρώπινος	46a
443	ἀνθρωποκτόνος	46a
444	ἄνθρωπος	46a
445	ἀνθυπατεύω	47a
446	ἀνθύπατος	47a
447	ἀνίημι	47a
448	ἀνίλεως	47a
449	ἄνιπτος	47a
450	ἀνίστημι	47a
451	Ἄννα	47b
452	Ἄννας	47b
453	ἀνόητος	48a
454	ἄνοια	48a
455	ἀνοίγω	48a
456	ἀνοικοδομέω	48b
457	ἄνοιξις	48b
458	ἀνομία	48b
459	ἄνομος	48b
460	ἀνόμως	48b
461	ἀνορθόω	49a
462	ἀνόσιος	49a
463	ἀνοχή	49a
464	ἀνταγωνίζομαι	49a
465	ἀντάλλαγμα	49a
466	ἀνταναπληρόω	49a
467	ἀνταποδίδωμι	49a
468	ἀνταπόδομα	49a
469	ἀνταπόδοσις	49a
470	ἀνταποκρίνομαι	49b
471	ἀντέπω	49b
472	ἀντέχομαι	49b
473	ἀντί	49b
474	ἀντιβάλλω	50a
475	ἀντιδιατίθεμαι	50a
476	ἀντίδικος	50a
477	ἀντίθεσις	50a
478	ἀντικαθίστημι	50a
479	ἀντικαλέω	50a
480	ἀντίκειμαι	50a
481	ἀντικρύ	50a
482	ἀντιλαμβάνομαι	50a
483	ἀντίλεγω	50b
484	ἀντίληψις	50b
485	ἀντιλογία	50b
486	ἀντιλοιδορέω	50b
487	ἀντίλυτρον	50b
488	ἀντιμετρέω	50b
489	ἀντιμισθία	50b
490	Ἀντιόχεια	50b
491	Ἀντιοχεύς	51a
492	ἀντιπαρέρχομαι	51a
493	Ἀντίπας	51a
494	Ἀντιπατρίς	51a
495	ἀντιπέραν	51a
496	ἀντιπίπτω	51a
497	ἀντιστρατεύομαι	51a
498	ἀντιτάσσομαι	51a
499	ἀντίτυπον	51b
500	ἀντίχριστος	51b
501	ἀντλέω	51b
502	ἄντλημα	51b
503	ἀντοφθαλμέω	52a
504	ἄνυδρος	52a
505	ἀνυπόκριτος	52a
506	ἀνυπότακτος	52a
507	ἄνω	52a
508	ἀνώγεον	52a
509	ἄνωθεν	52a
510	ἀνώτερικος	52b
511	ἀνώτερος	52b
512	ἀνωφέλες	52b
513	ἀξίνη	52b
514	ἄξιος	52b
515	ἀξιόω	53a
516	ἀξίως	53a
517	ἀόρατος	53a
518	ἀπαγγέλλω	53a
519	ἀπάγχομαι	53b
520	ἀπάγω	53b
521	ἀπαίδευτος	53b
522	ἀπαίρω	53b
523	ἀπαιτέω	53b
524	ἀπαλγέω	53b
525	ἀπαλλάσσω	53b
526	ἀπαλλοτριόω	54a
527	ἁπαλός	54a
528	ἀπαντάω	54a
529	ἀπάντησις	54a
530	ἅπαξ	54a
531	ἀπαράβατος	54a
532	ἀπαρασκεύαστος	54a
533	ἀπαρνέομαι	54a
534	ἀπάρτι	54b
535	ἀπαρτισμός	54b
536	ἀπαρχή	54b
537	ἅπας	54b
538	ἀπατάω	55a
539	ἀπάτη	55a
540	ἀπάτωρ	55a
541	ἀπαύγασμα	55a
542	ἀπείδω	55a
543	ἀπείθεια	55b
544	ἀπειθέω	55b
545	ἀπειθής	55b
546	ἀπειλέω	55b
547	ἀπειλή	55b
548	ἄπειμι	55b

Strong's #	Greek word	Thayer's pg.
549	ἄπειμι	55b
550	ἀπειπόμην	55b
551	ἀπείραστος	56a
552	ἄπειρος	56a
553	ἀπεκδέχομαι	56a
554	ἀπεκδύομαι	56a
555	ἀπέκδυσις	56a
556	ἀπελαύνω	56a
557	ἀπελεγμός	56a
558	ἀπελεύθερος	56a
559	Ἀπελλῆς	56a
560	ἀπελπίζω	56a
561	ἀπέναντι	56a
562	ἀπέραντος	56a
563	ἀπερισπάστως	56b
564	ἀπερίτμητος	56b
565	ἀπέρχομαι	56b
566	ἀπέχει	57a
567	ἀπέχομαι	57a
568	ἀπέχω	57a
569	ἀπιστέω	57a
570	ἀπιστία	57a
571	ἄπιστος	57a
572	ἁπλότης	57b
573	ἁπλοῦς	57b
574	ἁπλῶς	57b
575	ἀπό	57b
576	ἀποβαίνω	59b
577	ἀποβάλλω	60a
578	ἀποβλέπω	60a
579	ἀπόβλητος	60a
580	ἀποβολή	60a
581	ἀπογενόμενος	60a
582	ἀπογραφή	60a
583	ἀπογράφω	60a
584	ἀποδείκνυμι	60a
585	ἀπόδειξις	60a
586	ἀποδεκατόω	60b
587	ἀπόδεκτος	60b
588	ἀποδέχομαι	60b
589	ἀποδημέω	60b
590	ἀπόδημος	60b
591	ἀποδίδωμι	60b
592	ἀποδιορίζω	61a
593	ἀποδοκιμαζω	61a
594	ἀποδοχή	61a
595	ἀπόθεσις	61a
596	ἀποθήκη	61a
597	ἀποθησαυρίζω	61a
598	ἀποθλίβω	61a
599	ἀποθνήσκω	61b
600	ἀποκαθίστημι	62a
601	ἀποκαλύπτω	62a
602	ἀποκάλυψις	62b
603	ἀποκαραδοκία	62b
604	ἀποκαταλλάσσω	63a
605	ἀποκατάστασις	63a
606	ἀπόκειμαι	63a
607	ἀποκεφαλίζω	63a
608	ἀποκλείω	63a
609	ἀποκόπτω	63a
610	ἀπόκριμα	63a
611	ἀποκρίνομαι	63a
612	ἀπόκρισις	63b
613	ἀποκρύπτω	63b
614	ἀπόκρυφος	64a
615	ἀποκτείνω	64a
616	ἀποκυέω	64a
617	ἀποκυλίω	64a
618	ἀπολαμβάνω	64a
619	ἀπόλαυσις	64b
620	ἀπολείπω	64b
621	ἀπολείχω	64b
622	ἀπόλλυμι	64b
623	Ἀπολλύων	65a
624	Ἀπολλωνία	65a
625	Ἀπολλώς	65a
626	ἀπολογέομαι	65a
627	ἀπολογία	65b
628	ἀπολούω	65b
629	ἀπολύτρωσις	65b
630	ἀπολύω	65b
631	ἀπομάσσομαι	66a
632	ἀπονέμω	66a
633	ἀπονίπτω	66b
634	ἀποπίπτω	66b
635	ἀποπλανάω	66b
636	ἀποπλέω	66b
637	ἀποπλύνω	66b
638	ἀποπνίγω	66b
639	ἀπορέω	66b
640	ἀπορία	66b
641	ἀποῤῥίπτω	67a
642	ἀπορφανίζω	67a
643	ἀποσκευάζω	67a
644	ἀποσκίασμα	67a
645	ἀποσπάω	67a
646	ἀποστασία	67a
647	ἀποστάσιον	67a
648	ἀποστεγάζω	67a
649	ἀποστέλλω	67a
650	ἀποστερέω	68a
651	ἀποστολή	68a
652	ἀπόστολος	68a
653	ἀποστοματίζω	68b
654	ἀποστρέφω	68b
655	ἀποστυγέω	68b
656	ἀποσυνάγωγος	68b
657	ἀποτάσσομαι	69a
658	ἀποτελέω	69a
659	ἀποτίθημι	69a
660	ἀποτινάσσω	69a
661	ἀποτίνω	69a
662	ἀποτολμάω	69a
663	ἀποτομία	69a
664	ἀποτόμως	69a
665	ἀποτρέπω	69b
666	ἀπουσία	69b
667	ἀποφέρω	69b
668	ἀποφεύγω	69b
669	ἀποφθέγγομαι	69b
670	ἀποφορτίζομαι	69b
671	ἀπόχρησις	69b
672	ἀποχωρέω	70a
673	ἀποχωρίζω	70a
674	ἀποψύχω	70a
675	Ἄππιος	70a
676	ἀπρόσιτος	70a
677	ἀπρόσκοπος	70a
678	ἀπροσωπολήπτως	70a
679	ἄπταιστος	70a
680	ἅπτομαι	70a
681	ἅπτω	70a
682	Ἀπφία	70b
683	ἀπωθέομαι	70b
684	ἀπώλεια	70b
685	ἀρά	71b
686	ἄρα	71a
687	ἆρα	71b
688	Ἀραβία	71b
689	Ἀράμ	71b
690	Ἄραψ	72a
691	ἀργέω	72a
692	ἀργός	72a
693	ἀργύρεος	72a
694	ἀργύριον	72a
695	ἀργυροκόπος	72a
696	ἄργυρος	72a
697	Ἄρειος	72b
698	Ἀρεοπαγίτης	72b
699	ἀρέσκεια	72b
700	ἀρέσκω	72b
701	ἀρεστός	72b
702	Ἀρέτας	72b
703	ἀρέτη	73a
704	ἀρήν	73a
705	ἀριθμέω	73a
706	ἀριθμός	73a
707	Ἀριμαθαία	73a
708	Ἀρίσταρχος	73b
709	ἀριστάω	73b
710	ἀριστερός	73b
711	Ἀριστόβουλος	73b
712	ἄριστον	73b
713	ἀρκετός	73b
714	ἀρκέω	73b
715	ἄρκτος	73b
716	ἅρμα	73b
717	Ἀρμαγεδδών	73b
718	ἁρμοζω	74a
719	ἁρμός	74a
720	ἀρνέομαι	74a
721	ἀρνίον	74b
722	ἀροτριόω	74b
723	ἄροτρον	74b
724	ἁρπαγή	74b
725	ἁρπαγμός	74b
726	ἁρπαζω	74b
727	ἅρπαξ	75a
728	ἀῤῥαβών	75a
729	ἄῤῥαφος	75a
730	ἄῤῥην, ἄρσην	75a
731	ἄῤῥητος	75a

Strong's #	Greek word	Thayer's pg.
732	ἄρρωστος	75a
733	ἀρσενοκοίτης	75a
734	Ἀρτεμᾶς	75a
735	Ἄρτεμις	75a
736	ἀρτέμων	75b
737	ἄρτι	75b
738	ἀρτιγέννητος	75b
739	ἄρτιος	75b
740	ἄρτος	75b
741	ἀρτύω	76a
742	Ἀρφαξάδ	76a
743	ἀρχάγγελος	76a
744	ἀρχαῖος	76b
745	Ἀρχέλαος	76b
746	ἀρχή	76b
747	ἀρχηγός	77a
748	ἀρχιερατικός	77b
749	ἀρχιερεύς	77b
750	ἀρχιποίμην	78a
751	Ἄρχιππος	78a
752	ἀρχισυνάγωγος	78a
753	ἀρχιτέκτων	78a
754	ἀρχιτελώνης	78a
755	ἀρχιτρίκλινος	78b
756	ἄρχομαι	78b
757	ἄρχω	78b
758	ἄρχων	79a
759	ἄρωμα	79a
760	Ἀσά	79a
761	ἀσάλευτος	79b
762	ἄσβεστος	79b
763	ἀσέβεια	79b
764	ἀσεβέω	79b
765	ἀσεβής	79b
766	ἀσέλγεια	79b
767	ἄσημος	80a
768	Ἀσήρ	80a
769	ἀσθένεια	80a
770	ἀσθενέω	80a
771	ἀσθένημα	80b
772	ἀσθενής	80b
773	Ἀσία	80b
774	Ἀσιανός	80b
775	Ἀσιάρχης	80b
776	ἀσιτία	81a
777	ἄσιτος	81a
778	ἀσκέω	81a
779	ἀσκός	81a
780	ἀσμένως	81a
781	ἄσοφος	81a
782	ἀσπάζομαι	81a
783	ἀσπασμός	81a
784	ἄσπιλος	81a
785	ἀσπίς	81b
786	ἄσπονδος	81b
787	ἀσσάριον	81b
788	ἆσσον	81b
789	Ἄσσος	81b
790	ἀστατέω	81b
791	ἀστεῖος	81b
792	ἀστήρ	81b
793	ἀστήρικτος	82a
794	ἄστοργος	82a
795	ἀστοχέω	82a
796	ἀστραπή	82a
797	ἀστράπτω	82a
798	ἄστρον	82a
799	Ἀσύγκριτος	82a
800	ἀσύμφωνος	82a
801	ἀσύνετος	82a
802	ἀσύνθετος	82b
803	ἀσφάλεια	82b
804	ἀσφαλής	82b
805	ἀσφαλίζω	82b
806	ἀσφαλῶς	82b
807	ἀσχημονέω	82b
808	ἀσχημοσύνη	82b
809	ἀσχήμων	82b
810	ἀσώτια	82b
811	ἀσώτως	83a
812	ἀτακτέω	83a
813	ἄτακτος	83a
814	ἀτάκτως	83a
815	ἄτεκνος	83a
816	ἀτενίζω	83a
817	ἄτερ	83a
818	ἀτιμάζω	83a
819	ἀτιμία	83a
820	ἄτιμος	83b
821	ἀτιμόω	83b
822	ἀτμίς	83b
823	ἄτομος	83b
824	ἄτοπος	83b
825	Ἀττάλεια	83b
826	αὐγάζω	83b
827	αὐγή	83b
828	Αὔγουστος	83b
829	αὐθάδης	83b
830	αὐθαίρετος	84a
831	αὐθεντέω	84a
832	αὐλέω	84a
833	αὐλή	84a
834	αὐλητής	84a
835	αὐλίζομαι	84a
836	αὐλός	84b
837	αὐξάνω	84b
838	αὔξησις	84b
839	αὔριον	84b
840	αὐστηρός	84b
841	αὐτάρκεια	84b
842	αὐτάρκης	85a
843	αὐτοκατάκριτος	85a
844	αὐτόματος	85a
845	αὐτόπτης	85a
846	αὐτός	85a
847	αὐτοῦ	87a
848	αὑτοῦ	87a
849	αὐτόχειρ	87b
850	αὐχμηρός	87b
851	ἀφαιρέω	87b
852	ἀφανής	88a
853	ἀφανίζω	88a
854	ἀφανισμός	88a
855	ἄφαντος	88a
856	ἀφεδρών	88a
857	ἀφειδία	88a
858	ἀφελότης	88a
859	ἄφεσις	88a
860	ἁφή	88b
861	ἀφθαρσία	88b
862	ἄφθαρτος	88b
863	ἀφίημι	88b
864	ἀφικνέομαι	89b
865	ἀφιλάγαθος	89b
866	ἀφιλάργυρος	89b
867	ἄφιξις	89b
868	ἀφίστημι	89b
869	ἄφνω	89b
870	ἀφόβως	89b
871	ἀφομοιόω	89b
872	ἀφοράω	90a
873	ἀφορίζω	90a
874	ἀφορμή	90a
875	ἀφρίζω	90a
876	ἀφρός	90a
877	ἀφροσύνη	90a
878	ἄφρων	90a
879	ἀφυπνόω	90b
880	ἄφωνος	90b
881	Ἀχάζ	90b
882	Ἀχαΐα	90b
883	Ἀχαϊκός	90b
884	ἀχάριστος	90b
885	Ἀχείμ	90b
886	ἀχειροποίητος	90b
887	ἀχλύς	90b
888	ἀχρεῖος	91a
889	ἀχρειόω	91a
890	ἄχρηστος	91a
891	ἄχρι	91a
892	ἄχυρον	91b
893	ἀψευδής	91b
894	ἄψινθος	91b
895	ἄψυχος	91b

B

Strong's #	Greek word	Thayer's pg.
896	Βάαλ	92a
897	Βαβυλών	92a
898	Βαθμός	92b
899	Βάθος	92b
900	Βαθύνω	92b
901	Βαθύς	93a
902	Βαΐον	93a
903	Βαλαάμ	93a
904	Βαλάκ	93a
905	βαλάντιον	93a
906	βάλλω	93a
907	βαπτίζω	94a
908	βάπτισμα	94b
909	βαπτισμός	95a
910	Βαπτιστής	95a
911	βάπτω	95a
912	Βαραββᾶς	95a

Strong's #	Greek word	Thayer's pg.
913	Βαράκ	95b
914	Βαραχίας	95b
915	βάρβαρος	95b
916	βαρέω	95b
917	βαρέως	95b
918	Βαρθολομαῖος	95b
919	Βαριησοῦς	96a
920	Βαριωνᾶς	96a
921	Βαρνάβας	96a
922	βάρος	96a
923	Βαρσαβᾶς	96a
924	Βαρτιμαῖος	96a
925	βαρύνω	96a
926	βαρύς	96a
927	βαρύτιμος	96a
928	βασανίζω	96b
929	βασανισμός	96b
930	Βασανιστής	96b
931	βάσανος	96b
932	βασιλεία	96b
933	βασίλειον	98a
934	Βασιλειός	98a
935	Βασιλεύς	98a
936	βασιλεύω	98a
937	βασιλικός	98b
938	βασίλισσα	98b
939	βάσις	98b
940	βασκαίνω	98b
941	βαστάζω	98b
942	βάτος	99a
943	βάτος	99a
944	βάτραχος	99a
945	βαττολογέω	99a
946	βδέλυγμα	99a
947	βδελυκτός	99b
948	βδελύσσω	99b
949	βέβαιος	99b
950	βεβαιόω	99b
951	βεβαίωσις	100a
952	βέβηλος	100a
953	βεβηλόω	100a
954	Βεελζεβούλ	100a
955	Βελίαλ	100a
956	βέλος	100a
957	βελτίον	100a
958	Βενιαμίν	100a
959	Βερνίκη	100b
960	Βέροια	100b
961	Βεροιαῖος	100b
962	Βηθαβαρά	100b
963	Βηθανία	100b
964	Βηθεσδά	100b
965	Βηθλεέμ	101a
966	Βεθσαϊδά	101a
967	Βηθφαγή	101a
968	βῆμα	101a
969	βήρυλλος	101b
970	βία	101b
971	βιάζω	101b
972	βίαιος	101b
973	βιαστής	101b

Strong's #	Greek word	Thayer's pg.
974	βιβλιαρίδιον	101b
975	βιβλίον	101b
976	βίβλος	102a
977	βιβρώσκω	1021
978	Βιθυνία	102a
979	βίος	102a
980	βιόω	102a
981	βίωσις	102a
982	βιωτικός	102a
983	βλαβερός	102a
984	βλάπτω	102b
985	βλαστάνω	102b
986	Βλάστος	102b
987	βλασφημέω	102b
988	βλασφημία	102b
989	βλάσφημος	103a
990	βλέμμα	103a
991	βλέπω	103a
992	βλητέος	103b
993	Βοανεργές	103b
994	βοάω	103b
995	βοή	104a
996	βοήθεια	104a
997	βοηθέω	104a
998	βοηθός	104a
999	βόθυνος	104a
1000	βολή	104a
1001	βολίζω	104a
1002	βολίς	104a
1003	Βοόζ	104a
1004	βόρβορος	104b
1005	βορρᾶς	104b
1006	βόσκω	104b
1007	Βοσόρ	104b
1008	βοτάνη	104b
1009	βότρυς	104b
1010	Βουλευτής	104b
1011	βουλεύω	104b
1012	βουλή	104b
1013	βούλημα	105a
1014	βούλομαι	105a
1015	βουνός	105a
1016	βοῦς	105a
1017	βραβεῖον	105a
1018	βραβεύω	105b
1019	βραδύνω	105b
1020	βραδυπλοέω	105b
1021	βραδύς	105b
1022	βραδύτης	105b
1023	βραχίων	105b
1024	βραχύς	105b
1025	βρέφος	105b
1026	βρέχω	105b
1027	βροντή	106a
1028	βροχή	106a
1029	βρόχος	106a
1030	βρυγμός	106a
1031	βρύχω	106a
1032	βρύω	106a
1033	βρῶμα	106a
1034	βρώσιμος	106b

Strong's #	Greek word	Thayer's pg.
1035	βρῶσις	106b
1036	βυθίζω	106b
1037	βυθός	106b
1038	βυρσεύς	106b
1039	βύσσινος	106b
1040	βύσσος	106b
1041	βῶμος	106b

Γ

Strong's #	Greek word	Thayer's pg.
1042	γαββαθά	107a
1043	Γαβριήλ	107a
1044	γάγγραινα	107a
1045	Γάδ	107a
1046	Γαδαρηνός	107a
1047	γάζα	107b
1048	Γάζα	107b
1049	γαζοφυλάκιον	107b
1050	Γάϊος	108a
1051	γάλα	108a
1052	Γαλάτης	108a
1053	Γαλατία	108a
1054	Γαλατικός	108a
1055	γαλήνη	108a
1056	Γαλιλαία	108b
1057	Γαλιλαῖος	108b
1058	Γαλλίων	108b
1059	Γαμαλιήλ	108b
1060	γαμέω	108b
1061	γαμίσκω	109a
1062	γάμος	109a
1063	γάρ	109a
1064	γαστήρ	110b
1065	γέ	110b
1066	Γεδεών	111b
1067	γέεννα	111b
1068	Γεθσημανῆ	111b
1069	γείτων	112a
1070	γελάω	112a
1071	γέλως	112a
1072	γεμίζω	112a
1073	γέμω	112a
1074	γενεά	112a
1075	γενεαλογέω	112b
1076	γενεαλογία	112b
1077	γενέσια	112b
1078	γένεσις	112b
1079	γενετή	112b
1080	γεννάω	113a
1081	γέννημα	113b
1082	Γεννησαρέτ	113b
1083	γέννησις	113b
1084	γεννητός	113b
1085	γένος	113b
1086	Γεργεσηνός	114a
1087	γερουσία	114a
1088	γέρων	114a
1089	γεύομαι	114b
1090	γεωργέω	114b
1091	γεώργιον	114b

Strong's #	Greek word	Thayer's pg.
1092	γεωργός	114b
1093	γῆ	114b
1094	γῆρας	115a
1095	γηράσκω	115a
1096	γίνομαι	115a
1097	γινώσκω	117a
1098	γλεῦκος	118b
1099	γλυκύς	118b
1100	γλῶσσα	118b
1101	γλωσσόκομον	119a
1102	γναφεύς	119a
1103	γνήσιος	119a
1104	γνησίως	119a
1105	γνόφος	119a
1107	γνώμη	119a
1107	γνωρίζω	119a
1108	γνῶσις	119b
1109	γνώστης	119b
1110	γνωστός	119b
1111	γογγύζω	120a
1112	γογγυσμός	120a
1113	γογγυστής	120a
1114	γόης	120a
1115	Γολγοθᾶ	120a
1116	Γόμορρα	120a
1117	γόμος	120b
1118	γονεύς	120b
1119	γονύ	120b
1120	γονυπετέω	120b
1121	γράμμα	120b
1122	γραμματεύς	121a
1123	γραπτός	121a
1124	γραφή	121a
1125	γράφω	121b
1126	γραώδης	122a
1127	γρηγορεύω	122a
1128	γυμνάζω	122b
1129	γυμνασία	122b
1130	γυμνητεύω	122b
1131	γυμνός	122b
1132	γυμνότης	122b
1133	γυναικάριον	123a
1134	γυναικεῖος	123a
1135	γυνή	123a
1136	Γώγ	123b
1137	γωνία	123b
	Δ	
1138	Δαβίδ	123a
1139	δαιμονίζομαι	123a
1140	δαιμόνιον	123b
1141	δαιμονιώδης	124a
1142	δαίμων	124a
1143	δάκνω	124b
1144	δάκρυ, δάκυον	124b
1145	δακρύω	124b
1146	δακτύλιος	124b
1147	δάκτυλος	124b
1148	Δαλμανουθά	124b
1149	Δαλματία	124b
1150	δαμάζω	124b
1151	δάμαλις	124b
1152	Δάμαρις	124b
1153	Δαμασκηνός	124b
1154	Δαμασκός	125a
1155	δανείζω	125a
1156	δάνειον	125a
1157	δανειστής	125a
1158	Δανιήλ	125a
1159	δαπανάω	125a
1160	δαπάνη	125a
1161	δέ	125a
1162	δέησις	126a
1163	δεῖ	126a
1164	δεῖγμα	126b
1165	δειγματίζω	126b
1166	δεικνύω	126b
1167	δειλία	127a
1168	δειλιάω	127a
1169	δειλός	127a
1170	δεῖνα	127a
1171	δεινῶς	127a
1172	δειπνέω	127a
1173	δεῖπνον	127a
1174	δεισιδαιμονέστερος	127b
1175	δεισιδαιμονία	127b
1176	δέκα	127b
1177	δεκαδύο	127b
1178	δεκαπέντε	127b
1179	Δεκάπολις	127b
1180	δεκατέσσαρες	128a
1181	δεκάτη	128a
1182	δέκατος	128a
1183	δεκατόω	128a
1184	δεκτός	128a
1185	δελεάζω	128a
1186	δένδρον	128a
1187	δεξιολάβος	128a
1188	δεξιός	128b
1189	δέομαι	129a
1190	Δερβαῖος	129a
1191	Δέρβη	129a
1192	δέρμα	129a
1193	δερμάτινος	129a
1194	δέρω	129a
1195	δεσμεύω	129b
1196	δεσμέω	129b
1197	δεσμή	129b
1198	δέσμιος	129b
1199	δεσμόν, δεσμός	129b
1200	δεσμοφύλαξ	129b
1201	δεσμωτήριον	130a
1202	δεσμώτης	130a
1203	δεσπότης	130a
1204	δεῦρο	130a
1205	δεῦτε	130a
1206	δευτεραῖος	130a
1207	δευτερόπρωτος	130a
1208	δεύτερος	130b
1209	δέχομαι	130b
1210	δέω	131a
1211	δή	131b
1212	δῆλος	131b
1213	δηλόω	131b
1214	Δημᾶς	132a
1215	δημηγορέω	132a
1216	Δημήτριος	132a
1217	δημιουργός	132a
1218	δῆμος	132a
1219	δημόσιος	132a
1220	δηνάριον	132a
1221	δήποτε	132a
1222	δήπου	132b
1223	διά	132b
1224	διαβαίνω	135a
1225	διαβάλλω	135a
1226	διαβεβαιόομαι	135a
1227	διαβλέπω	135a
1228	διάβολος	135a
1229	διαγγέλλω	135b
1230	διαγίνομαι	135b
1231	διαγινώσκω	135b
1232	διαγνωρίζω	135b
1233	διάγνωσις	135b
1234	διαγογγύζω	135b
1235	διαγρηγορέω	135b
1236	διάγω	135b
1237	διαδέχομαι	136a
1238	διάδημα	136a
1239	διαδίδωμι	136a
1240	διάδοχος	136a
1241	διαζώννυμι	136a
1242	διαθήκη	136a
1243	διαίρεσις	137a
1244	διαιρέω	137a
1245	διακαθαρίζω	137a
1246	διακατελέγχομαι	137a
1247	διακονέω	137a
1248	διακονία	137b
1249	διάκονος	138a
1250	διακόσιοι	138b
1251	διακούομαι	138b
1252	διακρίνω	138b
1253	διάκρισις	139a
1254	διακωλύω	139a
1255	διαλαλέω	139a
1256	διαλέγομαι	139a
1257	διαλείπω	139a
1258	διάλεκτος	139a
1259	διαλλάσσω	139a
1260	διαλογίζομαι	139b
1261	διαλογισμός	139b
1262	διαλύω	139b
1263	διαμαρτύρομαι	139b
1264	διαμάχομαι	140a
1265	διαμένω	140a
1266	διαμερίζω	140a
1267	διαμερισμός	140a
1268	διανέμω	140a
1269	διανεύω	140a
1270	διανόημα	140b
1271	διάνοια	140b

Strong's #	Greek word	Thayer's pg.
1272	διανοίγω	140b
1273	διανυκτερεύω	140b
1274	διανύω	140b
1275	διαπαντός	140b
1276	διαπεράω	140b
1277	διαπλέω	141a
1278	διαπονέω	141a
1279	διαπορεύομαι	141a
1280	διαπορέω	141a
1281	διαπραγματεύομαι	141a
1282	διαπρίω	141a
1283	διαρπάζω	141a
1284	διαῤῥήσσω	141a
1285	διασαφέω	141b
1286	διασείω	141b
1287	διασκορπίζω	141b
1288	διασπάω	141b
1289	διασπείρω	141b
1290	διασπορά	141b
1291	διαστέλλομαι	142a
1292	διάστημα	142a
1293	διαστολή	142a
1294	διαστρέφω	142a
1295	διασώζω	142a
1296	διαταγή	142a
1297	διάταγμα	142b
1298	διαταράσσω	142b
1299	διατάσσω	142b
1300	διατελέω	142b
1301	διατηρέω	142b
1302	διατί	142b
1303	διατίθεμαι	142b
1304	διατρίβω	143a
1305	διατροφή	143a
1306	διαυγάζω	143a
1307	διαφανής	143a
1308	διαφέρω	143a
1309	διαφεύγω	143b
1310	διαφημίζω	143b
1311	διαφθείρω	143b
1312	διαφθορά	143b
1313	διάφορος	143b
1314	διαφυλάσσω	143b
1315	διαχειρίζομαι	143b
1316	διαχωρίζομαι	144a
1317	διδακτικός	144a
1318	διδακτός	144a
1319	διδασκαλία	144a
1320	διδάσκαλος	144a
1321	διδάσκω	144a
1322	διδαχή	144b
1323	δίδραχμον	145a
1324	Δίδυμος	145a
1325	δίδωμι	145a
1326	διεγείρω	147a
1327	διέξοδος	147a
1328	διερμηνευτής	147b
1329	διερμηνεύω	147b
1330	διέρχομαι	147b
1331	διερωτάω	148a
1332	διετής	148a
1333	διετία	148a
1334	διηγέομαι	148a
1335	διήγεσις	148a
1336	διηνεκές	148a
1337	διθάλασσος	148a
1338	διϊκνέομαι	148a
1339	διΐστημι	148a
1340	διϊσχυρίζομαι	148b
1341	δικαιοκρισία	148b
1342	δίκαιος	148b
1343	δικαιοσύνη	149a
1344	δικαιόω	150a
1345	δικαίωμα	151a
1346	δικαίως	151b
1347	δικαίωσις	151b
1348	δικαστής	151b
1349	δίκη	151b
1350	δίκτυον	151b
1351	δίλογος	151b
1352	διό	152a
1353	διοδεύω	152a
1354	Διονύσιος	152a
1355	διόπερ	152a
1356	διοπετής	152a
1357	διόρθωσις	152a
1358	διορύσσω	152a
1359	Διόσκουροι	152a
1360	διότι	152b
1361	Διοτρεφής	152b
1362	διπλούς	152b
1363	διπλόω	152b
1364	δίς	152b
1365	διστάζω	152b
1366	δίστομος	152b
1367	δισχίλιοι	153a
1368	διϋλίζω	153a
1369	διχάζω	153a
1370	διχοστασία	153a
1371	διχοτομέω	153a
1372	διψάω	153a
1373	δίψος	153a
1374	δίψυχος	153a
1375	διωγμός	153a
1376	διώκτης	153b
1377	διώκω	153b
1378	δόγμα	153b
1379	δογματίζω	154a
1380	δοκέω	154a
1381	δοκιμάζω	154b
1382	δοκιμή	154b
1383	δοκίμιον	155a
1384	δόκιμος	155a
1385	δοκός	155a
1386	δόλιος	155a
1387	δολιόω	155a
1388	δόλος	155a
1389	δολόω	155a
1390	δόμα	155a
1391	δόξα	155b
1392	δοξάζω	157a
1393	Δορκάς	157a
1394	δόσις	157a
1395	δότης	157b
1396	δουλαγωγέω	157b
1397	δουλεία	157b
1398	δουλεύω	157b
1399	δούλη	157b
1400	δοῦλον	157b
1401	δοῦλος	157b
1402	δουλόω	158a
1403	δοχή	158a
1404	δράκων	158a
1405	δράσσομαι	158b
1406	δραχμή	158b
1407	δρέπανον	158b
1408	δρόμος	158b
1409	Δρούσιλλα	158b
1410	δύναμαι	158b
1411	δύναμις	159a
1412	δυναμόω	160a
1413	δυνάστης	160a
1414	δυνατέω	160a
1415	δυνατός	160a
1416	δύνω, δῦμι	160a
1417	δύο	160b
1418	δυσ-	160b
1419	δυσβάστακτος	160b
1420	δυσεντερία	160b
1421	δυσερμήνευτος	160b
1422	δύσκολος	161a
1423	δυσκόλως	161a
1424	δυσμή	161a
1425	δυσνόητος	161a
1426	δυσφημία	161a
1427	δώδεκα	161a
1428	δωδέκατος	161a
1429	δωδεκάφυλον	161a
1430	δῶμα	161b
1431	δωρεά	161b
1432	δωρεάν	161b
1433	δωρέομαι	161b
1434	δωρημα	161b
1435	δῶρον	161b
	E	
1436	Ἔα	162a
1437	ἐάν	162a
1438	ἑαυτοῦ	163a
1439	ἐάω	163b
1440	ἑβδομήκοντα	163b
1441	ἑβδομηκοντακίς	163b
1442	ἕβδομος	163b
1443	Ἑβέρ	163b
1444	Ἑβραϊκός	163b
1445	Ἑβραῖος	163b
1446	Ἑβραΐς	164a
1447	Ἑβραϊστί	164a
1448	ἐγγίζω	164a
1449	ἐγγράφω	164b
1450	ἔγγυος	164b
1451	ἐγγύς	164b
1452	ἐγγύτερον	165a

Strong's #	Greek word	Thayer's pg.
1453	ἐγείρω	165a
1454	ἔγερσις	165b
1455	ἐγκάθετος	165b
1456	ἐγκαίνια	165b
1457	ἐγκαινίζω	166a
1458	ἐγκαλέω	166a
1459	ἐγκαταλείπω	166a
1460	ἐγκατοικέω	166b
1461	ἐγκεντρίζω	166b
1462	ἔγκλημα	166b
1463	ἐγκομβόομαι	166b
1464	ἐγκοπή	166b
1465	ἐγκόπτω	166b
1466	ἐγκράτεια	166b
1467	ἐγκρατεύομαι	167a
1468	ἐγκρατής	167a
1469	ἐγκρίνω	167a
1470	ἐγκρυπτω	167a
1471	ἔγκυος	167a
1472	ἐγχρίω	167a
1473	ἐγώ	167a
1474	ἐδαφίζω	167b
1475	ἔδαφος	168a
1476	ἑδραῖος	168a
1477	ἑδραίωμα	168a
1478	Ἑζεκίας	168a
1479	ἐθελοθρησκεία	168a
1480	ἐθίζω	168a
1481	ἐθνάρχης	168a
1482	ἐθνικός	168a
1483	ἐθνικῶς	168b
1484	ἔθνος	168b
1485	ἔθος	168b
1486	ἔθω	168b
1487	εἰ	169a
1488	εἶ	169a
1489	εἴγε	172b
1490	εἰ δὲ μή(γε)	172b
1491	εἶδος	172b
1492	εἴδω	172b
1493	εἰδωλεῖον	174b
1494	εἰδωλόθυτον	174b
1495	εἰδωλολατρεία	174b
1496	εἰδωλολάτρης	174b
1497	εἴδωλον	174b
1498	εἴην	174b
1499	εἰ καί	174b
1500	εἰκῆ	174b
1501	εἴκοσι	174b
1502	εἴκω	175a
1503	εἴκω	175a
1504	εἰκών	175a
1505	εἰλικρίνεια	175a
1506	εἰλικρινής	175a
1507	εἰλίσσω	175a
1508	εἰ μή	171b
1509	εἰ μή τι	171b
1510	εἰμί	175b
1511	εἶναι	179b
1512	εἴ περ	180b
1513	εἴ πως	182a
1514	εἰρηνεύω	182a
1515	εἰρήνη	182a
1516	εἰρηνικός	182b
1517	εἰρηνοποιέω	183a
1518	εἰρηνοποιός	183a
1519	εἰς	183a
1520	εἷς	186a
1521	εἰσάγω	187b
1522	εἰσακούω	187b
1523	εἰσδέχομαι	187b
1524	εἴσειμι	187b
1525	εἰσέρχομαι	187b
1526	εἰσί	183a
1527	εἷς καθ εἷς	187a
1528	εἰσκαλέω	188b
1529	εἴσοδος	188b
1530	εἰσπηδάω	188b
1531	εἰσπορεύομαι	188b
1532	εἰστρέχω	188b
1533	εἰσφέρω	188b
1534	εἶτα	188b
1535	εἴτε	189a
1536	εἴ τις	172a
1537	ἐκ, ἐξ	189a
1538	ἕκαστος	192a
1539	ἑκάστοτε	192a
1540	ἑκατόν	192a
1541	ἑκατονταέτης	192a
1542	ἑκατονταπλασίων	192b
1543	ἑκατοντάρχης	192b
	ἑκατόνταρχος	
1544	ἐκβάλλω	192b
1545	ἔκβασις	193a
1546	ἐκβολή	193a
1547	ἐκγαμίζω	193a
1548	ἐκγαμίσκω	193a
1549	ἔκγονον	193b
1550	ἐκδαπανάω	193b
1551	ἐκδέχομαι	193b
1552	ἔκδηλος	193b
1553	ἐκδημέω	193b
1554	ἐκδίδωμι	193b
1555	ἐκδιηγέομαι	193b
1556	ἐκδικέω	193b
1557	ἐκδίκησις	194a
1558	ἔκδικος	194a
1559	ἐκδιώκω	194a
1560	ἔκδοτος	194a
1561	ἐκδοχή	194a
1562	ἐκδύω	194a
1563	ἐκεῖ	194a
1564	ἐκεῖθεν	194b
1565	ἐκεῖνος	194b
1566	ἐκεῖσε	195a
1567	ἐκζητέω	195a
1568	ἐκθαμβέω	195b
1569	ἔκθαμβος	195b
1570	ἔκθετος	195b
1571	ἐκκαθαίρω	195b
1572	ἐκκαίω	195b
1573	ἐκκακέω	195b
1574	ἐκκεντέω	195b
1575	ἐκκλάω	195b
1576	ἐκκλείω	195b
1577	ἐκκλησία	195b
1578	ἐκκλίνω	196b
1579	ἐκκολυμβάω	196b
1580	ἐκκομίζω	196b
1581	ἐκκόπτω	196b
1582	ἐκκρέμαμαι	196b
1583	ἐκλαλέω	196b
1584	ἐκλάμπω	196b
1585	ἐκλανθάνομαι	196b
1586	ἐκλέγομαι	196b
1587	ἐκλείπω	197a
1588	ἐκλεκτός	197a
1589	ἐκλογή	197b
1590	ἐκλύω	197b
1591	ἐκμάσσω	198a
1592	ἐκμυκτερίζω	198a
1593	ἐκνεθω	198a
1594	ἐκνήφω	198a
1595	ἑκούσιον	198a
1596	ἑκουσίως	198a
1597	ἔκπαλαι	198a
1598	ἐκπειράζω	198a
1599	ἐκπέμπω	198b
1600	ἐκπετάννυμι	198b
1601	ἐκπίπτω	198b
1602	ἐκπλέω	198b
1603	ἐκπληρόω	198b
1604	ἐκπλήρωσις	198b
1605	ἐκπλήσσω	198b
1606	ἐκπνέω	199a
1607	ἐκπορεύομαι	199a
1608	ἐκπορνεύω	199a
1609	ἐκπτύω	199a
1610	ἐκριζόω	199b
1611	ἔκστασις	199b
1612	ἐκστρέφω	199b
1613	ἐκταράσσω	199b
1614	ἐκτείνω	199b
1615	ἐκτελέω	200a
1616	ἐκτένεια	200a
1617	ἐκτενέστερον	200a
1618	ἐκτενής	200a
1619	ἐκτενῶς	200a
1620	ἐκτίθημι	200a
1621	ἐκτινάσσω	200a
1622	ἐκτός	200a
1623	ἔκτος	200a
1624	ἐκτρέπω	200b
1625	ἐκτρέφω	200b
1626	ἔκτρωμα	200b
1627	ἐκφέρω	200b
1628	ἐκφεύγω	200b
1629	ἐκφοβέω	201a
1630	ἔκφοβος	201a
1631	ἐκφύω	201a
1632	ἐκχέω, ἐκχύνω	201a
1633	ἐκχωρέω	201b
1634	ἐκψύχω	201b

Strong's #	Greek word	Thayer's pg.
1635	ἑκών	201b
1636	ἐλαία	201b
1637	ἔλαιον	201b
1638	ἐλαιών	201b
1639	Ἐλαμίτης	202a
1640	ἐλάσσων, ἐλάττων	202a
1641	ἐλαττονέω	202a
1642	ἐλαττόω	202a
1643	ἐλαύνω	202a
1644	ἐλαφρία	202a
1645	ἐλαφρός	202a
1646	ἐλάχιστος	202b
1647	ἐλαχιστότερος	202b
1648	Ἐλεάζαρ	202b
1649	ἔλεγξις	202b
1650	ἔλεγχος	202b
1651	ἐλέγχω	202b
1652	ἐλεεινός	203a
1653	ἐλεέω	203a
1654	ἐλεημοσύνη	203a
1655	ἐλεήμων	203b
1656	ἔλεος	203b
1657	ἐλευθερία	204a
1658	ἐλεύθερος	204a
1659	ἐλευθερόω	204a
1660	ἔλευσις	204b
1661	ἐλεφάντινος	204b
1662	Ἐλιακείμ	204b
1663	Ἐλιέζερ	204b
1664	Ἐλιούδ	204b
1665	Ἐλισάβετ	204b
1666	Ἐλισσαῖος	204b
1667	ἑλίσσω	204b
1668	ἕλκος	204b
1669	ἑλκόω	204b
1670	ἑλκύω, ἕλκω	204b
1671	Ἑλλάς	205a
1672	Ἕλλην	205a
1673	Ἑλληνικός	205a
1674	Ἑλληνίς	205a
1675	Ἑλληνιστής	205a
1676	Ἑλληνιστί	205a
1677	ἐλλογέω	205a
1678	Ἐλμωδάμ	205b
1679	ἐλπίζω	205b
1680	ἐλπίς	205b
1681	Ἐλύμας	206a
1682	ἐλοΐ	206b
1683	ἐμαυτοῦ	206b
1684	ἐμβαίνω	206b
1685	ἐμβάλλω	206b
1686	ἐμβάπτω	206b
1687	ἐμβατεύω	206b
1688	ἐμβιβάζω	207a
1689	ἐμβλέπω	207a
1690	ἐμβριμάομαι	207a
1691	ἐμέ	167a
1692	ἐμέω	207a
1693	ἐμμαίνομαι	207a
1694	Ἐμμανουήλ	207a
1695	Ἐμμαούς	207a
1696	ἐμμένω	207a
1697	Ἐμμόρ	207b
1698	ἐμοί	171a
1699	ἐμός	207b
1700	ἐμου	171a
1701	ἐμπαιγμός	207b
1702	ἐμπαίζω	207b
1703	ἐμπαίκτης	208a
1704	ἐμπεριπατέω	208a
1705	ἐμπίπλημι, ἐμπλήθω	208a
1706	ἐμπίπτω	208a
1707	ἐμπλέκω	208a
1708	ἐμπλοκή	208b
1709	ἐμπνέω	208b
1710	ἐμπορεύομαι	208b
1711	ἐμπορία	208b
1712	ἐμπόριον	208b
1713	ἔμπορος	208b
1714	ἐμπρήθω	208b
1715	ἔμπροσθεν	208b
1716	ἐμπτύω	209a
1717	ἐμφανής	209a
1718	ἐμφανίζω	209a
1719	ἔμφοβος	209a
1720	ἐμφυσάω	209a
1721	ἔμφυτος	209b
1722	ἐν	209b
1723	ἐναγκαλίζομαι	213a
1724	ἐνάλιος	213a
1725	ἔναντι	213a
1726	ἐναντίον	213a
1727	ἐναντίος	213a
1728	ἐνάρχομαι	213b
1729	ἐνδεής	213b
1730	ἔνδειγμα	213b
1731	ἐνδείκνυμι	213b
1732	ἔνδειξις	213b
1733	ἕνδεκα	213b
1734	ἑνδέκατος	214a
1735	ἐνδέχεται	214a
1736	ἐνδημέω	214a
1737	ἐνδιδύσκω	214a
1738	ἔνδικος	214a
1739	ἐνδόμησις	214a
1740	ἐνδοξάζω	214a
1741	ἔνδοξος	214a
1742	ἔνδυμα	214a
1743	ἐνδυναμόω	214a
1744	ἐνδύνω	214b
1745	ἔνδυσις	214b
1746	ἐνδύω	214b
1747	ἐνέδρα	215a
1748	ἐνεδρεύω	215a
1749	ἔνεδρον	215a
1750	ἐνειλέω	215a
1751	ἔνειμι	215a
1752	ἕνεκα, ἕνεκεν, εἵνεκεν	215a
1753	ἐνέργεια	215a
1754	ἐνεργέω	215b
1755	ἐνέργημα	215b
1756	ἐνεργής	215b
1757	ἐνευλογέω	215b
1758	ἐνέχω	216a
1759	ἐνθάδε	216a
1760	ἐνθυμέομαι	216a
1761	ἐνθύμησις	216a
1762	ἔνι	216a
1763	ἐνιαυτός	216a
1764	ἐνίστημι	216b
1765	ἐνισχύω	216b
1766	ἔννατος	216b
1767	ἐννέα	216b
1768	ἐννενυκονταεννέα	216b
1769	ἐννεός	217a
1770	ἐννεύω	217a
1771	ἔννοια	217a
1772	ἔννομος	217a
1773	ἔννυχον	217a
1774	ἐνοικέω	217a
1775	ἑνότης	217b
1776	ἐνοχλέω	217b
1777	ἔνοχος	217b
1778	ἔνταλμα	218a
1779	ἐνταφιάζω	218a
1780	ἐνταφιασμός	218a
1781	ἐντέλλομαι	218a
1782	ἐντεῦθεν	218a
1783	ἔντευξις	218a
1784	ἔντιμος	218a
1785	ἐντολή	218b
1786	ἐντόπιος	218b
1787	ἐντός	218b
1788	ἐντρέπω	219a
1789	ἐντρέφω	219a
1790	ἔντρομος	219a
1791	ἐντροπή	219a
1792	ἐντρυφάω	219a
1793	ἐντυγχάνω	219a
1794	ἐντυλίσσω	219a
1795	ἐντυπόω	219b
1796	ἐνυβρίζω	219b
1797	ἐνυπνιάζομαι	219b
1798	ἐνύπνιον	219b
1799	ἐνώπιον	219b
1800	Ἐνώς	220a
1801	ἐνωτίζομαι	220a
1802	Ἐνώχ	220b
1803	ἐξ	220b
1804	ἐξαγγέλλω	220b
1805	ἐξαγοράζω	220b
1806	ἐξάγω	220b
1807	ἐξαιρέω	221a
1808	ἐξαίρω	221a
1809	ἐξαιτέομαι	221a
1810	ἐξαίφνης	221a
1811	ἐξακολουθέω	221a
1812	ἑξακόσιοι	221b
1813	ἐξαλείφω	221b
1814	ἐξάλλομαι	221b
1815	ἐξανάστασις	221b

Strong's #	Greek word	Thayer's pg.
1816	ἐξανατέλλω	221b
1817	ἐξανίστημι	221b
1818	ἐξαπατάω	221b
1819	ἐξάπινα	221b
1820	ἐξαπορέομαι	221b
1821	ἐξαποστέλλω	221b
1822	ἐξαρτίζω	222a
1823	ἐξαστράπτω	222a
1824	ἐξαύτης	222a
1825	ἐξεγείρω	222a
1826	ἔξειμι	222a
1827	ἐξελέγχω	222a
1828	ἐξέλκω	222a
1829	ἐξέραμα	222b
1830	ἐξερευνάω	222b
1831	ἐξέρχομαι	222b
1832	ἔξεστι, ἐξόν	223b
1833	ἐξετάζω	223b
1834	ἐξηγέομαι	223b
1835	ἑξήκοντα	223b
1836	ἑξῆς	223b
1837	ἐξηχέομαι	224a
1838	ἕξις	224a
1839	ἐξίστημι	224a
1840	ἐξισχύω	224a
1841	ἔξοδος	224a
1842	ἐξολοθρεύω	224a
1843	ἐξομολογέω	224b
1844	ἐξορκίζω	224b
1845	ἐξορκιστής	224b
1846	ἐξορύσσω	224b
1847	ἐξουδενόω	224b
1848	ἐξουθενέω	225a
1849	ἐξουσία	225a
1850	ἐξουσιάζω	225b
1851	ἐξοχή	226a
1852	ἐξυπνίζω	226a
1853	ἔξυπνος	226a
1854	ἔξω	226a
1855	ἔξωθεν	226a
1856	ἐξωθέω, ἐξώθω	226b
1857	ἐξώτερος	226b
1858	ἑορτάζω	226b
1859	ἑορτή	226b
1860	ἐπαγγελία	226b
1861	ἐπαγγέλλω	227a
1862	ἐπάγγελμα	227b
1863	ἐπάγω	227b
1864	ἐπαγωνίζομαι	227b
1865	ἐπαθροίζω	227b
1866	Ἐπαίνετος	227b
1867	ἐπαινέω	227b
1868	ἔπαινος	227b
1869	ἐπαίρω	227b
1870	ἐπαισχύνομαι	228a
1871	ἐπαιτέω	228a
1872	ἐπακολουθέω	228a
1873	ἐπακούω	228a
1874	ἐπακροάομαι	228a
1875	ἐπάν	228a
1876	ἐπάναγκες	228b

Strong's #	Greek word	Thayer's pg.
1877	ἐπανάγω	228b
1878	ἐπαναμιμνήσκω	228b
1879	ἐπαναπαύομαι	228b
1880	ἐπανέρχομαι	228b
1881	ἐπανίσταμαι	228b
1882	ἐπανόρθωσις	228b
1883	ἐπάνω	228b
1884	ἐπαρκέω	229a
1885	ἐπαρχία	229a
1886	ἔπαυλις	229a
1887	ἐπαύριον	229a
1888	ἐπαυτοφώρῳ	229a
1889	Ἐπαφρᾶς	229a
1890	ἐπαφρίζω	229a
1891	Ἐπαφρόδιτος	229b
1892	ἐπεγείρω	229b
1893	ἐπεί	229b
1894	ἐπειδή	229b
1895	ἐπειδήπερ	229b
1896	ἐπεῖδον	229b
1897	ἐπείπερ	229a
1898	ἐπεισαγωγή	230a
1899	ἔπειτα	230a
1900	ἐπέκεινα	230a
1901	ἐπεκτείνομαι	230a
1902	ἐπενδύομαι	230a
1903	ἐπενδύτης	230a
1904	ἐπέρχομαι	230a
1905	ἐπερωτάω	230b
1906	ἐπερώτημα	230b
1907	ἐπέχω	231a
1908	ἐπηρεάζω	231a
1909	ἐπί	231a
1910	ἐπιβαίνω	236a
1911	ἐπιβάλλω	236a
1912	ἐπιβαρέω	236b
1913	ἐπιβιβάζω	236b
1914	ἐπιβλέπω	236b
1915	ἐπίβλημα	236b
1916	ἐπιβοάω	236b
1917	ἐπιβουλή	236b
1918	ἐπιγαμβρεύω	236b
1919	ἐπίγειος	236b
1920	ἐπιγίνομια	237a
1921	ἐπιγινώσκω	237a
1922	ἐπίγνωσις	237a
1923	ἐπιγραφή	237b
1924	ἐπιγράφω	237b
1925	ἐπιδείκνυμι	237b
1926	ἐπιδέχομαι	237b
1927	ἐπιδημέω	237b
1928	ἐπιδιατάσσομαι	238a
1929	ἐπιδίδωμι	238a
1930	ἐπιδιορθόω	238a
1931	ἐπιδύω	238a
1932	ἐπιείκεια	238a
1933	ἐπιεικής	238a
1934	ἐπιζητέω	238a
1935	ἐπιθανάτιος	238a
1936	ἐπίθεσις	238a
1937	ἐπιθυμέω	238b

Strong's #	Greek word	Thayer's pg.
1938	ἐπιθυμητής	238b
1939	ἐπιθυμία	238b
1940	ἐπικαθίζω	239a
1941	ἐπικαλέομαι	239a
1942	ἐπικάλυμα	239b
1943	ἐπικαλύπτω	239b
1944	ἐπικατάρατος	239b
1945	ἐπίκειμαι	239b
1946	Ἐπικούρειος	239b
1947	ἐπικουρία	239b
1948	ἐπικρίνω	240a
1949	ἐπιλαμβάνομαι	240a
1950	ἐπιλανθάνομαι	240a
1951	ἐπιλέγομαι	240a
1952	ἐπιλείπω	240a
1953	ἐπιλησμονή	240b
1954	ἐπίλοιπος	240b
1955	ἐπίλυσις	240b
1956	ἐπιλύω	240b
1957	ἐπιμαρτυρέω	240b
1958	ἐπιμέλεια	240b
1959	ἐπιμελέομαι	240b
1960	ἐπιμελῶς	240b
1961	ἐπιμένω	240b
1962	ἐπινεύω	241a
1963	ἐπίνοια	241a
1964	ἐπιορκέω	241a
1965	ἐπίορκος	241a
1966	ἐπιοῦσα	241a
1967	ἐπιούσιος	241a
1968	ἐπιπίπτω	241b
1969	ἐπιπλήσσω	241b
1970	ἐπιπνίγω	241b
1971	ἐπιποθέω	241b
1972	ἐπιπόθησις	242a
1973	ἐπιπόθητος	242a
1974	ἐπιποθία	242a
1975	ἐπιπορεύομαι	242a
1976	ἐπιῤῥάπτω	242a
1977	ἐπιῤῥίπτω	242a
1978	ἐπίσημος	242a
1979	ἐπισιτισμός	242a
1980	ἐπισκέπτομαι	242a
1981	ἐπισκηνόω	242b
1982	ἐπισκιάζω	242b
1983	ἐπισκοπέω	242b
1984	ἐπισκοπή	242b
1985	ἐπίσκοπος	243a
1986	ἐπισπάομαι	243a
1987	ἐπίσταμαι	243a
1988	ἐπιστάτης	243b
1989	ἐπιστέλλω	243b
1990	ἐπιστήμων	243b
1991	ἐπιστηρίζω	243b
1992	ἐπιστολή	243b
1993	ἐπιστομίζω	243b
1994	ἐιστρέφω	243b
1995	ἐπιστροφή	244a
1996	ἐπισυνάγω	244a
1997	ἐπισυναγωγή	244a
1998	ἐπισυντρέχω	244a

Strong's #	Greek word	Thayer's pg.
1999	ἐπισύστασις	244a
2000	ἐπισφαλής	244a
2001	ἐπισχύω	244b
2002	ἐπισωρεύω	244b
2003	ἐπιταγή	244b
2004	ἐπιτάσσω	244b
2005	ἐπιτελέω	244b
2006	ἐπιτήδειος	244b
2007	ἐπιτίθημι	244b
2008	ἐπιτιμάω	245a
2009	ἐπιτιμία	245b
2010	ἐπιτρέπω	245b
2011	ἐπιτροπή	245b
2012	ἐπίτροπος	245b
2013	ἐπιτυγχάνω	245b
2014	ἐπιφαίνω	245b
2015	ἐπιφάνεια	245b
2016	ἐπιφανής	246a
2017	ἐπιφαύω	246a
2018	ἐπιφέρω	246a
2019	ἐπιφωνέω	246a
2020	ἐπιφώσκω	246a
2021	ἐπιχειρέω	246a
2022	ἐπιχέω	246a
2023	ἐπιχορηγέω	246a
2024	ἐπιχορηγία	246b
2025	ἐπιχρίω	246b
2026	ἐποικοδομέω	246b
2027	ἐποκέλλω	246b
2028	ἐπονομάζω	246b
2029	ἐποπτεύω	246b
2030	ἐπόπτης	246b
2031	ἔπος	246b
2032	ἐπουράνιος	247a
2033	ἑπτά	247a
2034	ἑπτακίς	247a
2035	ἑπτκαισχίλιοι	247a
2036	ἔπω	247a
2037	Ἔραστος	247a
2038	ἐργάζομαι	247a
2039	ἐργασία	247b
2040	ἐργάτης	248a
2041	ἔργον	248a
2042	ἐρεθίζω	249a
2043	ἐρείδω	249a
2044	ἐρεύγομαι	249a
2045	ἐρευνάω	249a
2046	ἐρέω	249a
2047	ἐρημία	249a
2048	ἔρημος	249a
2049	ἐρημόω	249b
2050	ἐρήμωσις	249b
2051	ἐρίζω	249b
2052	ἐριθεία	249b
2053	ἔριον	249b
2054	ἔρις	249b
2055	ἐρίφιον	249b
2056	ἔριφος	249b
2057	Ἑρμᾶς	250a
2058	ἑρμηνεία	250a
2059	ἑρμηνεύω	250a
2060	Ἑρμῆς	250a
2061	Ἑρμογένης	250a
2062	ἑρπετόν	250a
2063	ἐρυθρός	250a
2064	ἔρχομαι	250a
2065	ἐρωτάω	252a
2066	ἐσθής	252b
2067	ἔσθησις	252b
2068	ἐσθίω	252b
2069	Ἐσλί	253a
2070	ἐσμέν	253a
2071	ἔσομαι	253a
2072	ἔσοπτρον	253a
2073	ἑσπέρα	253a
2074	Ἐσρώμ	253a
2075	ἐστέ	175a
2076	ἐστί	175a
2077	ἔστω, ἔστωσαν	175a
2078	ἔσχατος	253a
2079	ἐσχάτως	254a
2080	ἔσω	254a
2081	ἔσωθεν	254a
2082	ἐσώτερος	254a
2083	ἑταῖρος	254a
2084	ἑτερόγλωσσος	254a
2085	ἑτεροδιδασκαλέω	254a
2086	ἑτεροζυγέω	254a
2087	ἕτερος	254a
2088	ἑτέρως	254b
2089	ἔτι	254b
2090	ἑτοιμάζω	255a
2091	ἑτοιμασία	255b
2092	ἕτοιμος	255b
2093	ἑτοίμως	255b
2094	ἔτος	255b
2095	εὖ	256a
2096	Εὕα	256a
2097	εὐαγγελίζω	256a
2098	εὐαγγέλιον	257a
2099	εὐαγγελιστής	257b
2100	εὐαρεστέω	257b
2101	εὐάρεστος	257b
2102	εὐαρέστως	257b
2103	Εὔβουλος	257b
2104	εὐγενής	257b
2105	εὐδία	258a
2106	εὐδοκέω	258a
2107	εὐδοκία	258a
2108	εὐεργεσία	258b
2109	εὐεργετέω	258b
2110	εὐεργέτης	258b
2111	εὔθετος	258b
2112	εὐθέως	258b
2113	εὐθυδρομέω	258b
2114	εὐθυμέω	258b
2115	εὔθυμος	258b
2116	εὐθύνω	258b
2117	εὐθύς	259a
2118	εὐθύτης	259a
2119	εὐκαιρέω	259a
2120	εὐκαιρία	259a
2121	εὔκαιρος	259a
2122	εὐκαίρως	259a
2123	εὐκοπώτερος	259a
2124	εὐλάβεια	259a
2125	εὐλαβέομαι	259b
2126	εὐλαβής	259b
2127	εὐλογέω	259b
2128	εὐλογητός	260a
2129	εὐλογία	260a
2130	εὐμετάδοτος	260b
2131	Εὐνίκη	260b
2132	εὐνοέω	260b
2133	εὔνοια	260b
2134	εὐνουχίζω	260b
2135	εὐνοῦχος	260b
2136	Εὐοδία	260b
2137	εὐοδόω	260b
2138	εὐπειθής	261a
2139	εὐπερίστατος	261a
2140	εὐποιΐα	261a
2141	εὐπορέω	261a
2142	εὐπορία	261a
2143	εὐπρέπεια	261a
2144	εὐπρόσδεκτος	261a
2145	εὐπρόσεδρος	261a
2146	εὐπροσωπέω	261a
2147	εὑρίσκω	261b
2148	Εὐροκλύδων	262a
2149	εὐρύχωρος	262b
2150	εὐσέβεια	262b
2151	εὐσεβέω	262b
2152	εὐσεβής	262b
2153	εὐσεβῶς	262b
2154	εὔσημος	262b
2155	εὔσπλαγχνος	262b
2156	εὐσχημόνως	262b
2157	εὐσχημοσύνη	262b
2158	εὐσχήμων	263a
2159	εὐτόνως	263a
2160	εὐτραπελία	263a
2161	Εὔτυχος	263a
2162	εὐφημία	263a
2163	εὔφημος	263a
2164	εὐφορέω	263a
2165	εὐφραίνω	263a
2166	Εὐφράτης	263b
2167	εὐφροσύνη	263b
2168	εὐχαριστέω	263b
2169	εὐχαριστία	264a
2170	εὐχάριστος	264a
2171	εὐχή	264a
2172	εὔχομαι	264a
2173	εὔχρηστος	264a
2174	εὐψυχέω	264a
2175	εὐωδία	264a
2176	εὐώνυμος	264b
2177	ἐφάλλομαι	264b
2178	ἐφάπαξ	264b
2179	Ἐφεσῖνος	264b
2180	Ἐφέσιος	264b
2181	Ἔφεσος	264b

Strong's #	Greek word	Thayer's pg.
2182	ἐφευρέτης	265a
2183	ἐφημερία	265a
2184	ἐφήμερος	265a
2185	ἐφικνέομαι	265a
2186	ἐφίστημι	265a
2187	Ἐφραΐμ	265a
2188	ἐφφαθά	265a
2189	ἔχθρα	265b
2190	ἐχθρός	265b
2191	ἔχιδνα	265b
2192	ἔχω, σχέω	265b
2193	ἕως	268a

Z

Strong's #	Greek word	Thayer's pg.
2194	Ζαβουλών	269a
2195	Ζακχαῖος	269a
2196	Ζαρά	269a
2197	Ζαχαρίας	269a
2198	ζάω	269b
2199	Ζεβεδαῖος	270b
2200	ζεστός	270b
2201	ζεῦγος	270b
2202	ζευκτηρία	271a
2203	Ζεύς	271a
2204	ζέω	271a
2205	ζῆλος	271a
2206	ζηλόω	271a
2207	ζηλωτής	271b
2208	Ζηλωτής	271b
2209	ζημία	271b
2210	ζημιόω	272a
2211	Ζηνᾶς	272a
2212	ζητέω	272a
2213	ζήτημα	272b
2214	ζήτησις	272b
2215	ζιζάνιον	272b
2216	Ζοροβάβελ	272b
2217	ζόφος	272b
2218	ζυγός	272b
2219	ζύμη	273a
2220	ζυμόω	273a
2221	ζωγρέω	273a
2222	ζωή	273a
2223	ζώνη	274b
2224	ζώννυμι	274b
2225	ζωογονέω	274b
2226	ζῶον	274b
2227	ζωοποιέω	274b

H

Strong's #	Greek word	Thayer's pg.
2228	ἤ	275a
2229	ἦ	275b
2230	ἡγεμονεύω	275b
2231	ἡγεμονία	275b
2232	ἡγεμών	275b
2233	ἡγέομαι	276a
2234	ἡδέως	276b
2235	ἥδιστα	276b
2236	ἥδιστα	276b
2237	ἡδονή	276b
2238	ἡδύοσμον	276b
2239	ἦθος	276b
2240	ἥκω	276b
2241	ἠλί	277a
2242	Ἠλί	277a
2243	Ἠλίας	277a
2244	ἡλικία	277a
2245	ἡλίκος	277b
2246	ἥλιος	277b
2247	ἧλος	277b
2248	ἡμᾶς	277b
2249	ἡμεῖς	277b
2250	ἡμέρα	277b
2251	ἡμέτερος	279a
2252	ἤμην	279b
2253	ἡμιθανής	279b
2254	ἡμῖν	279b
2255	ἥμισυ	279b
2256	ἡμιώριον	279b
2257	ἡμῶν	279b
2258	ἦν	279b
2259	ἡνίκα	279b
2260	ἤπερ	279b
2261	ἤπιος	279b
2262	Ἤρ	279b
2263	ἤρεμος	279b
2264	Ἡρώδης	280a
2265	Ἡρωδιανοί	280b
2266	Ἡρωδιάς	280b
2267	Ἡρωδίων	281a
2268	Ἠσαΐας	281a
2269	Ἠσαῦ	287a
2270	ἡσυχάζω	281a
2271	ἡσυχία	281a
2272	ἡσύχιος	281b
2273	ἤτοι	281b
2274	ἡττάω	281b
2275	ἥττημα	281b
2276	ἧττον	281b
2277	ἤτω	281b
2278	ἠχέω	281b
2279	ἦχος	281b

Θ

Strong's #	Greek word	Thayer's pg.
2280	Θαδδαῖος	282a
2281	θάλασσα	282a
2282	θάλπω	282a
2283	Θάμαρ	282b
2284	θαμβέω	282b
2285	θάμβος	282b
2286	θανάσιμος	282b
2287	θανατήφορος	282b
2288	θάνατος	282b
2289	θανατόω	283b
2290	θάπτω	283b
2291	Θάρα	283b
2292	θαῤῥέω	283b
2293	θαρσέω	283b
2294	θάρσος	283b
2295	θαῦμα	283b
2296	θαυμάζω	284a
2297	θαυμάσιος	284a
2298	θαυμαστός	284a
2299	θεά	284b
2300	θεάομαι	284b
2301	θεατρίζω	284b
2302	θέατρον	284b
2303	θεῖον	284b
2304	θεῖος	285a
2305	θειότης	285a
2306	θειώδης	285a
2307	θέλημα	285a
2308	θέλησις	285b
2309	θέλω	285b
2310	θεμέλιος	286b
2311	θεμελιόω	287a
2312	θεοδίδακτος	287a
2312a	θεολόγος	287a
2313	θεομαχέω	287a
2314	θεόμαχος	287a
2315	θεόπνευστος	287b
2316	θεός	287b
2317	θεοσέβεια	288b
2318	θεοσεβής	288b
2319	θεοστυγής	288b
2320	θεότης	288b
2321	Θεόφιλος	288b
2322	θεραπεία	288b
2323	θεραπεύω	288b
2324	θεράπων	289a
2325	θερίζω	289a
2326	θερισμός	289a
2327	θεριστής	289a
2328	θερμαίνω	289a
2329	θέρμη	289b
2330	θέρος	289b
2331	Θεσσαλονικεύς	289b
2332	Θεσσαλονίκη	289b
2333	Θευδᾶς	289b
2334	θεωρέω	289b
2335	θεωρία	290a
2336	θήκη	290a
2337	θηλάζω	290a
2338	θῆλυς	290a
2339	θήρα	290a
2340	θηρεύω	290b
2341	θηριομαχέω	290b
2342	θηρίον	290b
2343	θησαυρίζω	290b
2344	θησαυρός	290b
2345	θιγγάνω	291a
2346	θλίβω	291a
2347	θλίψις	291a
2348	θνήσκω	291a
2349	θνητός	291b
2350	θορυβέω	291b
2351	θόρυβος	291b
2352	θραύω	291b
2353	θρέμμα	291b
2354	θρηνέω	291b
2355	θρῆνος	291b
2356	θρησκεία	292a
2357	θρῆσκος	292a

Strong's #	Greek word	Thayer's pg.
2358	θριαμβεύω	292a
2359	θρίξ	292a
2360	θροέω	292a
2361	θρόμβος	292b
2362	θρόνος	292b
2363	Θυάτειρα	292b
2364	θυγάτηρ	292b
2365	θυγάτριον	293a
2366	θύελλα	293a
2367	θύϊνος	293a
2368	θυμίαμα	293a
2369	θυμιαστήριον	293a
2370	θυμιάω	293a
2371	θυμομαχέω	293a
2372	θυμός	293a
2373	θυμόω	293b
2374	θύρα	293b
2375	θυρεός	294a
2376	θυρίς	294a
2377	θυρωρός	294a
2378	θυσία	294a
2379	θυσιαστήριον	294b
2380	θύω	294b
2381	Θωμᾶς	294b
2382	θώραξ	294b

I

Strong's #	Greek word	Thayer's pg.
2383	Ἰάειρος	295a
2384	Ἰακώβ	295a
2385	Ἰάκωβος	295a
2386	ἴαμα	295b
2387	Ἰαμβρῆς	295b
2388	Ἰαννά	296a
2389	Ἰαννῆς	296a
2390	ἰάομαι	296a
2391	Ἰάρεδ	296a
2392	ἴασις	296a
2393	ἴασπις	296a
2394	Ἰάσων	296a
2395	ἰατρός	296a
2396	ἴδε	296a
2397	ἰδέα	296b
2398	ἴδιος	296b
2399	ἰδιώτης	297a
2400	ἰδού	297b
2401	Ἰδοθμαία	297b
2402	ἱδρώς	298a
2403	Ἰεζαβήλ	298a
2404	Ἱεράπολις	298a
2405	ἱερατεία	298a
2406	ἱεράτευμα	298a
2407	ἱερατεύω	298a
2408	Ἱερεμίας	298a
2409	ἱερεύς	298b
2410	Ἱεριχώ	298b
2411	ἱερόν	298b
2412	ἱεροπρεπής	299a
2413	ἱερός	299a
2414	Ἱεροσόλυμα	299a
2415	Ἱεροσολυμίτης	299b
2416	ἱεροσυλέω	299b
2417	ἱερόσυλος	300a
2418	ἱερουργέω	300a
2419	Ἱερουσαλήμ	300a
2420	ἱερωσύνη	300a
2421	Ἰεσσαί	300a
2422	Ἰεφθάε	300a
2423	Ἰεχονίας	300a
2424	Ἰησοῦς	300a
2425	ἱκανός	300b
2426	ἱκανότης	300b
2427	ἱκανόω	300b
2428	ἱκετηρία	301a
2429	ἰκμάς	301a
2430	Ἰκόνιον	301a
2431	ἱλαρός	301a
2432	ἱλαρότης	301a
2433	ἱλάσκομαι	301a
2434	ἱλασμός	301a
2435	ἱλαστήριον	301a
2436	ἵλεως	301b
2437	Ἰλλυρικόν	301b
2438	ἱμάς	302a
2439	ἱματίζω	302a
2440	ἱμάτιον	302a
2441	ἱματισμός	302a
2442	ἱμείρομαι	302a
2443	ἵνα	302a
2444	ἱνατί	305a
2445	Ἰόππη	305a
2446	Ἰορδάνης	305a
2447	ἰός	305a
2448	Ἰουδά	305a
2449	Ἰοθδαία	305b
2450	Ἰοθδαΐζω	305b
2451	Ἰοθδαϊκός	305b
2452	Ἰουδαϊκῶς	305b
2453	Ἰουδαῖος	305b
2454	Ἰουδαϊσμός	306a
2455	Ἰουδάς	306a
2456	Ἰουλία	306b
2457	Ἰούλιος	306b
2458	Ἰουνίας	306b
2459	Ἰοῦστος	306b
2460	ἱππεύς	306b
2461	ἱππικόν	306b
2462	ἵππος	306b
2463	ἶρις	306b
2464	Ἰσαάκ	306b
2465	ἰσάγγελος	307a
2466	Ἰσαχάρ	307a
2467	ἴσημι	307a
2468	ἴσθι	175a
2469	Ἰσκαριώτης	307a
2470	ἴσος	307a
2471	ἰσότης	307a
2472	ἰσότιμος	307a
2473	ἰσόψυχος	307a
2474	Ἰσραήλ	307a
2475	Ἰσραηλίτης	307b
2476	ἵστημι	307b
2477	ἱστορέω	308b
2478	ἰσχυρός	309a
2479	ἰσχύς	309a
2480	ἰσχύω	309a
2481	ἴσως	309b
2482	Ἰταλία	309b
2483	Ἰταλικός	309b
2484	Ἰτουραῖα	309b
2485	ἰχθύδιον	309b
2486	ἰχθύς	309b
2487	ἴχνος	309b
2488	Ἰωάθαμ	309b
2489	Ἰωάννα	309b
2490	Ἰωαννᾶς	309b
2491	Ἰωάννης	309b
2492	Ἰώβ	310b
2493	Ἰωήλ	310b
2494	Ἰωνάν	310b
2495	Ἰωνᾶς	310b
2496	Ἰωράμ	310b
2497	Ἰωρείμ	310b
2498	Ἰωσαφάτ	310b
2499	Ἰωσή	310b
2500	Ἰωσῆς	310b
2501	Ἰωσήφ	311a
2502	Ἰωσίας	311b
2503	ἰῶτα	311b

K

Strong's #	Greek word	Thayer's pg.
2504	κἀγώ	
	κἀμοί, κἀμέ	311a
2505	καθά	311b
2506	καθαίρεσις	311b
2507	καθαιρέω	311b
2508	καθαίρω	312a
2509	καθάπερ	312a
2510	καθάπτω	312a
2511	καθαρίζω	312a
2512	καθαρισμός	312b
2513	καθαρός	312b
2514	καθαρότης	313a
2515	καθέδρα	313a
2516	καθέζομαι	313a
2517	καθεξῆς	313a
2518	καθεύδω	313a
2519	καθηγητής	313a
2520	καθήκω	313a
2521	κάθημαι	313a
2522	καθημερινός	313b
2523	καθίζω	313b
2524	καθίημι	314a
2525	καθίστημι	314a
2526	καθό	314b
2526a	καθολικός	314b
2527	καθόλου	314b
2528	καθοπλίζω	314b
2529	καθοράω	314b
2530	καθότι	314b
2531	καθώς	314b
2532	καί	315a
2533	Καϊάφας	317b
2534	καίγε	317b

Strong's #	Greek word	Thayer's pg.	Strong's #	Greek word	Thayer's pg.	Strong's #	Greek word	Thayer's pg.
2535	Κάϊν	317b	2596	κατά	326b	2657	κατανοέω	334b
2536	Καϊνάν	317b	2597	καταβαίνω	329b	2658	καταντάω	334b
2537	καινός	317b	2598	καταβάλλω	329b	2659	κατάνυξις	334b
2538	καινότης	318a	2599	καταβαρέω	330a	2660	κατανύσσω	334b
2539	καίπερ	318a	2600	κατάβασις	330a	2661	καταξιόω	335a
2540	καιρός	318a	2601	καταβιβάζω	330a	2662	καταπατέω	335a
2541	Καῖσαρ	219a	2602	καταβολή	330a	2663	κατάπαυσις	335a
2542	Καισάρεια	319a	2603	καταβραβεύω	330a	2664	καταπαύω	335a
2543	καίτοι	319b	2604	καταγγελεύς	330b	2665	καταπέτασμα	335a
2544	καίτοιγε	319b	2605	καταγγέλλω	330b	2666	καταπίνω	335b
2545	καίω	319b	2606	καταγελάω	330b	2667	καταπίπτω	335b
2546	κἀκεῖ	319b	2607	καταγινώσκω	330b	2668	καταπλέω	335b
2547	κἀκεῖθεν	319b	2608	κατάγνυμι	330b	2669	καταπονέω	335b
2548	κἀκεῖνος	319b	2609	κατάγω	330b	2670	καταποντίζω	335b
2549	κακία	320a	2610	καταγωνίζομαι	330b	2571	κατάρα	335b
2550	κακοήθεια	320a	2611	καταδέω	331a	2672	καταράομαι	336a
2551	κακολογέω	320a	2612	κατάδηλος	331a	2673	καταργέω	336b
2552	κακοπάθεια	320a	2613	καταδικάζω	331a	2674	καταριθμέω	336a
2553	κακοπαθέω	320a	2614	κατδιώκω	331a	2675	καταρτίζω	336b
2554	κακοποιέω	320a	2615	καταδουλόω	331a	2676	κατάρτισις	336b
2555	κακοποιός	320b	2616	καταδυναστεύω	331a	2677	καταρτισμός	336b
2556	κακός	320b	2617	καταισχύνω	331a	2678	κατασείω	336b
2557	κακοῦργος	320b	2618	κατακαίω	331b	2679	κατασκάπτω	336b
2558	κακουχέω	320b	2619	κατακαλύπτω	331b	2680	κατασκευάζω	336b
2559	κακόω	320b	2620	κατακαυχάομαι	331b	2681	κατασκηνόω	337a
2560	κακῶς	321a	2621	κατάκειμαι	331b	2682	κατασκήνωσις	337a
2561	κάκωσις	321a	2622	κατακλάω	331b	2683	κατασκιάζω	337a
2562	καλάμη	321a	2623	κατακλείω	331b	2684	κατασκοπέω	337a
2563	κάλαμος	321a	2624	κατκληροδοτέω	331b	2685	κατάσκοπος	337a
2564	καλέω	321a	2625	κατακλίνω	332a	2686	κατασοφίζομαι	337a
2565	καλλιέλαιος	322a	2626	κατακλύζω	332a	2687	καταστέλλω	337a
2566	καλλίον	322a	2627	κατακλυσμός	332a	2688	κατάστημα	337a
2567	καλοδιδάσκαλος	322a	2628	κατακολουθέω	332a	2689	καταστολή	337a
2568	Καλοὶ Λιμένες	322a	2629	κατακόπτω	332a	2690	καταστρέφω	337b
2569	καλοποιέω	322a	2630	κατακρημνίζω	332a	2691	καταστρηνιάω	337b
2570	καλός	322a	2631	κατάκριμα	332a	2692	καταστροφή	337b
2571	κάλυμα	322b	2632	κατακρίνω	332a	2693	καταστρώννυμι	337b
2572	καλύπτω	323a	2633	κατάκρισις	332b	2694	κατασύρω	337b
2573	καλῶς	323a	2634	κατακυριεύω	332b	2695	κατασφάττω	337b
2574	κάμηλος	323a	2635	καταλαλέω	332b	2696	κατασφραγίζω	337b
2575	κάμινος	323b	2636	καταλαλία	332b	2697	κατάσχεσις	337b
2576	καμμύω	323b	2637	κατάλαλος	332b	2698	κατατίθημι	337b
2577	κάμνω	323b	2638	καταλαμβάνω	332b	2699	κατατομή	338a
2578	κάμπτω	323b	2639	καταλέγω	333a	2700	κατατοξεύω	338a
2579	κἄν	323b	2640	κατάλειμμα	330a	2701	κατατρέχω	338a
2580	Κανᾶ	324a	2641	καταλείπω	333a	2702	καταφέρω	338a
2581	Κανανίτης	324a	2642	καταλιθάζω	330a	2703	καταφεύγω	338a
2582	Κανδάκη	324a	2643	καταλλαγή	333a	2704	καταφθείρω	338a
2583	κανών	324a	2644	καταλλάσσω	333b	2705	καταφιλέω	338a
2584	Καπερναούμ	324b	2645	κατάλοιπος	333b	2706	καταφρονέω	338b
2585	καπηλεύω	324b	2646	κατάλυμα	333b	2707	καταφροντής	338b
2586	καπνός	325a	2647	καταλύω	334a	2708	καταχέω	338b
2587	Καππαδοκία	325a	2648	καταμανθάνω	334a	2709	καταχθόνιος	338b
2588	καρδία	325a	2649	καταμαρτυρέω	334a	2710	καταχράομαι	338b
2589	καρδιογνώστης	326a	2650	καταμένω	334a	2711	καταψύχω	338b
2590	καρπός	326a	2651	καταμόνας	334a	2712	κατείδωλος	338b
2591	Κάρπος	326a	2652	κατανάθεμα	334a	2713	κατέναντι	338b
2592	καρποφορέω	326b	2653	καταναθεματίζω	334a	2714	κατενώπιον	339a
2593	καρποφόρος	326b	2654	καταναλίσκω	334a	2715	κατεξουσιάζω	339a
2594	καρτερέω	326b	2655	καταναρκάω	334a	2716	κατεργάζομαι	339a
2595	κάρφος	326b	2656	κατανεύω	334b	2717	*no Strong's*	

Strong's #	Greek word	Thayer's pg.
2718	κατέρχομαι	339a
2719	κατεσθίω	339a
2720	κατευθύνω	339b
2721	κατεφίστημι	339b
2722	κατέχω	339b
2723	κατηγορέω	340a
2724	κατηγορία	340b
2725	κατήγορος	340b
2726	κατήφεια	340b
2727	κατηχέω	340b
2728	κατιόω	340b
2729	κατισχύω	341a
2730	κατοικέω	341a
2731	κατοίκησις	341a
2732	κατοικητήριον	341a
2733	κατοικία	341a
2734	κατοπτρίζομαι	341b
2735	κατόρθωμα	341b
2736	κάτω,κατωτέρω	341b
2737	κατώτερος	341b
2738	καῦμα	341b
2739	καυματίζω	341b
2740	καῦσις	341b
2741	καυσόω	342a
2742	καύσων	342a
2743	καυτηριάζω	342a
2744	καυχάομαι	342a
2745	καύχημα	342b
2746	καύχησις	342b
2747	Κεγχρεαί	342b
2748	Κεδρών	342b
2749	κεῖμαι	343a
2750	κειρία	343a
2751	κείρω	343a
2752	κέλευμα	343a
2753	κελεύω	343a
2754	κενοδοξία	343b
2755	κενόδοξος	343b
2756	κενός	343b
2757	κενοφωνία	343b
2758	κενόω	344a
2759	κέντρον	344a
2760	κεντυρίων	344a
2761	κενῶς	344a
2762	κεραία	344a
2763	κεραμεύς	344a
2764	κεραμικός	344a
2765	κεράμιον	344a
2766	κέραμος	344a
2767	κεράννυμι	344b
2768	κέρας	344b
2769	κεράτιον	344b
2770	κερδαίνω	345a
2771	κέρδος	345a
2772	κέρμα	345a
2773	κερματιστής	345a
2774	κεφάλαιον	345a
2775	κεφαλαιόω	345b
2776	κεφαλή	345b
2777	κεφαλίς	345b
2778	κῆνσος	345b
2779	κῆπος	346a
2780	κηπουρός	346a
2781	κηρίον	346a
2782	κήρυγμα	346a
2783	κήρυξ	346a
2784	κηρύσσω	346a
2785	κῆτος	346b
2786	Κηφᾶς	346b
2787	κιβωτός	346b
2788	κιθάρα	347a
2789	κιθαρίζω	347a
2790	κιθαρῳδός	347a
2791	Κιλικία	347a
2792	κινάμωμον	347a
2793	κινδυνεύω	347a
2794	κίνδυνος	347a
2795	κινέω	347a
2796	κίνησις	347b
2797	Κίς	347b
2798	κλάδος	347b
2799	κλαίω	347b
2800	κλάσις	347b
2801	κλάσμα	347b
2802	Κλαύδη	347b
2803	Κλαθδία	348a
2804	Κλαύδιος	348a
2805	κλαυθμός	348a
2806	κλάω	348a
2807	κλείς	348a
2808	κλείω	348a
2809	κλέμμα	348b
2810	Κλεόπας	348b
2811	κλέος	348b
2812	κλέπτης	348b
2813	κλέπτω	348b
2814	κλῆμα	348b
2815	Κλήμης	348b
2816	κληρονομέω	348b
2817	κληρονομία	349a
2818	κληρονόμος	349b
2819	κλῆρος	349b
2820	κληρόω	349b
2821	κλῆσις	349b
2822	κλητός	350a
2823	κλίβανος	350a
2824	κλίμα	350a
2825	κλίνη	350b
2826	κλινίδιον	350b
2827	κλίνω	350b
2828	κλισία	350b
2829	κλοπή	350b
2830	κλύδων	350b
2831	κλυδωνίζομαι	350b
2832	Κλωπᾶς	351a
2833	κνήθω	351a
2834	Κνίδος	351a
2835	κοδράντης	351a
2836	κοιλία	351a
2837	κοιμάω	351a
2838	κοίμησις	351b
2839	κοινός	351b
2840	κοινόω	351b
2841	κοινωνέω	351b
2842	κοινωνία	352a
2843	κοινωνικός	352a
2844	κοινωνός	352a
2845	κοίτη	352b
2846	κοιτών	352b
2847	κόκκινος	352b
2848	κόκκος	352b
2849	κολάζω	352b
2850	κολακεία	353a
2851	κόλασις	353a
2852	κολαφίζω	353a
2853	κολλάω	353a
2854	κολλούριον	353b
2855	κολλυβιστής	353b
2856	κολοβόω	353b
2857	Κολοσσαί	353b
2858	Κολοσσαεύς	353b
2859	κόλπος	353b
2860	κολυμβάω	354a
2861	κολυμβήθρα	354a
2862	κολωνία	354a
2863	κομάω	354a
2864	κόμη	354a
2865	κομίζω	354b
2866	κομψότερον	354b
2867	κονιάω	354b
2868	κονιορτός	355a
2869	κοπάζω	355a
2870	κοπετός	355a
2871	κοπή	355a
2872	κοπιάω	355a
2873	κόπος	355a
2874	κοπρία	355b
2875	κόπτω	355b
2876	κόραξ	355b
2877	κοράσιον	355b
2878	κορβᾶν, κορβανᾶς	355b
2879	Κορέ	356a
2880	κορέννυμι	356a
2881	Κορίνθιος	356a
2882	Κόρινθος	356a
2883	Κορνήλιος	356a
2884	κόρος	356a
2885	κοσμέω	356a
2886	κοσμικός	356b
2887	κόσμιος	356b
2888	κοσμοκράτωρ	356b
2889	κόσμος	356b
2890	Κούαρτος	358a
2891	κοῦμι	358a
2892	κουστωδία	358a
2893	κουφίζω	358a
2894	κόφινος	358a
2895	κράβατος	358a
2896	κράζω	358a
2897	κραιπάλη	358b
2898	κρανίον	358b
2899	κράσπεδον	358b

Strong's #	Greek word	Thayer's pg.
2900	κραταιός	358b
2901	κραταιόω	358b
2902	κρατέω	359a
2903	κράτιστος	359a
2904	κράτος	359b
2905	κραυγάζω	359b
2906	κραυγή	359b
2907	κρέας	359b
2908	κρεῖσσον	359b
2909	κρείττων	359b
2910	κρεμάννυμι	359b
2911	κρημνός	360a
2912	Κρής	360a
2913	Κρήσκης	360a
2914	Κρήτη	360a
2915	κριθή	360a
2916	κρίθινος	360a
2917	κρίμα	360a
2918	κρίνον	360b
2919	κρίνω	360b
2920	κρίσις	361b
2921	Κρίσπος	362a
2922	κριτήριον	362a
2923	κριτής	362a
2924	κριτικός	362b
2925	κρούω	362b
2926	κρυπτή	362b
2927	κρυπτός	362b
2928	κρύπτω	362b
2929	κρυσταλλίζω	363a
2930	κρύσταλλος	363a
2931	κρυφῆ	363a
2932	κτάομαι	363a
2933	κτῆμα	363a
2934	κτῆνος	363a
2935	κτήτωρ	363a
2936	κτίζω	363a
2937	κτίσις	363b
2938	κτίσμα	363b
2939	κτιστής	364a
2940	κυβεία	364a
2941	κυβέρνησις	364a
2942	κυβερνήτης	364a
2943	κθκλόθεν	364a
2944	κυκλόω	364a
2945	κύκλῳ	364a
2946	κύλισμα	364a
2947	κυλιόω	364b
2948	κυλλός	364b
2949	κῦμα	364b
2950	κύμβαλον	364b
2951	κύμινον	364b
2952	κυνάριον	364b
2953	Κύπριος	364b
2954	Κύπρος	364b
2955	κύπτω	364b
2956	Κυρηναῖος	364b
2957	Κυρήνη	364b
2958	Κυρήνιος	365a
2959	Κυρία	365a
2960	κυριακός	365a
2961	κυριεύω	365a
2962	κύριος	365a
2963	κυριότης	366b
2964	κυρόω	366b
2965	κύων	366b
2966	κῶλον	366b
2967	κωλύω	366b
2968	κώμη	367a
2969	κωμόπολις	367a
2970	κῶμος	367b
2971	κώνωψ	367b
2972	Κῶς	367b
2973	Κωσάμ	367b
2974	κωφός	367b
	Λ	
2975	λαγχάνω	367a
2976	Λάζαρος	367b
2977	λάθρα	367b
2978	λαῖλαψ	368a
2979	λακτίζω	368a
2980	λαλέω	368a
2981	λαλιά	369b
2982	λαμά, λαμμᾶ	370a
2983	λαμβάνω	370a
2984	Λάμεχ	371b
2985	λαμπάς	371b
2986	λαμπρός	371b
2987	λαμπρότης	371b
2988	λαμπρῶς	371b
2989	λάμπω	371b
2990	λανθάνω	371b
2991	λαξευτός	371b
2992	λαός	372a
2993	Λαοδίκεια	371b
2994	Λαοδικεύς	372a
2995	λάρυγξ	372a
2996	Λασαία	372a
2997	λάσχω	372b
2998	λατομέω	372b
2999	λατρεία	372b
3000	λατρεύω	372b
3001	λάχανον	373a
3002	Λεββαῖος	373a
3003	λεγεών	373a
3004	λέγω	373a
3005	λεῖμμα	375a
3006	λεῖος	375a
3007	λείπω	375a
3008	λειτουργέω	375b
3009	λειτουργία	375b
3010	λειτουργικός	376a
3011	λειτουργός	376a
3012	λέντιον	376a
3013	λεπίς	376a
3014	λέπρα	376a
3015	λεπρός	376a
3016	λεπτόν	376b
3017	Λευΐ	376b
3018	Λευΐς	376b
3019	Λευΐτης	376b
3020	Λευϊτικός	376b
3021	λευκαίνω	376b
3022	λευκός	376b
3023	λεών	377a
3024	λήθη	377a
3025	ληνός	377a
3026	λῆρος	377a
3027	λῃστης	377a
3028	λῆψις	377a
3029	λίαν	377a
3030	λίβανος	377b
3031	λιβανωτός	377b
3032	Λιβερτῖνος	377b
3033	Λιβύη	377b
3034	λιθάζω	377b
3035	λίθινος	378a
3036	λιθοβολέω	378a
3037	λίθος	378a
3038	λιθόστρωτος	378a
3039	λικμάω	378b
3040	λιμήν	378b
3041	λίμνη	378b
3042	λιμός	378b
3043	λίνον	378b
3044	Λῖνος	378b
3045	λιπαρός	378b
3046	λίτρα	378b
3047	λίψ	378b
3048	λογία	379a
3049	λογίζομαι	379a
3050	λογικός	379b
3051	λόγιον	379b
3052	λόγιος	379b
3053	λογισμός	380a
3054	λογομαχέω	380a
3055	λογομαχία	380a
3056	λόγος	380a
3057	λόγχη	382a
3058	λοιδορέω	382a
3059	λοιδορία	382a
3060	λοίδορος	382a
3061	λοιμός	382a
3062	λοιποί	382a
3063	λοιπόν	382a
3064	λοιποῦ	382a
3065	Λουκᾶς	382b
3066	Λούκιος	382b
3067	λουτρόν	382b
3068	λούω	382b
3069	Λύδδα	383a
3070	Λυδία	383a
3071	Λυκαονία	383a
3072	Λυκαονιστί	383a
3073	Λυκία	383a
3074	λύκος	383a
3075	λυμαίνομαι	383a
3076	λυπέω	383a
3077	λύπη	383b
3078	Λυσανίας	383b
3079	Λυσίας	384a
3080	λύσις	384a

Strong's #	Greek word	Thayer's pg.
3081	λυσιτελεῖ	384a
3082	Λύστρα	384a
3083	λύτρον	384a
3084	λυτρόω	384a
3085	λύτρωσις	384a
3086	λυτρωτής	384a
3087	λυχνία	384a
3088	λύχνος	384b
3089	λύω	384b
3090	Λωΐς	385b
3091	Λώτ	385b

M

Strong's #	Greek word	Thayer's pg.
3092	Μαάθ	385a
3093	Μαγδαλά	385a
3094	Μαγδαληνή	385b
3095	μαγεία	385b
3096	μαγεύω	385b
3097	μάγος	385b
3098	Μαγώγ	386a
3099	Μαδιάν	386a
3100	μαθητεύω	386a
3101	μαθητής	386a
3102	μαθήτρια	386a
3103	Μαθουσάλα	386a
3104	Μαϊνάν	386a
3105	μαίνομαι	386b
3106	μακαρίζω	386b
3107	μακάριος	386b
3108	μακαρισμός	386b
3109	Μακεδονία	386b
3110	Μακεδών	386b
3111	μάκελλον	386b
3112	μακράν	386b
3113	μακρόθεν	387a
3114	μακροθυμέω	387a
3115	μακροθυμία	387a
3116	μακροθυμώς	387b
3117	μακρός	387b
3118	μακροχρόνιος	387b
3119	μαλακία	387b
3120	μαλακός	387b
3121	Μαλελεήλ	387b
3122	μάλιστα	387b
3123	μᾶλλον	387b
3124	Μάλχος	388b
3125	μάμμη	388b
3126	μαμμωνᾶς	388b
3127	Μαναήν	388b
3128	Μανασσῆς	388b
3129	μανθάνω	388b
3130	μανία	389a
3131	μάννα	389a
3132	μαντεύομαι	389b
3133	μαραίνω	389b
3134	μαράν	389b
3135	μαργαρίτης	389b
3136	Μάρθα	389b
3137	Μαρία, Μαριάμ	389b
3138	Μάρκος	390a
3139	μάρμαρος	390b
3140	μαρτυρέω	390b
3141	μαρτυρία	391b
3142	μαρτύριον	391b
3143	μαρτύρομαι	392a
3144	μάρτυς	392a
3145	μασσάομαι	392b
3146	μαστιγόω	392b
3147	μαστίζω	392b
3148	μάστιξ	392b
3149	μαστός	392b
3150	ματαιολογία	392b
3151	ματαιολόγος	392b
3152	μάταιος	392b
3153	ματαιότης	393a
3154	ματαιόω	393a
3155	μάτην	393a
3156	Ματθαῖος	393a
3157	Ματθάν	393a
3158	Ματθάτ	393b
3159	Ματθίας	393b
3160	Ματταθά	393b
3161	Ματταθίας	393b
3162	μάχαιρα	393b
3163	μάχη	394a
3164	μάχομαι	394a
3165	μέ	167a
3166	μεγαλαυχέω	394a
3167	μεγαλεῖος	394a
3168	μεγαλειότης	394a
3169	μεγαλοπρεπής	394a
3170	μεγαλύνω	394a
3171	μεγάλως	394b
3172	μεγαλωσύνη	394b
3173	μέγας	394b
3174	μέγεθος	395a
3175	μεγιστᾶνες	395b
3176	μέγιστος	395b
3177	μεθερμηνεύω	395b
3178	μέθη	395b
3179	μεθίστημι	395b
3180	μεθοδεία	395b
3181	μεθόριος	396a
3182	μεθύσκω	396a
3183	μέθυσος	396a
3184	μεθύω	396a
3185	μεῖζον	396a
3186	μειζότερος	396a
3187	μείζων	396a
3188	μέλαν	396a
3189	μέλας	396a
3190	Μελεᾶς	396a
3191	μελετάω	396a
3192	μέλι	396b
3193	μελίσσιος	396b
3194	Μελίτη	396b
3195	μέλλω	396b
3196	μέλος	397a
3197	Μελχί	397a
3198	Μελχισεδέκ	397a
3199	μέλω	396a
3200	μεμβράνα	397b
3201	μέμφομαι	397b
3202	μεμψίμοιρος	397b

Note: "Due to changes in enumeration while in progress, there were no words left for Nos. *2717 and 3203-3302*, which therefore were silently dropped . . ."—James Strong. (This note in original edition explains why there are no numbers 2717, or 3203 through 3302.)

Strong's #	Greek word	Thayer's pg.
3303	μέν	397b
3304	μενοῦνγε	399a
3305	μέντοι	399a
3306	μένω	399a
3307	μερίζω	399b
3308	μέριμνα	400a
3309	μεριμνάω	400a
3310	μερίς	400a
3311	μερισμός	400b
3312	μεριστής	400b
3313	μέρος	400b
3314	μεσημβρία	401a
3315	μεσιτεύω	401a
3316	μεσίτης	401b
3317	μεσονύκτιον	401b
3318	Μεσοποταμία	401b
3319	μέσος	401b
3320	μεσότοιχον	402a
3321	μεσουράνημα	402a
3322	μεσόω	402a
3323	Μεσσίας	402b
3324	μεστός	402b
3325	μεστόω	402b
3326	μετά	402b
3327	μεταβαίνω	404b
3328	μεταβάλλω	404b
3329	μετάγω	404b
3330	μεταδίδωμι	404b
3331	μετάθεσις	405a
3332	μεταίρω	405a
3333	μετακαλέω	405a
3334	μετακινέω	405a
3335	μεταλαμβάνω	405a
3336	μετάληψις	405a
3337	μεταλλάσσω	405a
3338	μεταμέλλομαι	405a
3339	μεταμορφόω	405b
3340	μετανοέω	405b
3341	μετάνοια	405b
3342	μεταξύ	406a
3343	μεταπέμπω	406a
3344	μεταστρέφω	406a
3345	μετασχηματίζω	406b
3346	μετατίθημι	406b
3347	μετέπειτα	406b
3348	μετέχω	406b
3349	μετεωρίζω	407a
3350	μετοικεσία	407a
3351	μετοικίζω	407a
3352	μετοχή	407b
3353	μέτοχος	407b
3354	μετρέω	407b

Strong's #	Greek word	Thayer's pg.
3355	μετρητής	407b
3356	μετριοπαθέω	407b
3357	μετρίως	407b
3358	μέτρον	408a
3359	μέτωπον	408a
3360	μέχρι, μεχρίς	408a
3361	μή	408a
3362	ἐὰν μή–162a,	408a
3363	ἵνα μή–302a,	408a
3364	οὐ μή	408a
3365	μηδαμῶς	411a
3366	μηδέ	411a
3367	μηδείς	411b
3368	μηδέποτε	412a
3369	μηδέπω	412a
3370	Μῆδος	412a
3371	μηκέτι	412a
3372	μῆκος	412a
3373	μηκύνω	412a
3374	μηλωτή	412a
3375	μήν	412b
3376	μήν	412b
3377	μηνύω	412b
3378	μὴ οὐκ–408a,	460a
3379	μήποτε, μή ποτε	413a
3380	μήπω	413a
3381	μήπως, μή πως	413a
3382	μηρός	413b
3383	μήτε	413b
3384	μήτηρ	413b
3385	μήτι	408a
3386	μήτιγε	414a
3387	μήτις, μή τις	408a
3388	μήτρα	414a
3389	μητραλῴας	414a
3390	μητρόπολις	414a
3391	μία	414a
3392	μιαίνω	414a
3393	μίασμα	414a
3394	μιασμός	414a
3395	μίγμα	414b
3396	μίγνυμι	414b
3397	μικρόν	414b
3398	μικρός, μικρότερος	414b
3399	Μίλητος	414b
3400	μίλιον	414b
3401	μιμέομαι	414b
3402	μιμητής	415a
3403	μιμνήσκω	415a
3404	μισέω	415a
3405	μισθαποδοσία	415b
3406	μισθαποδότης	415b
3407	μίσθιος	415b
3408	μισθός	415b
3409	μισθόω	415b
3410	μίσθωμα	415b
3411	μισθωτός	415b
3412	Μιτυλήνη	415b
3413	Μιχαήλ	415b
3414	μνᾶ	416a
3415	μνάομαι	416a
3416	Μνάσων	416a
3417	μνεία	416a
3418	μνῆμα	416a
3419	μνημεῖον	416a
3420	μνήμη	416a
3421	μνημονεύω	416a
3422	μνημόσυνον	416b
3423	μνηστεύω	416b
3424	μογιλάλος	416b
3425	μόγις	416b
3426	μόδιος	416b
3427	μοί	167a
3428	μοιχαλίς	416b
3429	μοιχάω	417a
3430	μοιχεία	417a
3431	μοιχεύω	417a
3432	μοιχός	417a
3433	μόλις	417a
3434	Μολόχ	417b
3435	μολύνω	417b
3436	μολυσμός	417b
3437	μομφή	417b
3438	μονή	417b
3439	μονογενής	417b
3440	μόνον	418a
3441	μόνος	418a
3442	μονόφθαλμος	418b
3443	μονόω	418b
3444	μορφή	418b
3445	μορφόω	418b
3446	μόρφωσις	419a
3447	μοσχοποιέω	419a
3448	μόσχος	419a
3449	μόχθος	419a
3450	μοῦ	167a
3451	μουσικός	419a
3452	μυελός	419a
3453	μυέω	419a
3454	μῦθος	419a
3455	μυκάομαι	419a
3456	μυκτηρίζω	419b
3457	μυλικός	419b
3458	μύλος	419b
3459	μύλων	419b
3460	Μύρα	419b
3461	μυρίας	419b
3462	μυρίζω	419b
3463	μύριοι	419b
3464	μύρον	419b
3465	Μυσία	420a
3466	μυστήριον	420a
3467	μυωπάζω	420b
3468	μώλωψ	420b
3469	μωμάομαι	420b
3470	μῶμος	420b
3471	μωραίνω	420b
3472	μωρία	420b
3473	μωρολογία	420b
3474	μωρός	420b
3475	Μωσεύς, Μωσῆς, μωϋσῆς	420b
	N	
3476	Νaασσών	421a
3477	Ναγγαί	421a
3478	Ναζαρέθ, Ναζαρέτ	421a
3479	Ναζαρηνός	422a
3480	Ναζωραῖος	422a
3481	Ναθάν	422a
3482	Ναθαναήλ	422a
3483	ναί	422b
3484	Ναΐν	422b
3485	ναός	422b
3486	Ναούμ	422b
3487	νάρδος	423a
3488	Νάρκισσος	423a
3489	ναυαγέω	423a
3490	ναύκληρος	423a
3491	ναῦς	423a
3492	ναύτης	423a
3493	Ναχώρ	423a
3494	νεανίας	423a
3495	νεανίσκος	423a
3496	Νεάπολις	423b
3497	Νεεμάν	423b
3498	νεκρός	423b
3499	νεκρόω	424a
3500	νέκρωσις	424a
3501	νέος, νεώτερος	424a
3502	νεοσσός	424a
3503	νεότης	424a
3504	νεόφυτος	424a
3505	Νέρων	424b
3506	νεύω	424b
3507	νεφέλη	424b
3508	Νεφθαλείμ	424b
3509	νέφος	424b
3510	νεφρός	424b
3511	νεωκόρος	424b
3512	νεωτερικός	425a
3513	νή	425a
3514	νήθω	425a
3515	νηπιάζω	425a
3516	νήπιος	425a
3517	Νηρεύς	425a
3518	Νηρί	425a
3519	νησίον	425a
3520	νῆσος	425a
3521	νηστεία	425a
3522	νηστεύω	425b
3523	νῆστις	425b
3524	νηφάλεος νηφάλιος	425b
3525	νήφω	425b
3526	Νίγερ	425b
3527	Νικάνωρ	425b
3528	νικάω	425b
3529	νίκη	426a
3530	Νικόδημος	426a

Strong's #	Greek word	Thayer's pg.
3531	Νικολαΐτης	426a
3532	Νικόλαος	426a
3533	Νικόπολισ	426a
3534	νῖκος	426b
3535	Νινευΐ	426b
3536	Νινευΐτης	426b
3537	νιπτήρ	426b
3538	νίπτω	426b
3539	νοιέω	426b
3540	νόημα	427a
3541	νόθος	427a
3542	νομή	427a
3543	νομίζω	427a
3544	νομικός	427a
3545	νομίμως	427a
3546	νόμισμα	427a
3547	νομοδιδάσκαλος	427b
3548	νομοθεσία	427b
3549	νομοθετέω	427b
3550	νομοθέτης	427b
3551	νόμος	427b
3552	νοσέω	429a
3553	νόσημα	429a
3554	νόσος	429a
3555	νοσσιά	429a
3556	νοσσίον	429a
3557	νοσφίζομαι	429a
3558	νότος	429a
3559	νουθεσία	429a
3560	νουθετέω	429a
3561	νουμηνία	429a
3562	νουνεχῶς	429b
3563	νοῦς	429b
3564	Νυμφᾶς	429b
3565	νύμφη	429b
3566	νυμφίος	429b
3567	νυμφών	430a
3568	νῦν	430a
3569	τανῦν, τὰ νῦν	430b
3570	νυνί	430b
3571	νύξ	431a
3572	νύσσω	431b
3573	νυστάζω	431b
3574	νυχθήμερον	431b
3575	Νῶε	431b
3576	νωθρός	431b
3577	νῶτος	431b

Ξ

Strong's #	Greek word	Thayer's pg.
3578	ξενία	431a
3579	ξενίζω	431b
3580	ξενοδοχέω	432a
3581	ξένος	432a
3582	ξέστης	432a
3583	ξηραίνω	432a
3584	ξηρός	432b
3585	ξύλινος	432b
3586	ξύλον	432b
3587	ξυράω	432b

Ο

Strong's #	Greek word	Thayer's pg.
3588	ὁ, ἡ, τό	433a
3589	ὀγδοήκοντα	437a
3590	ὄγδοος	437a
3591	ὄγκος	437a
3592	ὅδε, ἥδε, τόδε	437a
3593	ὁδεύω	437b
3594	ὁδηγέω	437b
3595	ὁδηγός	437b
3596	ὁδοιπορέω	437b
3597	ὁδοιπορία	437b
3598	ὁδός	437b
3599	ὀδούς	438b
3600	ὀδυνάω	438b
3601	ὀδύνη	438b
3602	ὀδυρμός	438b
3603	ὅ εστι	165b
3604	Ὀζίας	438b
3605	ὄζω	438b
3606	ὅθεν	439a
3607	ὀθόνη	439a
3608	ὀθόνιον	439a
3609	οἰκεῖος	439a
3610	οἰκέτης	439a
3611	οἰκέω	441b
3612	οἴκημα	439b
3613	οἰκητήριον	439b
3614	οἰκία	439b
3615	οἰκιακός	439b
3616	οἰκοδεσποτέω	439b
3617	οἰκοδεσπότης	439b
3618	οἰκοδομέω	439b
3619	οἰκοδομή	440a
3620	οἰκοδομία	440b
3621	οἰκονομέω	440b
3622	οἰονομία	440b
3623	οἰκονόμος	440b
3624	οἶκος	441a
3625	οἰκουμένη	441b
3626	οἰκουρός	442a
3627	οἰκτείρω	442a
3628	οἰκτιρμός	442a
3629	οἰκτίρμων	442a
3630	οἰνοπότης	442a
3631	οἶνος	442a
3632	οἰνοφλυγία	442b
3633	οἴομαι, οἶμαι	442b
3634	οἷος	442b
3635	ὀκνέω	442b
3636	ὀκνηρός	442b
3637	ὀκταήμερος	442b
3638	ὀκτώ	443a
3639	ὄλεθρος	443a
3640	ὀλιγόπιστος	443a
3641	ὀλίγος	443a
3642	ὀλιγόψυχος	443a
3643	ὀλιγωρέω	443b
3644	ὀλοθρευτής	443b
3645	ὀλοθρεύω	443b
3646	ὁλοκαύτωμα	443b
3647	ὁλοκληρία	443b
3648	ὁλόκληρος	443b
3649	ὀλολύζω	443b
3650	ὅλος	443b
3651	ὁλοτελής	444a
3652	Ὀλυμπᾶς	444a
3653	ὄλυνθος	444a
3654	ὅλως	444a
3655	ὄμβρος	444a
3656	ὁμιλέω	444b
3657	ὁμιλία	444b
3658	ὅμιλος	444b
3659	ὄμμα	444b
3660	ὀμνύω	444b
3661	ὁμοθυμαδόν	445a
3662	ὁμοιάζω	445a
3663	ὁμοιοπαθής	445a
3664	ὅμοιος	445a
3665	ὁμοιότης	445a
3666	ὁμοιόω	445b
3667	ὁμοίωμα	445b
3668	ὁμοίως	445b
3669	ὁμοίωσις	445b
3670	ὁμολογέω	446a
3671	ὁμολογία	446a
3672	ὁμολογουμένως	446b
3673	ὁμότεχνος	446b
3674	ὁμοῦ	446b
3675	ὁμόφρων	446b
3676	ὅμως	446b
3677	ὄναρ	446b
3678	ὀνάριον	446b
3679	ὀνειδίζω	446b
3680	ὀνειδισμός	446b
3681	ὄνειδος	447a
3682	Ὀνήσιμος	447a
3683	Ὀνησίφορος	447a
3684	ὀνικός	447a
3685	ὀνίνημι	447a
3686	ὄνομα	447a
3687	ὀνομάζω	448b
3688	ὄνος	448b
3689	ὄντως	448b
3690	ὄξος	449a
3691	ὀξύς	449a
3692	ὀπή	449a
3693	ὄπισθεν	449a
3694	ὀπίσω	449a
3695	ὁπλίζω	449b
3696	ὅπλον	449b
3697	ὁποῖος	449b
3698	ὁπότε	449b
3699	ὅπου	449b
3700	ὀπτάνομαι	450a
3701	ὀπτασία	450a
3702	ὀπτός	450a
3703	ὀπώρα	450a
3704	ὅπως	450b
3705	ὅραμα	451a
3706	ὅρασις	451a
3707	ὁρατός	451a
3708	ὁράω	451a

Strong's #	Greek word	Thayer's pg.
3709	ὀργή	452a
3710	ὀργίζω	452b
3711	ὀργίλος	452b
3712	ὀργυιά	452b
3713	ὀρέγομαι	452b
3714	ὀρεινός	452b
3715	ὄρεξις	452b
3716	ὀρθοποδέω	452b
3717	ὀρθός	453a
3718	ὀρθοτομέω	453a
3719	ὀρθρίζω	453a
3720	ὀρθρινός	453a
3721	ὄρθριος	453a
3722	ὄρθρος	453a
3723	ὀρθῶς	453a
3724	ὁρίζω	453a
3725	ὅριον	453b
3726	ὁρκίζω	453b
3727	ὅρκος	453b
3728	ὁρκωμοσία	453b
3729	ὁρμάω	453b
3730	ὁρμή	453b
3731	ὅρμημα	453b
3732	ὄρνεον	454a
3733	ὄρνις	454a
3734	ὁροθεσία	454a
3735	ὄρος	454a
3736	ὀρύσσω	454a
3737	ὀρφανός	454a
3738	ὀρχέομαι	454a
3739	ὅσ, ἥ, ὅ	454a
3740	ὁσάκις	456a
3741	ὅσιος	456a
3742	ὁσιότης	456b
3743	ὁσίως	456b
3744	ὀσμή	456b
3745	ὅσος	456b
3746	ὅσπερ	457a
3747	ὀστέον, ὀστοῦν	457a
3748	ὅστις, ἥτις, ὅ, τι	457a
3749	ὀστράκινος	457b
3750	ὄσφρησις	457b
3751	ὀσφύς	457b
3752	ὅταν	458a
3753	ὅτε	458b
3754	ὅτι	458b
3755	ὅτου	460a
3756	οὐ, οὐκ, οὐχ	460a
3757	οὗ	460a
3758	οὐά	461b
3759	οὐαί	461b
3760	οὐδαμῶς	461b
3761	οὐδέ	461b
3762	οὐδείς, οὐδεμία, οὐδέν	462a
3763	οὐδέποτε	462b
3764	οὐδέπω	462b
3765	οὐκέτι, οὐκ ἔτι	462b
3766	οὐκοῦν	463a
3767	οὖν	463a
3768	οὔπω	464a
3769	οὐρά	464a
3770	οὐράνιος	464a
3771	οὐρανόθεν	464b
3772	οὐρανός	464b
3773	Οὐρβανός	465b
3774	Οὐρίας	465b
3775	οὖς	465b
3776	οὐσία	466a
3777	οὔτε	466a
3778	οὗτος, οὗτοι, αὕτη, αὗται	466b
3779	οὕτω, οὕτως	468a
3780	οὐχι	469a
3781	ὀφειλέτης	469a
3782	ὀφειλή	469a
3783	ὀφείλημα	469a
3784	ὀφείλω, ὀφειλέω	469a
3785	ὄφελον	469b
3786	ὄφελος	469b
3787	ὀφθαλμοδουλεία	469b
3788	ὀφθαλμός	470a
3789	ὄφις	470a
3790	ὀφρύς	470b
3791	ὀχλέω	470b
3792	ὀχλοποιέω	470b
3793	ὄχλος	470b
3794	ὀχύρωμα	471a
3795	ὀψάριον	471a
3796	ὀψέ	471a
3797	ὄψιμος	471b
3798	ὄψίος	471b
3799	ὄψις	471b
3800	ὀψώνιον	471b
3801	ὁ ὢν καὶ ὁ ἦν καὶ ὁ ἐρχόμενος	33a
	175b, 247a,	250a
	Π	
3802	παγιδεύω	472a
3803	παγίς	472a
3804	πάθημα	472a
3805	παθητός	472a
3806	πάθος	472b
3807	παιδαγωγός	472b
3808	παιδάριον	472b
3809	παιδεία	473a
3810	παιδευτής	473a
3811	παιδεύω	473a
3812	παιδιόθεν	473a
3813	παιδίον	473a
3814	παιδίσκη	473b
3815	παίζω	473b
3816	παῖς	473b
3817	παίω	474a
3818	Πακατιανή	474a
3819	πάλαι	474a
3820	παλαιός	474a
3821	παλαιότης	474b
3822	παλαιόω	474b
3823	πάλη	474b
3824	παλιγγενεσία	474b
3825	πάλιν	475a
3826	παμπληθεί	475b
3827	πάμπολυς	475b
3828	Παμφυλία	475b
3829	πανδοχεῖον	475b
3830	πανδοχεύς	475b
3831	πανήγυρις	475b
3832	πανοικί	475b
3833	πανοπλία	476a
3834	πανουργία	476a
3835	πανοῦργος	476a
3836	πανταχόθεν	476a
3837	πανταχοῦ	476a
3838	παντελής	476a
3839	πάντη	476a
3840	παντόθεν	476a
3841	παντοκράτωρ	476a
3842	πάντοτε	476b
3843	πάντως	476b
3844	παρά	476b
3845	παραβαίνω	478b
3846	παραβάλλω	478b
3847	παράβασις	478b
3848	παραβάτης	479a
3849	παραβιάζομαι	479a
3850	παραβολή	479a
3851	παραβουλεύομαι	479b
3852	παραγγελία	479b
3853	παραγγέλλω	479b
3854	παραγίνομαι	479b
3855	παράγω	480a
3856	παραδειγματίζω	480a
3857	παράδεισος	480a
3858	παραδέχομαι	480b
3859	παραδιατριβή	480b
3860	παραδίδωμι	480b
3861	παράδοξος	481b
3862	παράδοσις	481b
3863	παραζηλόω	482a
3864	παραθαλάσσιος	482a
3865	παραθεωρέω	482a
3866	παραθήκη	482a
3867	παραινέω	482a
3868	παραιτέομαι	482a
3869	παρακαθίζω	482b
3870	παρακαλέω	482b
3871	παρακαλύπτω	483a
3872	παρακαταθήκη	483a
3873	παράκειμαι	483a
3874	παράκλησις	483a
3875	παράκλητος	483b
3876	παρακοή	483b
3877	παρακολουθέω	484a
3878	παρακούω	484a
3879	παρακύπτω	484a
3880	παραλαμβάνω	484a
3881	παραλέγομαι	484b
3882	παράλιος	484b
3883	παραλλαγή	484b
3884	παραλογίζομαι	484b

Strong's #	Greek word	Thayer's pg.
3885	παραλυτικός	484b
3886	παραλύω	484b
3887	παραμένω	485a
3888	παραμυθέομαι	485a
3889	παραμυθία	485a
3890	παραμύθιον	485a
3891	παρανομέω	485a
3892	παρανομία	485a
3893	παραπικραίνω	485a
3894	παραπικπασμός	485a
3895	παραπίπτω	485b
3896	παραπλέω	485b
3897	παραπλήσιον	485b
3898	παραπλησίως	485b
3899	παραπορεύομαι	485b
3900	παράπτωμα	485b
3901	παραῤῥυέω	485b
3902	παράσημος	486a
3903	παρασκευάζω	486a
3904	παρασκευή	486a
3905	παρατείνω	486a
3906	παρατηρέω	486a
3907	παρατήρησις	486b
3908	παρατίθημι	486b
3909	παρατυγχάνω	486b
3910	παραυτίκα	486b
3911	παραφέρω	486b
3912	παραφρονέω	486b
3913	παραφρονία	486b
3914	παραχειμάζω	487a
3915	παραχειμασία	487a
3916	παραχρῆμα	487a
3917	πάρδαλις	487a
3918	πάρειμι	487b
3919	παρεισάγω	487b
3920	παρείσακτος	487b
3921	παρεισδύνω	487b
3922	παρεισέρχομαι	487b
3923	παρεισφέρω	487b
3924	παρεκτός	487b
3925	παρεμβολή	487b
3926	παρενοχλέω	488a
3827	παρεπίδημος	488a
3928	παρέρχομαι	488a
3929	πάρεσις	488b
3930	παρέχω	488b
3931	παρηγορία	488b
3932	παρθενία	489a
3933	παρθένος	489a
3934	Πάπθος	489a
3935	παρίημι	489a
3936	παρίστημι	489a
3937	Παρμενᾶς	489b
3938	πάροδος	489b
3939	παροικέω	489b
3940	παροικία	490a
3941	πάροικος	490a
3942	παροιμία	490a
3943	πάροινος	490a
3944	παροίχομαι	490a
3945	παρομοιάζω	490a
3946	παρόμοιος	490b
3947	παροξύνω	490b
3948	παροξυσμός	490b
3949	παροργίζω	490b
3950	παροργισμός	490b
3951	παροτρύνω	490b
3952	παρουσία	490b
3953	παροψίς	491a
3954	παῤῥησία	491a
3955	παῤῥησιάζομαι	491a
3956	πᾶς	491a
3957	πάσχα	493b
3958	πάσχω, πάθω, πένθω	494a
3959	Πάταρα	494b
3960	πατάσσω	494b
3961	πατέω	494b
3962	πατήρ	494b
3963	Πάτμος	495b
3964	πατραλῴας	495b
3965	πατριά	495b
3966	πατριάρχης	496a
3967	πατρικός	496a
3968	πατρίς	496a
3969	Πατρόβας	496a
3970	πατροπαράδοτος	496a
3971	πατρῷος	496a
3972	Παῦλος	496a
3973	παύω	496b
3974	Πάφος	497a
3975	παχύνω	497a
3976	πέδη	497a
3977	πεδινός	497a
3978	πεζεύω	497a
3979	πεζῇ	497a
3980	πειθαρχέω	497a
3981	πειθός	497b
3982	πείθω	497b
3983	πεινάω	498a
3984	πεῖρα	498a
3985	πειράζω	498a
3986	πειρασμός	498b
3987	πειράω	499a
3988	πεισμονή	499a
3989	πέλαγος	499a
3990	πελεκίζω	499a
3991	πέμπτος	499b
3992	πέμτω	499b
3993	πένης	499b
3994	πενθερά	500a
3995	πενθερός	500a
3996	πενθέω	500a
3997	πένθος	500a
3998	πεντιχρός	500a
3999	πεντακίς	500a
4000	πεντακισχίλιοι	500a
4001	πεντακόσιοι	500a
4002	πέντε	500a
4003	πεντεκαιδέκατος	500a
4004	πεντήκοντα	500a
4005	πεντηκοστή	500a
4006	πεποίθησις	500a
4007	πέρ	500b
4008	πέραν	500b
4009	πέρας	500b
4010	Πέργαμος	500b
4011	Πέργη	501a
4012	περί	501a
4013	περιάγω	502a
4014	περιαιρέω	502a
4015	περιαστράπτω	502a
4016	περιβάλλω	502a
4017	περιβλέπω	502b
4018	περιβόλαιον	502b
4019	περιδέω	502b
4020	περιεργάζομαι	502b
4021	περίεργος	502b
4022	περιέρχομαι	502b
4023	περιέχω	502b
4024	περιζώννυμι	503a
4025	περίθεσις	503a
4026	περιΐστημι	503a
4027	περικάθαρμα	503a
4028	περικαλύπτω	503b
4029	περίκειμαι	503b
4030	περικεφαλαία	503b
4031	περικπατής	503b
4032	περικρύπτω	503b
4033	περικυκλόω	503b
4034	περιλάμπω	503b
4035	περιλειπω	503b
4036	περίλυπος	503b
4037	περιμένω	503b
4038	πέριξ	504a
4039	περιοικέω	504a
4040	περίοικος	504a
4041	περιούσιος	504a
4042	περιοχή	504a
4043	περιπατέω	504a
4044	περιπείρω	504b
4045	περιπίπτω	504b
4046	περιποιέομαι	504b
4047	περιποίησις	504b
4048	περιῤῥήγνυμι	504a
4049	περισπάω	505a
4050	περισσεία	505a
4051	περίσσευμα	505a
4052	περισσεύω	505a
4053	περισσός	505b
4054	περισσότερον	505b
4055	περισσότερος	505b
4056	περισσοτέρως	506a
4057	περισσῶς	506a
4058	περιστερά	506a
4059	περιτέμνω	506a
4060	περιτίθημι	506a
4061	περιτομή	506b
4062	περιτρέπω	506b
4063	περιτρέχω	506b
4064	περιφέρω	506b
4065	περιφρονέω	507a
4066	περίχωρος	507a

Strong's #	Greek word	Thayer's pg.
4067	περίψωμα	507a
4068	περπερεύομαι	507a
4069	Περσίς	507a
4070	πέρυσι	507a
4071	πετεινόν	507b
4072	πέτομαι, πετάομαι	507a
4073	πέτρα	507b
4074	Πέτρος	507b
4075	πετρώδης	508a
4076	πήγανον	508a
4077	πηγή	508a
4078	πήγνυμι	508a
4079	πηδάλιον	508a
4080	πηλίκος	508b
4081	πηλός	508b
4082	πήρα	508b
4083	πῆχυς	508b
4084	πιάζω	508b
4085	πιέζω	508b
4086	πιθανολογία	508b
4087	πικραίνω	508b
4088	πικρία	509a
4089	πικρός	509a
4090	πικρῶς	509a
4091	Πιλάτος	509a
4092	πίμπρημι	509b
4093	πινακίδιον	509b
4094	πίναξ	509b
4095	πίνω, πίω, πόω	510a
4096	πιότης	510a
4097	πιπράσκω, πράω	510a
4098	πίπτω, πέτω	510b
4099	Πισιδία	511a
4100	πιστεύω	511a
4101	πιστικός	512b
4102	πίστις	512b
4103	πιστός	514a
4104	πιστόω	514b
4105	πλανάω	514b
4106	πλάνη	514b
4107	πλανήτης	515a
4108	πλάνος	515a
4109	πλάξ	515a
4110	πλάσμα	515a
4111	πλάσσω	515a
4112	πλαστός	5a5a
4113	πλατεῖα	515a
4114	πλάτος	515a
4115	πλατύνω	515a
4116	πλατύς	515b
4117	πλέγμα	515b
4118	πλεῖστος	515b
4119	πλείων, πλεῖον, πλέον	515b
4120	πλέκω	516a
4121	πλεονάζω	516a
4122	πλεονεκτέω	516a
4123	πλεονέκτης	516a
4124	πλεονεξία	516a
4125	πλευρά	516a
4126	πλέω, πλεύω	516b
4127	πληγή	516b
4128	πλῆθος	516b
4129	πληθύων	516b
4130	πλήθω	516b
4131	πλήκτης	516b
4132	πλυμμύρα	517a
4133	πλήν	517a
4134	πλήρης	517a
4135	πληροφορέω	517a
4136	πληροφορία	517b
4137	πληρόω	517b
4138	πλήρωμα	518b
4139	πλησίον	518b
4140	πλησμονή	519a
4141	πλήσσω	519a
4142	πλοιάριον	519a
4143	πλοῖον	519a
4144	πλόος	519a
4145	πλούσιος	519a
4146	πλουσίως	519b
4147	πλουτέω	519b
4148	πλουτίζω	519b
4149	πλοῦτος	519b
4150	πλύνω	519b
4151	πνεῦμα	520a
4152	πνευματικός	523b
4153	πνευματικώς	523b
4154	πνέω	524a
4155	πνίγω	524a
4156	πνικτός	524a
4157	πνοή	524a
4158	ποδήρης	524a
4159	πόθεν	524a
4160	ποιέω	524a
4161	ποίημα	527a
4162	ποίησις	527a
4163	ποιητής	527a
4164	ποικίλος	527a
4165	ποιμαίνω	527b
4166	ποιμήν	527b
4167	ποίμνη	527b
4168	ποίμνιον	527b
4169	ποῖος	527b
4170	πολεμέω	527b
4171	πόλεμος	528a
4172	πόλις	528a
4173	πολιτάρχης	528b
4174	πολιτεία	528b
4175	πολίτευμα	528b
4176	πολιτεύομαι	528b
4177	πολίτης	528b
4178	πολλάκις	529a
4179	πολλαπλασίων	529a
4180	πολυλογία	529a
4181	πολυμέρως	529a
4182	πολυποίκιλος	529a
4183	πολύς	529a
4184	πολύσπλαγχνος	530a
4185	πολυτελής	530a
4186	πολύτιμος	530a
4187	πολυτρόπως	530a
4188	πόμα	530a
4189	πονηρία	530b
4190	πονηρός	530b
4191	πονηρότερος	530b
4192	πόνος	531a
4193	Ποντικός	531a
4194	Πόντιος	531a
4195	Πόντος	531a
4196	Πόπλιος	531a
4197	πορεία	531a
4198	πορεύομαι	531a
4199	πορθέω	531b
4200	πορισμός	531b
4201	Πόρκιος	531b
4202	πορνεία	531b
4203	πορνεύω	532a
4204	πόρνη	532a
4205	πόρνος	532a
4206	πόῤῥω	532b
4207	πόῤῥωκθεν	532b
4208	ποῤῥωτέρω	532b
4209	πορφύρα	532b
4210	πορφυροῦς	532b
4211	πορφυρόπωλις	532b
4212	ποσάκις	532b
4213	πόσις	532b
4214	πόσος	532b
4215	ποταμός	532b
4216	ποταμοφόρητος	532b
4217	ποταπός	532b
4218	ποτέ	533a
4219	πότε	533a
4220	πότερον	533a
4221	ποτήριον	533a
4222	ποτίζω	533b
4223	Ποτίολοι	533b
4224	πότος	533b
4225	πού	533b
4226	ποῦ	533b
4227	Πούδης	533b
4228	πούς	534a
4229	πρᾶγμα	534a
4230	πραγματεία	534a
4231	πραγματεύομαι	534a
4232	πραιτώριον	534b
4233	πράκτωρ	534b
4234	πρᾶξις	534b
4235	πρᾳος	534b
4236	πρᾳότης	535a
4237	πρασιά	535a
4238	πράσσω	535a
4239	πραΰς	535b
4240	πραΰτης	535b
4241	πρέπω	535b
4242	πρεσβεία	535b
4243	πρεσβεύω	535b
4244	πρεσβυτέριον	535b
4245	πρεσβύτερος	535b
4246	πρεσβύτης	536a

Strong's #	Greek word	Thayer's pg.
4247	πρεσβύτις	536a
4248	πρηνής	536a
4249	πρίζω	536a
4250	πρίν	536a
4251	Πρίσκα	536b
4252	Πρίσκιλλα	536b
4253	πρό	536b
4254	προάγω	537a
4255	προαιρέομαι	537a
4256	προαιτιάομαι	537a
4257	προακούω	537a
4258	προαμαρτάνω	537b
4259	προαύλιον	537b
4260	προβαίνω	537b
4261	προβάλλω	537b
4262	προβατικός	537b
4263	πρόβατον	537b
4264	προβιβάζω	538a
4265	προβλέπω	538a
4266	προγίνομαι	538a
4267	προγινώσκω	538a
4268	πρόγνωσις	538a
4269	πρόγονος	538a
4270	προγράφω	538a
4271	πρόδηλος	538b
4272	προδίδωμι	538b
4273	προδότης	538b
4274	πρόδομος	538b
4275	προείδω	538b
4276	προελπίζω	538b
4277	προέπω	538b
4278	προενάρχομαι	538b
4279	προεπαγγέλλομαι	539a
4280	προερέω	539a
4281	προέρχομαι	539a
4282	προετοιμάζω	539a
4283	προευαγγελίζομαι	539a
4284	προέχομαι	539a
4285	προηγέομαι	539a
4286	πρόθεσις	539b
4287	προθέσμιος	539b
4288	προθυμία	539b
4289	πρόθυμος	539b
4290	προθύμως	539b
4291	προιστημι	539b
4292	προκαλέομαι	540a
4293	προκαταγγέλλω	540a
4294	προκαταρτίζω	540a
4295	πρόκειμαι	540a
4296	προκηρύσσω	540a
4297	προκοπή	540a
4298	προκόπτω	540a
4299	πρόκριμα	540b
4300	προκυρόω	540b
4301	προλαμβάνω	540b
4302	προλέγω	540b
4303	προμαρτύρομαι	540b
4304	προμελετάω	540b
4305	προμεριμνάω	540b
4306	προνοέω	540b
4307	πρόνοια	540b
4308	προοράω	540b
4309	προορίζω	541a
4310	προπάσχω	541a
4311	προπέμπω	541a
4312	προπετής	541a
4313	προπορεύομαι	541a
4314	πρός	541a
4315	προσάββατον	543b
4316	προσαγορεύω	543b
4317	προσάγω	543b
4318	προσαγωγή	544a
4319	προσαιτέω	544a
4320	προσαναβαίνω	544a
4321	προσαναλίσκω	544a
4322	προσαναπληροω	544a
4323	προσανατίθημι	544a
4324	προσαπειλέω	544a
4325	προσδαπανάω	544a
4326	προσδέομαι	544b
4327	προσδέχομαι	544b
4328	προσδοκάω	544b
4329	προσδοκία	544b
4330	προσεάω	544b
4331	προσεγγίζω	544b
4332	προσεδρεύω	544b
4333	προσεργάζομαι	544b
4334	προσέρχομαι	545a
4335	προσευχή	545a
4336	προσεύχομαι	545b
4337	προσέχω	546a
4338	προσηλόω	546b
4339	προσήλυτος	546b
4340	πρόσκαιρος	546b
4341	προσκαλέομαι	546b
4342	προσκαρτερέω	547a
4343	προσκαρτέρησις	547a
4344	προσκεφάλαιον	547a
4345	προσκληρόω	547a
4346	πρόσκλισις	547b
4347	προσκολλάω	547b
4348	πρόσκομμα	547b
4349	προσκοπή	547b
4350	προσκόπτω	547b
4351	προσκυλίω	548a
4352	προσκυνέω	548a
4353	προσκυνητής	548b
4354	προσλαλέω	548b
4355	προσλαμβάνω	548b
4356	πρόσληψις	548b
4357	προσμένω	548b
4358	προσορμίζω	548b
4359	προσοφείλω	549a
4360	προσοχθίζω	549a
4361	πρόσπεινος	549a
4362	προσπήγνυμι	549a
4363	προσπίπτω	549a
4364	προσποιέομαι	549a
4365	προσπορεύομαι	549b
4366	προσρήγνυμι	549b
4367	προστάσσω	549b
4368	προστάτις	549b
4369	προστίθημι	549b
4370	προστρέχω	550a
4371	προσφάγιον	550a
4372	πρόσφατος	550a
4373	προσφάτως	550a
4374	προσφέρω	550a
4375	προσφιλής	550b
4376	προσφορά	550b
4377	προσφωνέω	550b
4378	πρόσχυσις	550b
4379	προσψαύω	550b
4380	προσωποληπτέω	550b
4381	προσωπολήπτης	550b
4382	προσωποληψία	551a
4383	πρόσωπον	551a
4384	προτάσσω	552a
4385	προτείνω	552a
4386	πρότερον	552a
4387	πρότερος	552a
4388	προτίθεμαι	552a
4389	προτρέπομαι	552b
4390	προτρέχω	552b
4391	προϋπάρχω	552b
4392	πρόφασις	552b
4393	προφέρω	552b
4394	προφητεία	552b
4395	προφητεύω	552b
4396	προφήτης	553a
4397	προφητικός	554a
4398	προφῆτις	554a
4399	προφθάνω	554a
4400	προχειρίζομαι	554a
4401	προχειροτονέω	554a
4402	Πρόχορος	554a
4403	πρύμνα	554a
4404	πρωΐ	554a
4405	πρωΐα	554b
4406	πρώϊμος	554b
4407	πρωϊνός	554b
4408	πρώρα	554b
4409	πρωτεύω	554b
4410	πρωτοκαθεδρία	554b
4411	πρωτοκλισία	554b
4412	πρῶτον	554b
4413	πρῶτος	554b
4414	πρωτοστάτης	555b
4415	πρωτοτόκια	555b
4416	πρωτοτόκος	555b
4417	πταίω	556a
4418	πτέρνα	556a
4419	πτερύγιον	556a
4420	πτέρυξ	556b
4421	πτηνόν	556b
4422	πτοέω	556b
4423	πτόησις	556b
4424	Πτολεμαΐς	556b
4425	πτύον	556b
4426	πτύρω	556b
4427	πτύσμα	556b
4428	πτύσσω	556b
4429	πτύω	556b

Strong's #	Greek word	Thayer's pg.
4430	πτῶμα	557a
4431	πτῶσις	557a
4432	πτωχεία	557a
4433	πτωχεύω	557a
4434	πτωχός	557a
4435	πυγμή	557b
4436	Πύθων	557b
4437	πυκνός	557b
4438	πυκτέω	557b
4439	πύλη	557b
4440	πυλών	558a
4441	πυνθάνομαι	558a
4442	πῦρ	558a
4443	πυρά	558b
4444	πύργος	558b
4445	πυρέσσω	558b
4446	πυρετός	558b
4447	πύρινος	558b
4448	πυρόω	558b
4449	πυῤῥάζω	558b
4450	πυῤῥός	559a
4451	πύρωσις	559a
4452	πω	559a
4453	πωλέω	559a
4454	πῶλος	559a
4455	πώποτε	559a
4456	πωρόω	559a
4457	πώρωσις	559a
4458	πώς	560b
4459	πῶς	559b
	Ρ	
4460	Ῥαάβ	560a
4461	ῥαββί	560a
4462	ῥαββονί ῥαββουνί	560a
4463	ῥαβδίζω	560b
4464	ῥάβδος	560b
4465	ῥαβδοῦχος	560b
4466	Ῥαγαῦ	560b
4467	ῥᾳδιούργημα	561a
4468	ῥᾳδιουργία	561a
4469	ῥακά	561a
4470	ῥάκος	561a
4471	Ῥαμᾶ	561a
4472	ῥαντίζω	561a
4473	ῥαντισμός	561a
4474	ῥαπίζω	561b
4475	ῥάπισμα	561b
4476	ῥαφίς	561b
4477	Ῥαχάβ	561b
4478	Ῥαχήλ	561b
4479	Ῥεβέκκα	561b
4480	ῥέδα	561b
4481	Ῥεμφάν	561b
4482	ῥέω, ῥεύω	561b
4483	ῥέω, ἐρέω	562a
4484	Ῥήγιον	562a
4485	ῥῆγμα	562a
4486	ῥήγνυμι, ῥήσσω	562a
4487	ῥῆμα	562a
4488	Ῥησά	563a
4489	ῥήτωρ	563a
4490	ῥητῶς	563a
4491	ῥίζα	563a
4492	ῥιζόω	563a
4493	ῥιπή	563a
4494	ῥιπίζω	563a
4495	ῥιπτέω	563b
4496	ῥίπτω	563b
4497	Ῥοβοάμ	563b
4498	Ῥόδη	563b
4499	Ῥόδος	563b
4500	ῥοιζηδόν	563b
4501	ῥομφαία	564a
4502	Ῥουβήν	564a
4503	Ῥούθ	564a
4504	Ῥοῦφος	564a
4605	ῥύμη	564a
4506	ῥύομαι	564a
4507	ῥυπαρία	564b
4508	ῥυπαρός	564b
4509	ῥύπος	564b
4510	ῥυπόω	564b
4511	ῥύσις	564b
4512	ῥυτίς	564b
4513	Ῥωμαϊκός	564b
4514	Ῥωμαῖος	564b
4515	Ῥωμαϊστί	564b
4516	Ῥώμη	564b
4517	ῥώννυμι	565a
	Σ	
4518	σαβαχθανί	565a
4519	σαβαώθ	565a
4520	σαββατισμός	565b
4521	σάββατον	565b
4522	σαγήνη	566a
4523	Σαδδουκαῖος	566a
4524	Σαδώκ	566b
4525	σαίνω	566b
4526	σάκκος	566b
4527	Σαλά	566b
4528	Σαλαθιήλ	566b
4529	Σαλαμίς	567a
4530	Σαλείμ	567a
4531	σαλεύω	567a
4532	Σαλήμ	567a
4533	Σαλμών	567a
4534	Σαλμώνη	567a
4535	σάλος	567b
4536	σάλπιγξ	567b
4537	σαλπίζω	567b
4538	σαλπιστής	567b
4539	Σαλώμη	567b
4540	Σαμάρεια	567b
4541	Σαμαρείτης	568a
4542	Σαμαρεῖτις	568b
4543	Σαμοθρᾴκη	568b
4544	Σάμος	568b
4545	Σαμουήλ	568b
4546	Σαμψών	568b
4547	σανδάλιον	568b
4548	σανίς	568b
4549	Σαούλ	568b
4550	σαπρός	568b
4551	Σαπφείρη	569a
4552	σάπφειρος	569a
4553	σαργάνη	569a
4554	Σάρδεις	569a
4555	σάρδινος	569a
4556	σάρδιος	569a
4557	σαρδόνυξ	569a
4558	Σάρεπτα	569a
4559	σαρκικός	569a
4560	σάρκινος	569b
4561	σάρξ	569b
4562	Σαρούχ	571b
4563	σαρόω	571b
4564	Σάῤῥα	571b
4565	Σάρων	571b
4566	Σατᾶν	571b
4567	Σατανᾶς	571b
4568	σάτον	572a
4569	Σαῦλος	572a
4570	σβέννυμι	572a
4571	σέ	591b
4572	σεαυτοῦ	572a
4573	σεβάζομαι	572b
4574	σέβασμα	572b
4575	σεβαστός	572b
4576	σέβομαι	572b
4577	σειρά	572b
4578	σεισμός	572b
4579	σείω	573a
4580	Σεκοῦνδος	573a
4581	Σελεύκεια	573a
4582	σελήνη	573a
4583	σεληνιάζομαι	573a
4584	Σεμεΐ	573a
4585	σεμίδαλις	573a
4586	σεμνός	573a
4587	σεμνότης	573a
4588	Σέργιος	573a
4589	Σήθ	573a
4590	Σήμ	573b
4591	σημαίνω	573b
4592	σημεῖον	573b
4593	σημειόω	574a
4594	σήμερον	574a
4595	σήπω	574a
4596	σηρικός	574a
4597	σής	574b
4598	σητόβρωτος	574b
4599	σθενόω	574b
4600	σιαγών	574b
4601	σιγάω	574b
4602	σιγή	574b
4603	σιδήρεος	574b
4604	σίδηρος	574b
4605	Σιδών	575b
4606	Σιδώνιος	574b

Strong's #	Greek word	Thayer's pg.	Strong's #	Greek word	Thayer's pg.	Strong's #	Greek word	Thayer's pg.
4607	σικάριος	574b	4668	Σμυρναῖος	581a	4729	στενοχωρέω	587a
4608	σίκερα	575a	4669	σμυρνίζω	581a	4730	στενοχωρία	587a
4609	Σίλας	575a	4670	Σόδομα	581a	4731	στερεός	587a
4610	Σιλουανός	575a	4671	σοί	591b	4732	στερεόω	587b
4611	Σιλωάμ	575a	4672	Σολομών	581a	4733	στερέωμα	587b
4612	σιμικίνθιον	575b	4673	σορός	581b	4734	Στεφανᾶς	587b
4613	Σίμων	575b	4674	σός	591b	4735	στέφανος	587b
4614	Σινᾶ	575b	4675	σοῦ	591b	4736	Στέφανος	587b
4615	σίναπι	575b	4676	σουδάριον	581b	4737	στεφανόω	587b
4616	σινδών	576a	4677	Σουσάννα	581b	4738	στῆθος	588a
4617	σινιάζω	576a	4678	σοφία	581b	4739	στήκω	588a
4618	σιτευτός	576a	4679	σοφίζω	582b	4740	στηριγμός	588a
4619	σιτιστός	576a	4680	σοφός	582b	4741	στηρίζω	588a
4620	σιτόμετρον	576a	4681	Σπανία	582b	4742	στίγμα	588b
4621	σῖτος, σῖτα	576a	4682	σπαράσσω	582b	4743	στιγμή	588b
4622	Σιών	576b	4683	σπαργανόω	582b	4744	στίλβω	588b
4623	σιωπάω	576b	4684	σπαταλάω	583a	4745	στοά	588b
4624	σκανδαλίζω	576b	4685	σπάω	583a	4746	στοιβάς	588b
4625	σκάνδαλον	577a	4686	σπεῖρα	583a	4747	στοιχεῖον	588b
4626	σκάπτω	577a	4687	σπείρω	583a	4748	στοιχέω	589a
4627	σκάφη	577b	4688	σπεκουλάτωρ	583b	4749	στολή	589b
4628	σκέλος	577b	4689	σπένδω	583b	4750	στόμα	589b
4629	σκέπασμα	577b	4690	σπέρμα	583b	4751	στόμαχος	590a
4630	Σκευᾶς	577b	4691	σπερμολόγος	584a	4752	στρατεία	590a
4631	σκευή	577b	4692	σπεύδω	584a	4753	στράτευμα	590a
4632	σκεῦος	577b	4693	σπήλαιον	584b	4754	στρατεύομαι	590a
4633	σκηνή	577b	4694	σπιλάς	584b	4755	στρατηγός	590a
4634	σκηνοπηγία	578a	4695	σπιλόω	584b	4756	στρατία	590b
4635	σκηνοποιός	578b	4696	σπίλος	584b	4757	στρατιώτης	590b
4636	σκῆνος	578b	4697	σπλαγχνίζομαι	584b	4758	στρατολογέω	590b
4637	σκηνόω	578b	4698	σπλάγχνον	584b	4759	στρατοπεδάρχης	590b
4638	σκήνωμα	578b	4699	σπόγγος	585a	4760	στρατόπεδον	590b
4639	σκία	578b	4700	σποδός	585a	4761	στρεβλόω	590b
4640	σκιρτάω	578b	4701	σπορά	585a	4762	στρέφω	590b
4641	σκληροκαρδία	579a	4702	σπόριμος	585a	4763	στρηνιάω	591a
4642	σκληρός	579a	4703	σπόρος	585a	4764	στρῆνος	591a
4643	σκληρότης	579a	4704	σπουδάζω	585a	4765	στρουθίον	591a
4644	σκληροτράχηλος	579a	4705	σπουδαῖος	585a	4766	στρώννυμι,	591a
4645	σκληρύνω	579a	4706	σπουδαιότερον	585a		στρωννύω,	
4646	σκολιός	579a	4707	σπουδαιότερος	585a		στρόω	
4647	σκόλοψ	579a	4708	σπουδαιοτέρως	585a	4767	στυγνητός	591a
4648	σκοπέω	579b	4709	σπουδαίως	585a	4768	στυγνάζω	591a
4649	σκοπός	579b	4710	σπουδή	585b	4769	στύλος	591a
4650	σκορπίζω	579b	4711	σπυρίς	585b	4770	Στωϊκός	59ab
4651	σκορπίος	579b	4712	στάδιον	585b	4771	σύ	591b
4652	σκοτεινός	579b	4713	στάμνος	585b	4772	συγγένεια	592a
4653	σκοτία	580a	4714	στάσις	585b	4773	συγγενής	592a
4654	σκοτίζω	580a	4715	στατήρ	586a	4774	συγγνώμη	592a
4655	σκότος	580a	4716	σταυρός	586a	4775	συγκάθημαι	592a
4656	σκοτόω	580b	4717	σταυρόω	586a	4776	συγκαθίζω	592a
4657	σκύβαλον	580b	4718	σταφυλή	586b	4777	συγκακοπαθέω	592a
4658	Σκύθης	580b	4719	στάχυς	586b	4778	συγκακουχέω	592b
4659	σκυθρωπός	580b	4720	Στάχυς	586b	4779	συγκαλέω	592b
4660	σκύλλω	580b	4721	στέγη	586b	4780	συγκαλύπτω	592b
4661	σκῦλον	580b	4722	στέγω	586b	4781	συγκάμπτω	592b
4662	σκωληκόβρωτος	580b	4723	στεῖρος	586b	4782	συγκαταβαίνω	592b
4663	σκώληξ	580b	4724	στέλλω	586b	4783	συγκατάθεσις	592b
4664	σμαράγδινος	581a	4725	στέμμα	587a	4784	συγκατατίθεμαι	592b
4665	σμάραγδος	581a	4726	στεναγμός	587a	4785	συγκαταψηφίζω	592b
4666	σμύρνα	581a	4727	στενάζω	587a	4786	συγκεράννυμι	592b
4667	Σμύρνα	581a	4728	στενός	587a	4787	συγκινέω	593a

Strong's #	Greek word	Thayer's pg.
4788	συγκλείω	593a
4789	συγκληρονόμος	593a
4790	συγκοινωνέω	593a
4791	συγκοινωνός	593a
4792	συγκομίζω	593a
4793	συγκρίνω	593b
4794	συγκύπτω	593b
4795	συγκυρία	593b
4796	συγχαίρω	593b
4797	συγχέω συγχύνω	593b
4798	συγχράομαι	594a
4799	συγχυσις	594a
4800	συζάω	594a
4801	συζεύγνυμι	594a
4802	συζητέω	594a
4803	συζήτησις	594a
4804	συζητητής	594a
4805	σύζυγος	594a
4806	συζωοποιέω	594b
4807	συκάμινος	594b
4808	συκῆ	594b
4809	συκομωραία	594b
4810	σῦκον	594b
4811	συκοφαντέω	594b
4812	συλαγωγέω	594b
4813	συλάω	595a
4814	συλλαλέω	595a
4815	συλλαμβάνω	595a
4816	συλλέγω	595a
4817	συλλογίζομαι	595a
4818	συλλυπέω	595a
4819	συμβαίνω	595a
4820	συμβάλλω	595b
4821	συμβασιλεύω	595b
4822	συμβιβάζω	595b
4823	συμβουλεύω	596a
4824	συμβούλιον	596a
4825	σύμβουλος	596a
4826	Συμεών	596a
4827	συμμαθητής	596a
4828	συμμαρτυρέω	596b
4829	συμμερίζομαι	596b
4830	συμμέτοχος	596b
4831	συμμιμητής	596b
4832	συμμορφός	596b
4833	συμμορφόω	596b
4834	συμπαθέω	596b
4835	συμπαθής	596b
4836	συμπαραγίνομαι	596b
4837	συμπαρακαλέω	597a
4838	συμπαραλαμβάνω	597a
4839	συμπαραμένω	597a
4840	συμπάρειμι	597a
4841	συμπάσχω	597a
4842	συμπέμπω	597a
4843	συμπεριλαμβάνω	597a
4844	συμπίνω	597a
4845	συμπληρόω	597a
4846	συμπνίγω	597a
4847	συμπολίτης	597a
4848	συμπορεύομαι	597b
4849	συμπόσιον	597b
4850	συμπρεσβύτερος	597b
4851	συμφέρω	597b
4852	σύμφημι	597b
4853	συμφυλέτης	597b
4854	σύμφυτος	597b
4855	συμφύω	598a
4856	συμφωνέω	598a
4857	συμφώνησις	598a
4858	συμφωνία	598a
4859	σύμφωνος	598a
4860	συμψηφίζω	598a
4861	σύμψυχος	598a
4862	σύν	598a
4863	συνάγω	599b
4864	συναγωγή	600a
4865	συναγωνίζομαι	600b
4866	συναθλέω	600b
4867	συναθροίζω	600b
4868	συναίρω	600b
4869	συναιχμάλωτος	600b
4870	συνακολουθέω	600b
4871	συναλίζω	600b
4872	συναναβαίνω	601a
4873	συνανάκειμαι	601a
4874	συναναμίγνυμι	601a
4875	συναναπαύομαι	601a
4876	συναντάω	601a
4877	συνάντησις	601a
4878	συναντιλαμβάνομαι	601a
4879	συναπάγω	601a
4880	συναποθνήσκω	601a
4881	συναπόλλυμι	601a
4882	συναποστέλλω	601b
4883	συναρμολογέω	601b
4884	συναρπάζω	601b
4885	συναυξάνω	601b
4886	σύνδεσμος	601b
4887	συνδέω	601b
4888	συνδοξάζω	602a
4889	σύνδουλος	602a
4890	συνδρομή	602a
4891	συνεγείρω	602a
4892	συνέδριον	602a
4893	συνείδησις	602b
4894	συνείδω	603a
4895	σύνειμι	603a
4896	σύνειμι	603a
4897	συνεισέρχομαι	603a
4898	συνέκδημος	603a
4899	συνεκλεκτός	603b
4900	συνελαύνω	603b
4901	συνεπιμαρτυρέω	603b
4902	συνέπομαι	603b
4903	συνεργέω	603b
4904	συνεργός	603b
4905	συνέρχομαι	604a
4906	συνεσθίω	604a
4907	σύνεσις	604a
4908	συνετός	604a
4909	συνευδοκέω	604b
4910	συνευωχέω	604b
4911	συνεφίστημι	604b
4912	συνέχω	604b
4913	συνήδομαι	604b
4914	συνήθεια	604b
4915	συνηλικιώτης	605a
4916	συνθάπτω	605a
4917	συνθλάω	605a
4918	συνθλίβω	605a
4919	συνθρύπτω	605a
4920	συνίημι	605a
4921	συνιστάω, συνιστάνω, συνίστημι	605b
4922	συνοδεύω	605b
4923	συνοδία	605b
4924	συνοικέω	605b
4925	συνοικοδομέω	606a
4926	συνομιλέω	606a
4927	συνομορέω	606a
4928	συνόχη	606a
4929	συντάσσω	606a
4930	συντέλεια	606a
4931	συντελέω	606a
4932	συντέμνω	606b
4933	συντηρέω	606b
4934	συντίθεμαι	606b
4935	συντόμως	606b
4936	συντρέχω	606b
4937	συντρίβω	606b
4938	σύντριμμα	607a
4939	σύντροφος	607a
4940	συντυγχάνω	607a
4941	Συντύχη	607a
4942	συνυποκρίνομαι	607a
4943	συνυπουργέω	607a
4944	συνωδίνω	607a
4945	συνωμοσία	607a
4946	Συράκουσαι	607b
4947	Συρία	607b
4948	Σύρος	607b
4949	Συροφοίνισσα	607b
4950	σύρτις	607b
4951	σύρω	608a
4952	συσπαράσσω	608a
4953	σύσσημον	608a
4954	σύσσωμος	608a
4955	συστασιαστής	608a
4956	συστατικός	608a
4957	συσταυρόω	608a
4958	συστέλλω	608a
4959	συστενάζω	608a
4960	συστοιχέω	608a
4961	συστρατιώτης	608b
4962	συστρέφω	608b
4963	συστροφή	608b
4964	συσχηματίζω	608b
4965	Συχάρ	608b
4966	Συχέμ	609a
4967	σφαγή	609a

Strong's #	Greek word	Thayer's pg.
4968	σφάγιον	609a
4969	σφάζω	609a
4970	σφόδρα	609a
4971	σφοδρῶς	609a
4972	σφραγίζω	609a
4973	σφραγίς	609b
4974	σφυρόν	609b
4975	σχεδόν	609b
4976	σχῆμα	609b
4977	σχίζω	610a
4978	σχίσμα	610a
4979	σχοινίον	610a
4980	σχολάζω	610a
4981	σχολή	610a
4982	σώζω	610a
4983	σῶμα	611a
4984	σωματικός	611b
4985	σωματικῶς	611b
4986	Σωπατρος	612a
4987	σωρεύω	612a
4988	Σωσθένης	612a
4989	Σωσίπατρος	612a
4990	σωτηρ	612a
4991	σωτηρία	612b
4992	σωτήριον	612b
4993	σωφρονέω	612b
4994	σωφρονίζω	613a
4995	σωφρονισμός	613a
4996	σωφρόνως	613b
4997	σωφροσύνη	613b
4998	σώφρων	613b
	Τ	
4999	Ταβέρναι	613a
5000	Ταβιθά	613a
5001	τάγμα	613a
5002	τακτός	613b
5003	ταλαιπωρέω	613b
5004	ταλαιπωρία	613b
5005	ταλαίπωρος	614a
5006	ταλαντιαῖος	614a
5007	τάλαντον	614a
5008	ταλιθά	614a
5009	ταμεῖον	614a
5010	τάξις	614a
5011	ταπεινός	614b
5012	ταπεινοφροσύνη	614b
5013	ταπεινόω	614b
5014	ταπείνωσις	615a
5015	ταράσσω	615a
5016	ταραχή	615a
5017	τάραχος	615a
5018	Ταρσεύς	615a
5019	Ταρσός	615a
5020	ταρταρόω	615b
5021	τάσσω	615b
5022	ταῦρος	615b
5023	ταῦτα	615b
5024	ταὐτά	615b
5025	ταύταις, ταύτας	466b
5026	ταύτῃ, ταύτην, ταύτης	466b
5027	ταφή	616a
5028	τάφος	616a
5029	τάχα	616a
5030	ταχέως	616a
5031	ταχινός	616a
5032	τάχιον	616a
5033	τάχιστα	616a
5034	τάχος	616a
5035	ταχύ	616a
5036	ταχύς	616a
5037	τε	616a
5038	τεῖχος	617a
5039	τεκμήριον	617a
5040	τεκνίον	617a
5041	τεκνογονέω	617b
5042	τεκνογονία	617b
5043	τέκνον	617b
5044	τεκνοτροφέω	618a
5045	τέκτων	618a
5046	τέλειος	618b
5047	τελειότης	618b
5048	τελειόω	618b
5049	τελείως	619a
5050	τελείωσις	619a
5051	τελειωτής	619a
5052	τελεσφορέω	619a
5053	τελευτάω	619a
5054	τελευτή	619a
5055	τελέω	619b
5056	τέλος	619b
5057	τελώνης	620b
5058	τελώνιον	620b
5059	τέρας	620b
5060	Τέρτιος	620b
5061	Τέρτυλλος	620b
5062	τεσσαράκοντα	620b
5063	τεσσαρα-κονταετής	620b
5064	τέσσαρες, τέσσαρα	621a
5065	τεσσαρεσκαιδέ-κατος	621a
5066	τεταρταῖος	621a
5067	τέταρτος	621a
5068	τετράγωνος	621a
5069	τετράδιον	621a
5070	τετρακισχίλιοι	621a
5071	τετρακόσιοι, τετρακόσια	621a
5072	τετράμηνον	621a
5073	τετραπλόος	621a
5074	τετράπους	621a
5075	τετραρχέω	621b
5076	τετράρχης	621b
5077	τεφρόω	621b
5078	τέχνη	621b
5079	τεχνίτης	621b
5080	τήκω	621b
5081	τηλαυγῶς	621b
5082	τηλικοῦτος, τηλικαύτη	621b
5083	τηρέω	622a
5084	τήρησις	622b
5085	Τιβεριάς	622b
5086	Τιβέριος	622b
5087	τίθημι, θέω	622b
5088	τίκτω	623b
5089	τίλλω	623b
5090	Τίμαιος	624a
5091	τιμάω	624a
5092	τιμή	624a
5093	τίμιος, τιμιώτερος, τιμιώτατος	624a
5094	τιμιότης	624b
5095	Τιμόθεος	624b
5096	Τίμων	624b
5097	τιμωρέω	624b
5098	τιμωρία	624b
5099	τίνω, τίω	624b
5100	τίς	625b
5101	τίς	624b
5102	τίτλος	627a
5103	Τίτος	627a
5104	τοί	433a
5105	τοιγαροῦν	627a
5106	τοίνυν	627a
5107	τοιόσδε	627b
5108	τοιοῦτος	627b
5109	τοῖχος	627b
5110	τόκος	627b
5111	τολμάω	627b
5112	τολμηρότερον	628a
5113	τολμητής	628a
5114	τομώτερος	628a
5115	τόξον	628a
5116	τοπάζιον	628a
5117	τόπος	628a
5118	τοσοῦτος	628b
5119	τότε	629a
5120	τοῦ	433a
5121	τοὐναντίον	629b
5122	τοὔνομα	629b
5123	τουτέστι	629b
5124	τοῦτο	466b
5125	τούτοις	466b
5126	τοῦτον	466b
5127	τούτου	466b
5128	τούτους	466b
5129	τούτῳ	466b
5130	τούτων	466b
5131	τράγος	629b
5132	τράπεζα	629b
5133	τραπεζίτης	629b
5134	τραῦμα	629b
5135	τραυματίζω	629b
5136	τραχηλίζω	629b
5137	τράχηλος	630a
5138	τραχύς	630a
5139	Τραχωνῖτις	630a

Strong's #	Greek word	Thayer's pg.
5140	τρεῖς, τρία	630a
5141	τρέμω	630a
5142	τρέφω	630a
5143	τρέχω	630a
5144	τριάκοντα	630a
5145	τριάκοσιοι	630b
5146	τρίβολος	630b
5147	τρίβος	630b
5148	τριετία	630b
5149	τρίζω	630b
5150	τρίμηνον	630b
5151	τρίς	630b
5152	τρίστεγον	630b
5153	τρισχίλιοι	630b
5154	τρίτος	630b
5155	τρίχινος	630b
5156	τρόμος	630b
5157	τροπή	631a
5158	τρόπος	631a
5159	τροποφορέω	631a
5160	τροφή	631a
5161	Τρόφιμος	631a
5162	τροφός	631a
5163	τροχιά	631a
5164	τροχός	631a
5165	τρύβλιον	631a
5166	τρυγάω	631b
5167	τρυγών	631b
5168	τρυμαλιά	631b
5169	τρύπημα	631b
5170	Τρύφαινα	631b
5171	τρυφάω	631b
5172	τρυφή	631b
5173	Τρυφῶσα	631b
5174	Τρωάς	631b
5175	Τρωγύλλιον	631b
5176	τρώγω	631b
5177	τυγχάνω	632a
5178	τυμπανίζω	632a
5179	τύπος	632a
5180	τύπτω	632b
5181	Τύραννος	632b
5182	τυρβάζω	632b
5183	Τύριος	632b
5184	Τύρος	633a
5185	τυφλός	633a
5186	τυφλόω	633a
5187	τυφόω	633b
5188	τυφῶ	633b
5189	τυφωνικός	633b
5190	Τυχικός	633b

Υ

Strong's #	Greek word	Thayer's pg.
5191	ὑακίνθινος	633a
5192	ὑάκινθος	633a
5193	ὑάλινος	633a
5194	Ὕαλος	633a
5195	ὑβρίζω	633b
5196	Ὕβρις	633b
5197	ὑβριστής	733b
5198	ὑγιαίνω	634a
5199	ὑγιής	634a
5200	ὑγρός	634a
5201	ὑδριά	634a
5202	ὑδροποτέω	634a
5203	ὑδρωπικός	634a
5204	Ὕδωρ, Ὕδατος	634a
5205	ὑετός	634b
5206	υἱοθεσία	634b
5207	υἱός	634b
5208	Ὕλη	636b
5209	ὑμᾶς	636b
5210	ὑμεῖς	591b
5211	Ὑμεναῖος	636b
5212	ὑμέτερος	637a
5213	ὑμῖν	591b
5214	ὑμνέω	637a
5215	Ὕμνος	637a
5216	ὑμῶν	591b
5217	ὑπάγω	637a
5218	ὑπακοή	637b
5219	ὑπακούω	638a
5220	ὕπανδρος	638a
5221	ὑπαντάω	638a
5222	ὑπάντησις	638a
5223	Ὕπαρξις	638a
5224	ὑπάρχοντα	638a
5225	ὑπάρχω	638a
5226	ὑπείκω	638b
5227	ὑπεναντίος	638b
5228	ὑπέρ	638b
5229	ὑπεραίρομαι	640a
5230	ὑπέρακμος	640a
5231	ὑπεράνω	640a
5232	ὑπεραυξάνω	640a
5233	ὑπερβαίνω	640a
5234	ὑπερβαλλόντως	640a
5235	ὑπερβαλλω	640b
5236	ὑπερβολή	640b
5237	ὑπερείδω	640b
5238	ὑπερέκεινα	640b
5239	ὑπερεκτείνω	640b
5240	ὑπερεκχύνω	640b
5241	ὑπερεντυγχάνω	640b
5242	ὑπερέχω	640b
5243	ὑπερηφανία	641a
5244	ὑπερήφανος	641a
5245	ὑπερνικάω	641a
5246	ὑπέρογκος	641a
5247	ὑπεροχή	641a
5248	ὑπερπερισσεύω	641a
5249	ὑπερπερισσῶς	641b
5250	ὑπερπλεονάζω	641b
5251	ὑπερυψόω	641b
5252	ὑπερφρονέω	641b
5253	ὑπερῷον	641b
5254	ὑπέχω	641b
5255	ὑπήκοος	641b
5256	ὑπηρετέω	641b
5257	ὑπηρέτης	641b
5258	Ὕπνος	642a
5259	ὑπό	642a
5260	ὑποβάλλω	642b
5261	ὑπογραμμός	642b
5262	ὑπόδειγμα	642b
5263	ὑποδείκνυμι	643a
5264	ὑποδέχομαι	643a
5265	ὑποδέω	643a
5266	ὑπόδημα	643a
5267	ὑπόδικος	643a
5268	ὑποζύγιον	643a
5269	ὑποζώννυμι	643a
5270	ὑποκάτω	643b
5271	ὑποκρίνομαι	643b
5272	ὑπόκρισις	643b
5273	ὑποκριτής	643b
5274	ὑπολαμβάνω	643b
5275	ὑπολείπω	643b
5276	ὑπολήνιον	643b
5277	ὑπολιμπάνω	644a
5278	ὑπομένω	644a
5279	ὑπομιμνήσκω	644a
5280	ὑπόμνησις	644a
5281	ὑπομονή	644b
5282	ὑπονοέω	644b
5283	ὑπόνοια	644b
5284	ὑποπλέω	644b
5285	ὑποπνέω	644b
5286	ὑποπόδιον	644b
5287	ὑπόστασις	644b
5288	ὑποστέλλω	645a
5289	ὑποστολή	645a
5290	ὑποστρέφω	645a
5291	ὑποστρώννυμι	645b
5292	ὑποταγή	645b
5293	ὑποτάσσω	645b
5294	ὑποτίθημι	645b
5295	ὑοτρέχω	645b
5296	ὑποτύπωσις	645b
5297	ὑποφέρω	645b
5298	ὑποχωρέω	646a
5299	ὑπωπιάζω	646a
5300	ὗς	646a
5301	ὕσσωπος	646a
5302	ὑστερέω	646a
5303	ὑστέρημα	646b
5304	ὑστέρνσις	646b
5305	Ὕστερον	646b
5306	Ὕστερος	646b
5307	ὑφαντός	646b
5308	ὑψηλός	646b
5309	ὑψηλοφρονέω	646b
5310	Ὕψιστος	647a
5311	Ὕψος	647a
5312	ὑψόω	647a
5313	Ὕψωμα	647b

Φ

Strong's #	Greek word	Thayer's pg.
5314	φάγος	647a
5315	φάγω	647a
5316	φαίνω	647b
5317	Φάλεκ	648a
5318	φανερός	648a

Strong's #	Greek word	Thayer's pg.
5319	φανερόω	648a
5320	φανερῶς	649a
5321	φανέρωσις	649a
5322	φανός	649a
5323	Φανουήλ	649a
5324	φαντάζω	649a
5325	φαντασία	649a
5326	φάντασμα	649a
5327	φάραγξ	649a
5328	Φαραώ	649a
5329	Φαρές	649a
5330	Φαρισαῖος	649a
5331	φαρμακεία	649b
5332	φαρμακεύς	649b
5333	φαρμακός	650a
5334	φάσις	650a
5335	φάσκω	650a
5336	φάτνη	650a
5337	Φαῦλος	650a
5338	φέγγος	650a
5339	φείδομαι	650a
5340	φειδομένως	650a
5341	φελόνης	650b
5342	φέρω	650b
5343	φεύγω	651a
5344	Φῆλιξ	651a
5345	φήμη	651b
5346	φημί	651b
5347	Φῆστος	651b
5348	φθάνω	652a
5349	φθαρτός	652a
5350	φθέγγομαι	652a
5351	φθείρω	652a
5352	φθινοπωρινός	652b
5353	φθόγγος	652b
5354	φθονέω	652b
5355	φθόνος	652b
5356	φθορά	652b
5357	φιάλη	653a
5358	φιλάγαθος	653a
5359	Φιλαδέλφεια	653a
5360	φιλαδελφία	653a
5361	φιλάδελφος	653a
5362	φίλανδρος	653a
5363	φιλανθρωπία	653a
5364	φιλανθρώπως	653a
5365	φιλαργυρία	653a
5366	φιλάργυρος	653a
5367	φίλαυτος	653a
5368	φιλέω	653b
5369	φιλήδονος	654a
5370	φίλημα	654a
5371	Φιλήμων	654a
5372	Φιλητός	654a
5373	φιλία	654a
5374	Φιλιππήσιος	654a
5375	Φίλιπποι	654a
5376	Φίλιππος	654a
5377	φιλόθεος	654b
5378	Φιλόλογος	654b
5379	φιλονεικία	654b
5380	φιλόνεικος	654b
5381	φιλονεξία	654b
5382	φιλόξενος	654b
5383	φιλοπρωτεύω	654b
5384	φίλος	654b
5385	φιλοσοφία	655a
5386	φιλόσοφος	655a
5387	φιλόστοργος	655a
5388	φιλότεκνος	655a
5389	φιλοτιμέομαι	655a
5390	φιλοφρόνως	655a
5391	φιλόφρων	655a
5392	φιμόω	655a
5393	Φλέγων	655b
5394	φλογίζω	655b
5395	φλόξ	655b
5396	φλυαρέω	655b
5397	φλύαρος	655b
5398	φοβερός	655b
5399	φοβέω	655b
5400	φόβητρον	656a
5401	φόβος	656a
5402	Φοίβη	656b
5403	Φοινίκη	656b
5404	φοῖνιξ	656b
5405	Φοῖνιξ	656b
5406	φονεύς	657a
5407	φονεύω	657a
5408	φόνος	657a
5409	φορέω	657a
5410	Φόρον	657a
5411	φόρος	657a
5412	φορτίζω	657a
5413	φορτίον	657a
5414	φόρτος	657b
5415	Φορτουνάτος	657b
5416	φραγέλλιον	656b
5417	φραγελλόω	657b
5418	φραγμός	657b
5419	φράζω	657b
5420	φράσσω	657b
5421	φρέαρ	657b
5422	φρεναπατάω	657b
5423	φρεναπάτης	658a
5424	φρήν	658a
5425	φρίσσω	658a
5426	φρονέω	658a
5427	φρόνημα	658b
5428	φρόνησις	658b
5429	φρόνιμος	658b
5430	φρονίμως	658b
5431	φροντίζω	658b
5432	φρουρέω	658b
5433	φρυάσσω	658b
5434	φρύγανον	659a
5435	Φρυγία	659a
5436	Φύγελλος	659a
5437	φυγή	659a
5438	φυλακή	659a
5439	φυλακίζω	659b
5440	φυλακτήριον	659b
5441	φύλαξ	659b
5442	φυλάσσω	659b
5443	φυλή	660a
5444	φύλλον	660a
5445	φύραμα	660a
5446	φυσικός	660a
5447	φυσικῶς	660b
5448	φυσιόω	660b
5449	φύσις	660b
5450	φυσίωσις	661a
5451	φυτεία	661a
5452	φυτεύω	661a
5453	φύω	661a
5454	φωλεός	661a
5455	φωνέω	661a
5456	φωνή	661b
5457	φῶς	662a
5458	φωστήρ	663a
5459	φωσφόρος	663a
5460	φωτεινός	663a
5461	φωτίζω	663a
5462	φωτισμός	663b

Χ

Strong's #	Greek word	Thayer's pg.
5463	χαίρω	663a
5464	χάλαζα	664a
5465	χαλάω	664a
5466	Χαλδαῖος	664a
5467	χαλεπός	664a
5468	χαλιναγωγέω	664a
5469	χαλινός	664b
5470	χάλκεος	664b
5471	χαλκεύς	664b
5472	χαλκηδών	664b
5473	χαλκίον	664b
5474	χαλκολίβανον	664b
5475	χαλκός	664b
5476	χαμαί	664b
5477	Χαναάν	664b
5478	Χαναναῖος	664b
5479	χαρά	664b
5480	χάραγμα	665a
5481	χαρακτήρ	665a
5482	χάραξ	665b
5483	χαρίζομαι	665b
5484	χάριν	665b
5485	χάρις	665b
5486	χάρισμα	667a
5487	χαριτόω	667a
5488	Χαῤῥάν	667a
5489	χάρτης	667a
5490	χάσμα	667a
5491	χεῖλος	667a
5492	χειμάζω	667b
5493	χειμαῤῥος	667b
5494	χειμών	667b
5495	χείρ	667b
5496	χειραγωγέω	668a
5497	χειραγωγός	668a
5498	χειρόγραφον	668a
5499	χειροποίητος	668a